Tracce

D1728438

Il Che inedito

Il Guevara sconosciuto, anche a Cuba

di
Antonio Moscato

il megafono delle idee

Alegre

Prima edizione: giugno 2006

Nuova edizione riveduta e corretta: settembre 2017

© 2017 **Edizioni Alegre** - Soc. cooperativa giornalistica
Circonvallazione Casilina, 72/74 - 00176 Roma
e-mail: redazione@edizionialegre.it
sito: www.edizionialegre.it

Analisi, notizie e commenti
www.**ilmegafonoquotidiano**.it

Indice

Il Che inedito

Guevara oggi,
dopo il dibattito sugli inediti

Perché ancora un libro su Guevara? La prima ragione risulterà subito evidente al lettore se saltando l'ordine dei capitoli comincerà a leggere la rassegna bibliografica, che può apparire a prima vista forse troppo severa ma che invece avrebbe potuto allungarsi di parecchio in una vera e propria galleria degli orrori. Sono usciti sempre più spesso titoli che avrebbero meritato una segnalazione nettamente negativa, e si sono moltiplicate le imitazioni più commerciali. Per anni gli scaffali delle librerie sono stati invasi da un gran numero di titoli che ripetevano cose scontate sulla sua vita e sulla sua morte o presentavano raccolte più o meno casuali dei suoi scritti, con il rischio che finissero per provocare un rigetto.

La seconda spiegazione è meno contingente: da decenni si continua a parlare e a scrivere di Guevara e soprattutto a venderne l'immagine e il mito, perpetuandone però una banalizzazione. Raramente il Che è stato messo a fuoco nella sua originalità, pochi autori hanno indagato sulle fonti che hanno alimentato il suo pensiero e ne hanno stimolato l'evoluzione, quasi mai sono state ricercate risposte convincenti a domande elementari e ineludibili sulle ragioni della sua improvvisa partenza da Cuba. La maggior parte dei libri in circolazione ha ignorato questo problema, a volte per piaggeria rispetto alla spiegazione ufficiale cubana, più spesso per superficialità e scarsa comprensione della complessità dello scontro interno degli anni Sessanta nel gruppo dirigente cubano, e tra questo e quello sovietico, pur essendo disponibili da anni analisi documentate e convincenti.

Il significato di questo libro non si esaurisce tuttavia nelle pur importanti messe a punto analitiche, qui sistematizzate, ma che erano state almeno in parte anticipate in diversi saggi precedenti.

Questo libro nella sua prima edizione uscì infatti in un momento in cui c'era stato un parziale successo della battaglia per la pubblicazione dei famosi inediti, un successo dovuto all'impegno diretto o indiretto anche di molti studiosi cubani, come Orlando Borrego o Carlos Tablada, e soprattutto alla battaglia franca e generosa di Celia Hart Santamaria, di cui ho voluto per questo inserire nel libro uno degli scritti più espliciti, che fa capire moltissimo di quel che ci è stato tolto dalle censure apportate agli inediti di Guevara. Questa nuova edizione è dedicata a lei, morta tragicamente in un inspiegabile incidente d'auto il 7 settembre 2008.

A quella battaglia sugli inediti è dedicata una parte notevole del libro, che documenta come perfino nella tardiva e parziale fine di una censura durata quarant'anni, a Cuba non si fosse rinunciato a mutilare qua e là il pensiero del Che.

La profonda ammirazione per il Che, che traspare da ogni pagina di questo libro, non concede tuttavia nulla a una sua mitizzazione acritica: il pensiero di Guevara è stato ricostruito senza nasconderne i limiti, né le lacune delle sue conoscenze iniziali (messe in evidenza d'altra parte anche nel saggio di Celia Hart). Soprattutto è stato ricondotto al dibattito non solo cubano di quel decennio straordinario, in cui la decolonizzazione sembrava aprire prospettive nuove (non a caso uno dei suoi discorsi fondamentali fu pronunciato ad Algeri nel 1965, poco prima della sua scelta di unirsi al contingente cubano che si recava nel Congo per fornire assistenza ai partigiani lumumbisti), mentre la crisi del sistema staliniano stava venendo clamorosamente alla luce, anche se gran parte del movimento comunista si sarebbe tappato ancora per decenni gli occhi di fronte ai suoi inequivocabili sintomi. Il dibattito sullo stalinismo, che era stato bloccato dopo la repressione della rivoluzione antiburocratica ungherese, esplose di nuovo con vigore nel 1961 nella stessa Unione sovietica dopo il XXII congresso del Pcus, mentre la crisi dei missili e la passività sovietica di fronte all'aggressione statunitense al Vietnam del Nord toglievano al gruppo dirigente della rivoluzione cubana molte delle illusioni iniziali sul ruolo dell'Urss.

Nell'ottobre del 1964, mentre Guevara era sempre più spesso lontano dall'isola e dal suo lavoro per esplorare le situazioni in cui poteva svolgere le battaglie che considerava ormai difficili a Cuba, rimase colpito dalla sostituzione di Krusciov motivata con una penosa menzogna sul suo stato di salute. Il Che non stimava molto il leader sovietico, ma i metodi usati per destituirlo gli confermarono l'incapacità di autoriforma di un sistema che si proclamava antistalinista, ma dallo stalinismo non riusciva a distaccarsi.

L'ultima fase della battaglia politica antiburocratica di Guevara è la meno conosciuta ed è stata dimenticata e rimossa, anche a Cuba. Eppure era condivisa allora da una parte significativa del gruppo dirigente, tanto è vero che proprio mentre il Che stava combattendo in Bolivia uscivano quattro importanti editoriali del *Granma* sulla "Lotta contro il burocratismo, compito decisivo". Questo testo, non inedito (ripubblicato in Italia nel giugno del 1994 in un numero speciale della rivista *Marx Centouno*), è stato ignorato dalla sinistra italiana ma è praticamente sconosciuto anche a Cuba, dove non è mai stato ripubblicato in questi anni, nonostante la straordinaria attualità. Abbiamo scelto di inserirlo integralmente in appendice al libro perché ci sembra indispensabile per ricostruire a tutto tondo non solo il pensiero maturo di Guevara, ma anche lo sforzo della maggioranza del gruppo dirigente originario della rivoluzione cubana di contribuire con un'elaborazione originale al dibattito sulle cause dell'involuzione di quello che sarebbe stato poco dopo definito il "socialismo reale", l'unico socialismo esistente, anzi l'unico possibile.

Alla fine di agosto del 2005 il dibattito su Guevara e le ragioni del lungo ritardo nel pubblicare i suoi inediti più interessanti arrivò, più o meno deformato, sulla grande stampa.[1] Criticare la scelta di attribuire alla Mondadori di Silvio Berlusconi il monopolio della pubblicazione degli scritti di Guevara fu sufficiente per essere attaccato come un nemico di Cuba. In buona compagnia. Non fui certo l'unico bersaglio di questi attacchi: in quegli anni vecchi amici della rivoluzione cubana come Eduardo Galeano e José Saramago furono assurdamente attaccati, come se fossero "passati dall'altra parte", per aver espresso – più o meno cautamente – perplessità sulle pesanti condanne ai dissidenti e sull'applicazione della pena capitale a tre dirottatori (definiti agenti degli Stati Uniti, sorvolando sul fatto che erano stati costretti a tornare a Cuba proprio da motovedette di quel paese).[2] Ma in passato era toccato perfino a Pablo Neruda, che ne parla nelle sue memorie lamentando il cieco servilismo di tanti intellettuali mobilitatisi per accusarlo.[3]

La protesta, mia e di altri studiosi, partiva dalla convinzione dell'importanza della conoscenza del Che nel mondo di

1   Solo «Liberazione» ebbe il merito di non limitarsi alle polemiche ma di proporre una serie di articoli in cui mi fu possibile presentare sommariamente i famosi inediti, sempre rispettando il pur non condivisibile limite di non pubblicare testi interi.

2   Mi fu poi spiegato da più parti che Saramago fu successivamente invitato a Cuba, premiato, ecc. ma questo non toglie nulla alla volgarità dell'attacco, anzi conferma che Saramago, nonostante le critiche ricevute, era rimasto un buon amico di Cuba. Sarebbe stato meglio evitare di insultarlo presentandolo come un vecchio sclerotico che si era montato la testa per il Premio Nobel. Comunque, ben venga il tardivo risarcimento, che conferma il carattere per fortuna non "monolitico" del gruppo dirigente cubano.

3   Neruda, grande amico della rivoluzione cubana, era stupito e amareggiato della campagna avviata contro di lui nel 1966 dall'associazione degli scrittori cubani che lo accusavano «poco meno che di sottomissione e di tradimento». Non riuscì mai a capirne la ragione. Il documento, che conteneva «un sacco di ingiurie», diventò come «una palla di neve» che si accresceva con «quante più firme si potevano richiedere con sospetta spontaneità dalle tribune delle società di scrittori e artisti». Le firme di alcuni cubani erano state messe d'ufficio, senza che lo sapessero, ma c'erano anche quelli che manifestavano grande zelo, in particolare quegli stranieri «che erano stati generosamente invitati a Cuba e che affollavano gli alberghi di maggior grido» (Pablo Neruda, *Confesso che ho vissuto. Memorie*, SugarCo, Milano 1979, pp. 398-399).

oggi. Il Che è stato da più parti deformato e ridotto a icona mercificabile. Sarebbe stato possibile invertire la tendenza, lasciando alla "casa editrice del più viscerale anticomunista di casa nostra", il compito di presentare le opere di Guevara? Alcuni, che pure si proclamano a gran voce "amici di Cuba", dicevano di sì. Ma i fatti confermano che nei dodici anni successivi non è stato pubblicato quasi niente, e soprattutto nulla dei tanti inediti...

Prima di presentare il pensiero di Guevara crediamo sia utile fare il punto sulla situazione cubana e sulle ragioni per cui il Che, come vedremo, non è al centro del dibattito politico nell'isola.

Il peggioramento della situazione economica e l'assenza di qualsiasi cenno di miglioramento sono stati probabilmente la spiegazione più plausibile sia dell'inasprimento della repressione (con periodiche oscillazioni e atti di clemenza, che non indeboliscono l'effetto negativo delle condanne), sia del nervosismo nei confronti di ogni voce anche moderatamente critica. Le attese suscitate dalla visita di Giovanni Paolo II, che nel 1998 aveva fatto una denuncia del *bloqueo* altrettanto "platonica" e priva di conseguenze pratiche di quelle dell'assemblea generale dell'Onu, sono state presto deluse. Soprattutto apparve chiaro che non c'era all'orizzonte nessuna svolta nella situazione economica, nessuna luce alla fine del tunnel; almeno per chi non ha accesso ai dollari o al cosiddetto "peso convertibile", che è l'equivalente cubano del dollaro.

Il nesso tra le tensioni sociali (a volte innescate dalle continue interruzioni di energia elettrica, dovute anche a un ciclone, ma che ricordavano i momenti peggiori del *periodo especial* della prima metà degli anni Novanta) e la repressione del dissenso è molto indiretto: pur rappresentando un fenomeno molto più ampio che in passato, i gruppi di opposizione non hanno per ora molto effetto sugli stati d'animo delle masse, anche se si teme che possano interpretarli e dar loro voce. In ogni caso ci sono zelanti difensori di ogni scelta del gruppo dirigente cubano, pronti a denigrare chi esprime un dubbio.

Finalmente si è iniziato a pubblicare a Cuba quelli che qualcuno – in quelle polemiche – aveva definito "i presunti inediti del Che".[4] Anche prima di vedere il libro che ne raccoglie una parte, e quindi senza sapere quanti, quali e *come* fossero stati pubblicati, non avevamo avuto dubbi che, dopo tanti rinvii di anno in anno, la loro apparizione fosse legata in primo luogo alla silenziosa e poco conosciuta battaglia fatta da due compagni cubani, Carlos Tablada e Orlando Borrego, che nei loro scritti avevano cominciato a pubblicare stralci sempre più ampi dei testi occultati. Un po' di merito tuttavia lo hanno avuto anche gli studiosi raccolti intorno alla Fondazione internazionale Ernesto Che Guevara che da molti anni hanno portato avanti la battaglia per la pubblicazione degli inediti.

In ogni caso pensiamo che sarebbe importantissimo pubblicare altri testi, come i verbali delle riunioni in cui fu decisa consensualmente la partenza di Guevara da Cuba, o le ragioni della rapida sostituzione non solo sua ma di tutti i "suoi" uomini al Ministero dell'industria e, successivamente, in quello dello zucchero e in molti altri centri di lavoro. Ma i

---

4   «Il trotskista Moscato ha sempre sostenuto che esistessero degli scritti inediti di Guevara che il governo cubano non voleva rendere pubblici, perché contenevano critiche severe all'Unione sovietica, sia alla sua economia, sia alla sua politica estera. Questa censura avrebbe dimostrato la dipendenza di Cuba dall'Urss. E questa è anche la tesi principale dei torrenziali articoli di Moscato. Ora la gran parte delle critiche del Che, come dimostreremo in seguito, è nella sostanza arcinota ed è stata pubblicata, nei modi e nei tempi opportuni, decisi dalla direzione politica del governo rivoluzionario cubano (purtroppo senza consultare Moscato). La ripetitiva e confusa matassa degli scritti di Moscato, al di là del leitmotiv della censura, persegue lo scopo di attaccare il socialismo cosiddetto reale (quello ideale vive solo nel mondo delle idee di Hegel), con l'aiuto della categoria favorita dei trotskisti, della sua degenerazione burocratica in Urss, come a Cuba. Dimostreremo in seguito come egli, atemporale, al pari del suo maestro, sollevi una pietra per farsela ricadere sui piedi (per dirla con Mao Zedong)». Questo è un piccolo stralcio di un veramente "torrenziale" saggio di Adriana Chiaia (quarantaseimila battute) dedicato alle "falsificazioni di Moscato" e messo in circolazione in rete su varie liste di nostalgici.

criteri in uso a Cuba rendono per ora poco realizzabile questo desiderio.

Lo stesso Guevara aveva accennato alle sue prolungate assenze da Cuba nell'ultima riunione bimestrale al Ministero dell'industria, il 5 dicembre 1964, in cui per la prima volta in un'assemblea così ampia aveva descritto con amarezza l'ostilità con cui era stato accolto a Mosca, dove era stato bollato come trotskista dagli adoratori della Bibbia («che non era *Il Capitale* ma il *Manuale*»).[5]

Nell'ultimo periodo il Che era sempre più spesso fuori dal paese, trascurando quel lavoro quotidiano di direzione del Ministero che lo aveva caratterizzato negli anni precedenti, senza che se ne desse alcuna spiegazione. Eppure avrebbe dovuto significare qualcosa... È vero che non fu Castro a imporre la partenza, come spesso è stato detto senza nessun fondamento, ma ciò non toglie che per Guevara lasciare Cuba e tutti gli incarichi ricoperti fu una *necessità*, più urgente dopo la reazione sovietica a quella denuncia di complicità nello sfruttamento capitalistico da lui fatta ad Algeri nel febbraio del 1965; ma a monte c'era la sua sconfitta nel dibattito economico dei due anni precedenti.

Un argomento che è rimasto tabù: il ricatto sovietico

Che ci potesse essere un ricatto sovietico non è un'insinuazione di qualche anticomunista nemico di Cuba: a suo tempo anche il più filosovietico dei dirigenti, Raúl Castro,

---

5   Un ampio stralcio del verbale della riunione era apparso nel dicembre 1969 su «il manifesto» mensile e poi, integrato e corretto da me, in Ernesto Che Guevara, a cura di Roberto Massari, *Scritti scelti*, Erre emme, Pomezia 1993, vol. II, pp. 551-79. L'accenno ai viaggi frequenti è a p. 551, quello al *Manuale* a p. 565. Il *Manuale di economia politica* dell'Accademia delle scienze dell'Urss stava diventando il bersaglio principale delle polemiche di Guevara, che dalla constatazione delle inefficienze dell'economia sovietica era passato a una riflessione sugli errori teorici che le causavano.

accennò abbastanza chiaramente a questo atteggiamento dell'Urss, pur riferendosi a un periodo appena successivo alla morte del Che. Lo fece in un discorso che rappresentava l'atto di accusa nei confronti della "microfrazione", come venne chiamata la rete di contatti nuovamente avviata nel 1966-67 da Aníbal Escalante.[6]

La lotta contro questo tentativo fu condotta con grande decisione, espellendo anche una serie di diplomatici del blocco sovietico e dichiarando pubblicamente, nell'atto d'accusa, che uno dei bersagli del complotto era la persona del Che e, dopo la sua morte, la sua profonda influenza ideologica sulla rivoluzione cubana.

Ma Raúl Castro dichiarò anche che un diplomatico sovietico, Rudolf Shliapnikov, aveva esplicitato un pesante ricatto: «A noi basta dire al governo cubano che nel porto di Bakù si farà una riparazione di tre settimane, e già questo è sufficiente».[7]

Denunciare tutto ciò pubblicamente non era proprio il comportamento tipico di un partito e di un gruppo dirigente filosovietici. Tra l'altro nell'atto d'accusa contro Escalante si affermava apertamente che i congiurati

> dicevano che vi era una forte corrente antisovietica, ponendo l'accento sul fatto che l'Urss era il paese egemone. Considerarono

---

6 Aníbal Escalante, dirigente del Psp, era stato nominato coordinatore delle Ori, le Organizzazioni rivoluzionarie integrate, in cui erano confluiti il Movimento 26 luglio, il Psp e il Direttorio rivoluzionario. In poco tempo aveva introdotto i classici metodi staliniani (eufemisticamente chiamati a Cuba "settari" per non urtare la sensibilità dei quadri comunisti che erano cresciuti nel culto di Stalin) di selezione ed esclusione di quadri, ed era stato attaccato politicamente in modo molto duro da Castro e destituito dal delicato incarico. Nel gennaio del 1968, pur avendo assai meno potere e, in sostanza, avendo fatto solo un'agitazione antiguevarista e antitrotskista, fu condannato a ben quindici anni di carcere. Va detto che la pena non fu scontata che in minima parte perché il successivo riavvicinamento con l'Unione sovietica provocò la scarcerazione di Escalante, che partì per un dorato esilio.

7 *Smascheramento della microfrazione a Cuba*, a cura dell'Ufficio stampa dell'Ambasciata di Cuba, Roma s.d. (in realtà 1968), p. 24. Si tratta di un consistente fascicolo di 88 pagine, con i principali documenti del processo.

l'uscita del comandante Ernesto Guevara Serna dal paese un avvenimento salutare per la rivoluzione, perché ritenevano che il comandante Guevara fosse uno dei più fermi oppositori della politica sovietica.

Il Che era accusato anche di essere «uno dei rappresentanti delle posizioni cinesi» e, al tempo stesso, «trotskista». Il massimo dell'orrore per i filosovietici.[8] Lo stesso rapporto di Raúl Castro aggiungeva che il gruppo Escalante accusava la direzione cubana «di seguire una linea trotskista di esportazione della rivoluzione», e che per avvalorare l'accusa venivano fatti circolare articoli denigratori scritti da dirigenti comunisti latinoamericani e tratti dai bollettini della *Tass* e della *Novosti*. Tra gli altri argomenti forniti dall'accusa risulta che i filosovietici cubani avevano sollecitato una protesta scritta dell'Unione sovietica, ma gli era stato risposto che «se i sovietici avessero mandato una nota al comandante Fidel Castro, questi sarebbe stato capace di pubblicarla, e ciò non era conveniente».[9]

Di tutto questo non si è più parlato a Cuba, non solo nei quindici anni (1971-86) in cui il legame con l'Unione sovietica diventò sempre più stretto anche sul piano ideologico, ma anche dopo la fine del "socialismo reale". Perfino un libro coraggioso come quello di Borrego è reticente su questo e, se polemizza giustamente con chi sostiene che Castro costrinse Guevara a partire, elude il problema di spiegare le ragioni che lo spinsero comunque a lasciare l'isola e già prima, di fatto, anche il suo incarico di ministro dell'industria. Enrique Oltuski poi, che dopo molti anni in cui rimase nell'ombra venne recuperato come viceministro della pesca (che in un sistema alla sovietica, con molte decine di Ministeri, non è un incarico importante), ha pubblicato un libro di ricordi con molte

---

8 *Cfr. ibid.*, p. 2.

9 *Ibid.*, p. 23.

velleità letterarie, un bel Guevara policromo in copertina e pochissime informazioni.[10]

Il permanere di questi tabù spiega perché la questione degli inediti del Che (rimasti tali proprio per la brusca franchezza con cui si esprimeva) fosse così incandescente da spingere qualcuno a organizzare un apposito "tour" della figlia Aleida Guevara March per "inchiodare" chi osasse criticare la vendita alla Mondadori del diritto di bloccare la circolazione di ogni scritto del Che.

Fu penoso l'entusiasmo di quel pezzetto di sinistra, diventato a quanto pare "monarchico" se attribuiva alla figlia il diritto di interpretare il pensiero di un padre partito quando era piccolissima, mentre sorvolava sul fatto concreto che il primo frutto dell'accordo con la Mondadori fosse un libro con pochissimi testi e macroscopici errori, perfino nella data di nascita del Che.[11]

Ma cosa sono questi famosi inediti?

Tutto o quasi tutto quel che ho citato nei miei articoli su *Liberazione* che suscitarono tanto scalpore era reperibile

---

10   Avevo cercato per anni di trovare Oltuski (a Cuba dall'epoca sovietica erano spariti gli elenchi telefonici) ma avevo rinunciato, anche perché ero stato sconsigliato da Aleida March, la vedova del Che, che lo presentava negativamente e negava il suo ruolo nella preparazione dei sette volumi di scritti riservati ai dirigenti (riconosciuto invece esplicitamente da Borrego). L'ho incontrato poi in Italia, dove un gruppo di imprenditori pugliesi interessati a forniture per la conservazione del pesce a Cuba hanno fatto pubblicare in italiano il suo libro di ricordi (Enrique Oltuski, *Pescando recuerdos*, Besa, Nardò 2005). Avevo sospeso le lezioni e invitato i miei studenti a partecipare alla presentazione del libro, parlando loro di chi era stato Oltuski: restarono delusi dalla banalità e ritualità delle sue affermazioni, identiche a quelle della più scontata propaganda di regime e senza nessuna testimonianza diretta sulla sua esperienza. Ma, in fondo, anche tanta reticenza era una testimonianza, sia pur indiretta, dei segni lasciati da anni di emarginazione su una persona in origine vivace e brillante. E non si tratta di un caso isolato.

11   Ernesto Che Guevara, *La Storia sta per cominciare*, Mondadori, Milano 2005. Per i curatori di questo libro il Che sarebbe nato il 24 giugno anziché il 14...

anche negli scritti di Tablada e Borrego.[12] La stessa Maria del Carmen Ariet, una studiosa che lavora nel Centro studi Ernesto Che Guevara, alla cui gentilezza devo moltissimo, mi aveva consigliato («per non avere fastidi») di limitarmi nelle citazioni ad "allargarmi" un po' rispetto a quelle fatte da Tablada e da lei stessa (che aveva compilato una delle tante raccolte di citazioni del Che ad uso degli studenti, infilandoci qualche passo preso dai sette volumi di Borrego). Questo ho sempre fatto, e il frutto del lavoro era apparso sul numero 4 dei *Quaderni* della Fondazione Che Guevara, di cui avevo consegnato una copia a lei e un'altra ad Aleidita in occasione di una loro precedente tournée in Italia.[13]

Io avevo ottenuto la maggior parte degli inediti vari anni prima dell'apparizione delle nuove edizioni ampliate del libro di Tablada, e a maggior ragione di quello di Borrego, che uscì pochi mesi dopo la pubblicazione del quarto numero dei *Quaderni*. Un equivoco provocato dalle ripetute dichiarazioni di Aleida – a volte così poco meditate da dover essere poi penosamente smentite da lei stessa – riguarda la definizione di "inediti": la maggior parte di questi inediti, in realtà, sono stati pubblicati a suo tempo, ha detto. Ma non si può definire "pubblicato" quel che è stato stampato in duecento copie riservate al gruppo dirigente e tenuto gelosamente nascosto perfino nelle bibliografie ufficiali e nel catalogo della Biblioteca centrale José Martí dell'Avana. Probabilmente

12   Orlando Borrego, *Che. El camino del fuego*, Imagen Contemporánea, L'Avana 2001; Carlos Tablada Pérez, *Economia, etica e politica nel pensiero di Ernesto Che Guevara*, Il Papiro, Sesto San Giovanni 1996.

13   Data la delicatezza degli argomenti trattati e il carattere scientifico della pubblicazione, tutti i brani del Che inseriti erano in lingua originale, con traduzione in nota, sicché anche la scarsa conoscenza dell'italiano non poteva impedire di rendersi conto di che cosa avevo utilizzato. Allora non ci fu nessuna reazione negativa, al contrario. Ma in diversi casi, in dibattiti a cui partecipava l'ambasciatore precedente, ero stato sollecitato a non sollevare più la questione degli inediti («sappiamo noi quando sarà il momento di togliere il segreto»). *Cfr.* Antonio Moscato, "Le critiche all'Urss e al sistema sovietico", in *Che Guevara, Quaderni della Fondazione Ernesto Che Guevara*, n. 4 (speciale *Paesi dell'Est*), pp. 29-50.

ad Aleida Guevara March sfugge che quell'edizione riservata a duecento persone (con un'ulteriore suddivisione, sia pur solo estetica: una piccola parte delle copie erano stampate su carta speciale e rilegate in pelle) corrispondeva esattamente alla pratica in uso nell'Unione sovietica da decenni: esistevano cinque livelli diversi di bollettini della *Tass*, contrassegnati da colori diversi e riservati ai diversi gradi della nomenklatura.

Al massimo livello erano fornite anche le traduzioni di libri apparsi all'estero o copie di libri di autori sovietici bloccati dalla censura. Il problema è dunque quello di rendere *pubblico* a Cuba e nel mondo quello che non lo è, e lasciare che ognuno possa giudicare il valore e l'attualità di quanto scritto da Guevara a suo tempo. Esattamente come Guevara, che pure aveva perplessità sulla Nep e altri aspetti dell'elaborazione di Lenin negli ultimi anni, consigliava di fare: leggerlo tutto, studiandolo, non prendendo questo o quel passo come fanno i preti con la Bibbia.

Oltre a questa parte, che sarebbe anche la più facile da pubblicare perché già stampata e curata – mentre il Che era vivo, anche se lontano da Cuba – da due dei suoi più stretti collaboratori, ci sono gli inediti veri e propri, tra cui le *Note sul Manuale di economia politica* sovietico. La scelta di brani che ho utilizzato in questi anni, pur essendo di poco inferiore numericamente, aveva lo stesso senso di quella fatta da Borrego e, indubbiamente, mi rassicurò e rallegrò che il più stretto collaboratore di Guevara avesse deciso di rompere il silenzio e che avesse potuto farlo a Cuba.[14]

Gli inediti sono tanti, ma non tutti dello stesso valore. In pratica solo le *Note sul Manuale* possono suscitare sensazione.

---

14 Ho già spiegato più volte che, pur dissentendo da ogni forma di censura, non sono venuto mai meno all'impegno preso con chi mi aveva fornito i materiali. Per quanto riguarda le *Note sul Manuale*, per giunta, mi era stato concesso di leggerle tutte, ma non di fotocopiarle, e avevo potuto trascrivere sul mio portatile un'ampia selezione di quelle più importanti, che poi ho usato. Oggi finalmente sarà possibile cominciare a leggerle, e si potrà verificare che non c'era nulla di pericoloso per la sicurezza di Cuba.

La maggior parte degli scritti cui alludo e che ho in mio possesso sono lettere e soprattutto verbali, spesso approssimativamente trascritti, delle riunioni di lavoro al Ministero e nelle fabbriche che il Che visitava giornalmente.

Se la mancata pubblicazione delle *Note* ha fatto gravi danni a tutta la sinistra nel mondo, che grazie ad esse avrebbe potuto capire e prevedere la inevitabile crisi dell'Unione sovietica, i testi contenuti nel VI volume del *Che en la revolución cubana* curato da Borrego, tracce del lavoro sistematico e rigoroso di Guevara, pur non essendo facilmente leggibili da un pubblico digiuno di nozioni economiche possono essere ugualmente preziosi per gli studiosi e, soprattutto, per il dibattito cubano sull'economia.[15]

Come si creano i "mercenari", nemici di Cuba

Di tutti questi problemi non hanno neppure il sospetto quelli che avevano scatenato l'attacco contro chi sollevava la questione dell'opportunità di affidare alla Mondadori il compito di pubblicare Guevara. Costoro hanno in comune tra loro la scarsa voglia di leggere prima di muovere accuse di falsificazione. Infatti, se di materiale ne ho parecchio di più, *tutte* le citazioni di Guevara che c'erano negli articoli di *Liberazione* erano già apparse nel numero 4 dei *Quaderni*, nel 2001, che avevo fatto avere a molti compagni a Cuba, amici o autorità, senza che nessuno muovesse obiezioni. Gli attacchi grotteschi nei miei confronti possono comunque servire a capire il meccanismo mentale di costoro. Basta che qualcuno scriva cose che loro non apprezzano (spesso perché non le capiscono, dato che non corrispondono ai loro pregiudizi), e immediatamente lo bollano come un "ex

---

15   Al momento di scrivere questa "Introduzione" non mi era ancora arrivato da Cuba il libro presentato come "raccolta degli inediti del Che" e non potevo immaginare che, ancora una volta, sarebbero state fatte censure a testi che il Che aveva visto stampati e considerava importanti (Sui criteri di pubblicazione degli inediti *cfr.* in questo volume "Stralci dagli inediti").

compagno", passato all'altro fronte insieme a Pansa, Bordon, Adornato, o addirittura... i neoconservatori statunitensi! E naturalmente danno per scontato che anch'io starei tra coloro che sgomitano "per partecipare al bottino". Non riesco neppure a immaginare che un lavoro pluridecennale sia stato fatto senza guadagnare un solo centesimo (non ho mai percepito diritti di autore sui miei libri). E ad accusarmi di partecipare "al mercato delle icone" sono incredibilmente proprio gli amici di Minà!

Analogamente costoro non prendono neppure in considerazione quello che propone realmente la maggior parte dei cubani che hanno firmato il "Progetto Varela", presentati in blocco come agenti prezzolati degli Stati Uniti. I criteri che li fanno essere così sicuri che ogni dissidente sia un mercenario sono gli stessi che ho visto usare per decenni dai burocrati del "socialismo reale" nei confronti di ogni opposizione interna, e anche da quelli del Pci (di cui costoro sono tanto nostalgici) nei confronti di ogni contestazione da sinistra nata nelle sue stesse file, liquidata con l'insinuazione classica: "chi li paga?".[16]

Ma c'è un altro elemento che caratterizza questi rumorosi difensori della vendita dei diritti del Che e che li rende quanto di meno adatto a rivendicare il monopolio dell'interpretazione del suo pensiero: si scandalizzano se si ricostruisce l'evoluzione delle sue idee, dai primi incerti passi, ancora segnati dall'influenza dei manualetti in circolazione nei partiti comunisti filosovietici, alla maturità. Non sia mai! Ogni parola del Che va presa come si prende un passo della Bibbia. Come la donna Prassede manzoniana, costoro hanno poche idee e se le tengono ben strette e, quindi, non riescono neppure a immaginare cosa sia stato quel processo di trasformazione e superamento di concezioni schematiche e inadeguate che ha portato Guevara a diventare così importante per tutti noi.

16   Un esempio classico del metodo è il libro Hernando Calvo Ospina, Katlijn Declercq, *Dissidenti o mercenari? Obiettivo: liquidare la rivoluzione cubana*, Achab, Verona 1999, che ha inaugurato una lunga serie di testi propagandistici volti a screditare i veri dissidenti, compresi i più ragionevoli e moderati, associandoli ad alcuni veri mercenari (ovviamente ci sono, e nessuno li difende, ma la tecnica dell'amalgama è vergognosa).

Capitolo uno

L'uomo più completo
del suo tempo

Perché "ritorna" Che Guevara[1]

Perché si parla ancora tanto di Guevara – che pure è morto cinquant'anni fa – mentre tanti altri protagonisti di quegli anni sono stati pressoché dimenticati? In realtà non si tratta solo della "persistenza di un mito" quanto di un ritorno di interesse, cominciato venti anni dopo la sua scomparsa, mentre il "socialismo reale" che egli aveva criticato lucidamente stava avviandosi al suo crollo.

Dopo la sua tragica fine, che era parsa la sconfitta di una strategia, si erano affermati nuovi miti che dovevano rivelarsi presto illusori. Da un lato gli Stati Uniti di Kennedy avevano lanciato la cosiddetta "Alleanza per il progresso", che doveva

---

1 Questo capitolo è ricavato con poche modifiche da un saggio pubblicato sulla rivista «Millenovecento» (agosto 2004). Rinvio anche ai miei libri su Guevara e su Cuba. In particolare: Antonio Moscato, *Che Guevara, Storia e leggenda*, Demetra-Giunti, Verona 1996 (seconda edizione ampliata); Id., *Introduzione a Guevara: gli altri diari di Bolivia*, Roberto Massari editore, Roma 1998 (l'"Introduzione" è quasi un libro a sé, di cento pagine); Id., *Guida storico-politica di Cuba*, DataNews, Roma 1998; Id., *Che Guevara e i paesi dell'Est*, (curatela e diversi saggi), in «Che Guevara. Quaderni della Fondazione Ernesto Che Guevara», n. 4, Massari, Roma 2001 (di 400 pagine); Id., *Breve storia di Cuba*, DataNews, Roma 2006 (terza edizione aggiornata). Ci sarebbe stato anche *Guevara. Scritti. Gli anni della formazione* (con mia "Introduzione" e cura del primo volume di un'antologia in due volumi), che era in corso di stampa presso le edizioni Feltrinelli (doveva uscire nel settembre 2005) e che è stato bloccato dal contratto capestro siglato tra la Mondadori e la Ocean Press, rappresentante della vedova del Che e della figlia Aleida. Ci auguriamo che qualcosa, a Cuba o in Italia, renda possibile superare questa assurda censura.

assicurare sviluppo e benessere all'America latina; dall'altro la sinistra era stata affascinata dall'esperienza cilena di Salvador Allende, iniziata appena tre anni dopo la scomparsa del Che in Bolivia. La stampa del mondo comunista, ma anche intellettuali sofisticati come Régis Debray, che in passato avevano teorizzato la moltiplicazione dell'esperienza castrista, contrapponevano la "concretezza" di Allende al presunto "avventurismo" del Che. Guevara era stato poi dimenticato o liquidato sprezzantemente da gran parte della nuova sinistra europea e mondiale, imbevuta del mito della rivoluzione culturale di Mao.

Ma l'esperienza di Allende era finita presto ben più tragicamente della guerriglia del Che, trascinando con sé molte migliaia di cileni. Le esperienze di riformismo militare in Perù, Ecuador, ecc., si erano concluse senza risolvere nulla dei problemi di quei paesi e, accanto al Cile di Pinochet, l'America latina aveva visto il moltiplicarsi di regimi orribili, dal Brasile all'Argentina, dal Guatemala all'Uruguay, mentre con l'aiuto statunitense sopravvivevano feroci dittature personali nel Nicaragua di Somoza, o nella Haiti di Duvalier.

La durata di questi sanguinari regimi è stata varia ma sufficiente a distruggere intere generazioni di giovani militanti, cancellando perfino il ricordo degli appassionati dibattiti degli anni Sessanta. E le fragili democrazie che ne prendevano il posto non erano solo corrotte, ma anche condizionate dal permanere della spada di Damocle rappresentata dagli eserciti golpisti, non processati né processabili, e tanto meno epurati: sconfitti dai loro fallimenti economici e dall'incapacità di conquistare il consenso, ma sempre pronti a riprendere le armi contro il loro stesso popolo e qualsiasi governo che avesse osato mettere in discussione i loro privilegi e quelli dei loro mandanti. Dopo la *dictadura,* si ironizzava, era arrivata la *democradura...*

Nonostante tutto è comparsa in America latina una nuova generazione di giovani che si sono trovati di fronte compiti difficili e drammatici, nel contesto del "nuovo ordine mondiale", e hanno riscoperto l'opera e il pensiero di quello che Jean

Paul Sartre aveva definito giustamente «l'uomo più completo del suo tempo».

Nel primo incontro mondiale (anzi "intergalattico", come diceva ironicamente il Subcomandante Marcos) contro il neoliberismo svoltosi in Chiapas nel 1996, erano apparsi molti giovani argentini, uruguayani, o latinos degli Stati Uniti. La maggior parte di loro di Guevara conosceva appena il nome. Pochi anni dopo, nell'esplosione della rabbia dei disoccupati e dei ceti medi defraudati che alla fine del 2001 in Argentina ha fatto cadere in pochi giorni tre governi, nelle manifestazioni comparivano bandiere argentine in cui il sole d'oro era stato sostituito dal volto del Che.

Questo cambiamento è dovuto al fatto che, almeno in America latina, le contraddizioni sociali erano più gravi e stridenti di quanto non fossero trentacinque o quarant'anni fa, e rendevano molto più attuali le diagnosi e le indicazioni di Guevara, per tanto tempo irrise come ingenue; ma si doveva anche alla scomparsa di altri punti di riferimento, al tempo stesso mitici e materiali: i "paesi socialisti". Il crollo dell'Urss aveva trascinato con sé la maggior parte dei partiti che facevano capo alla "Chiesa di Mosca", mentre i partitini maoisti erano rimasti disorientati dalle aperture della Cina al capitalismo più selvaggio.

La riscoperta di Guevara, circa vent'anni dopo la sua morte, ha coinciso con il distacco di Cuba dall'Unione sovietica iniziato nel 1986 con la campagna di *rectificación*. Dopo anni di oblio, in cui anche all'Avana Guevara era stato ridotto a pura icona mentre il suo pensiero originale era stato dimenticato e sostituito da una grossolana riproduzione del "marxismo-leninismo" degli epigoni, Castro, in un discorso in cui ammetteva che se il Che avesse potuto vedere com'era diventata Cuba sarebbe rimasto inorridito, aveva annunciato che era necessario studiarlo e seguirne le indicazioni. Per tre o quattro anni c'era stata una fioritura di convegni che avevano ridato voce ai tanti guevaristi emarginati nei quindici anni in cui il dominio ideologico dell'Urss e dei suoi zelanti sostenitori cubani era stato pressoché totale; poi la nuova strada imboccata da Cuba era apparsa così divergente da quelle che erano state le intuizioni e le proposte dell'ultimo Guevara che non si è fatto più nulla di quanto era stato promesso nel 1987, a partire dalla pubblicazione degli inediti (quasi tutti gli scritti degli ultimi tre anni di permanenza del Che a Cuba). Il Che è diventato una merce di esportazione: simbolo, immagine, celebrazione retorica, con al massimo la pubblicazione di qualche scritto giovanile di scarso interesse politico.

In questo quadro si inseriva il rilancio commerciale a livello mondiale dell'immagine del Guevara giovane e avventuroso con il film di Walter Salles sul suo viaggio in motocicletta... Si direbbe che la sua crescente popolarità spingeva ad "usarlo" senza contribuire però realmente alla conoscenza del suo pensiero.

L'attrazione per Guevara anziché ridursi negli anni era cresciuta al punto di stimolare una straordinaria fioritura editoriale: tra il 1993 e il 1997 sono usciti centinaia di libri, a volte commissionati a persone che non conoscevano né l'argomento né lo spagnolo e che sono copiati spudoratamente. Negli anni precedenti il 1987, ventesimo anniversario della morte e anno della "riscoperta" cubana, i titoli disponibili erano invece pochissimi.

Come spiegare questo fenomeno? Ci devono essere stati dei motivi in più rispetto a quelli già indicati: se è vero che molti miti e punti di riferimento sono crollati negli ultimi quindici o venti anni, perché è stato proprio il Che a prenderne il posto se il suo pensiero era insufficientemente conosciuto?

Anche se non molti conoscono le sue ultime riflessioni, in particolare la sua critica al socialismo reale (tenuta sostanzialmente nascosta a Cuba per non dovere spiegare ai cubani perché non se ne sia tenuto conto per due decenni), e la pubblicazione dei suoi scritti è in quasi tutto il mondo – salvo poche e meritorie eccezioni – lacunosa e casuale, Guevara anche da poche e sommarie letture appare indubbiamente antagonista e "alternativo" rispetto a quanto c'è in circolazione.

In primo luogo per la sua etica: la coerenza tra pensiero, parola e azione («diceva sempre quello che pensava, e faceva quello che diceva», ha osservato Eduardo Galeano, aggiungendo che i potenti questo "difetto" non glielo hanno mai perdonato) appare in totale contrapposizione con le pratiche politiche della maggior parte della stessa sinistra. Anche la sua esposizione in prima persona (che aveva tuttavia un precedente illustre e ugualmente amato nell'apostolo della rivoluzione cubana José Martí) lo rende caro ai giovani di un mondo pieno di politici che predicano "armiamoci e partite".

Certo, le circostanze della sua morte suscitarono una grande emozione, ma neppure questa è una spiegazione sufficiente: la morte tragica dei leader dei movimenti di liberazione è frequente in tutto il terzo mondo (si potrebbe fare un elenco lunghissimo, da Emiliano Zapata a Patrice Lumumba, da Maurice Bishop a Thomas Sankara, senza dimenticare lo stesso Salvador Allende). Nessuno di loro è stato tuttavia oggetto di un culto e di una venerazione, al di fuori del proprio paese, paragonabili a quella del Che.

Altri hanno attribuito il successo di Guevara all'immagine, in primo luogo a quella della famosa foto di Korda. Se c'è qualche fondamento lo si deve tuttavia al fatto che in quella famosa foto, scattata mentre assisteva turbato al funerale dei lavoratori uccisi da un attentato statunitense a una nave francese che aveva portato all'isola assediata armi acquistate in Belgio, dagli occhi trasparivano un'indignazione e un'emozione sconosciute alla maggior parte dei leader politici. Comunque ciò non spiega perché questo effetto "magico" non sia stato immediato ma sia cresciuto negli anni.

Ancor meno fondata la tesi di uno dei suoi biografi, attento e intelligente ma malevolo, Jorge Castañeda (un "pentito" della sinistra messicana, divenuto poi ministro degli esteri con il presidente Fox), che lo attribuiva a un errore tattico della Cia: l'allestimento della camera mortuaria con un Che ripulito e modellato come il Cristo deposto del Mantegna, cosa che lo avrebbe trasformato in oggetto di culto.

In realtà se conoscere bene il pensiero di Guevara non è facile, proprio per la mole di paccottiglia sfornata nel tempo (ancora nel 1987 nelle librerie si trovava solo, e non facilmente, il *Diario di Bolivia*), non è neppure impossibile. Molte delle antologie dei suoi scritti sono mal curate e spesso zeppe di errori ricopiati da un'edizione all'altra, ma consentono ugualmente di percepire qualcosa di diverso e di ben più attraente di qualsiasi scritto politico di contemporanei.

Il segreto è semplice. Guevara si riallaccia a una tradizione del movimento operaio che in passato aveva caratterizzato tutti i suoi principali esponenti, da Marx a Gramsci, ma che era stata poi accantonata: quella di ritenere che "la verità è rivoluzionaria". Da questa convinzione discende il suo stile semplice e diretto, senza i termini sofisticati a cui siamo oggi abituati e che sono finalizzati non all'esposizione ma all'oscuramento del pensiero. Il Che scrive e parla per essere capito; da questo dipendono la grande comprensibilità del suo messaggio e la radicale differenza da tutto il linguaggio dei politici attuali, anche della sinistra.

Per giunta Guevara è un autodidatta che ha avuto a disposizione pochi anni – febbrili e densissimi, ma sempre pochi – per la sua preparazione politica. Il Che non è un pensatore originale come Lenin, Kautsky, Rosa Luxemburg, Trotsky o Gramsci; è un "riscopritore del marxismo", su molte questioni: dal giudizio sulla "borghesia nazionale", alla natura e ai compiti della rivoluzione cubana («O rivoluzione socialista o caricatura di rivoluzione»). Ma è un riscopritore coraggioso, che va controcorrente, staccandosi dalla vulgata stalinista e da quella socialdemocratica. Un compito molto difficile, dopo decenni di mistificazioni; ma le sue conclusioni appaiono subito affascinanti per la chiarezza e l'incisività. Per questo, appena cominciano a leggerlo, i giovani lo amano.

La formazione culturale e politica di Guevara

Ernesto Guevara aveva avuto un'infanzia e un'adolescenza segnate dalla fragilità della sua salute. Era stato colpito all'età di due anni da una forma di asma così grave che la sua famiglia aveva dovuto trasferirsi dalle zone subtropicali dell'alto Paraná (dove il padre aveva una piantagione di erba mate, la bevanda nazionale argentina) a una zona collinare e secca per migliorare le sue condizioni di salute. I genitori avevano soprattutto ritardato il suo inizio della scuola e molto spesso, anche negli anni successivi, era stato costretto a rimanere a casa per lunghi periodi approfittandone per leggere moltissimo. La sua biblioteca conteneva ogni tipo di romanzi, libri di avventure e di viaggi: vi si trovavano Salgari, Stevenson, Verne, Dumas e in genere tutti quegli autori che erano stati di svago e guida a molte generazioni.

Ernesto Guevara Linch, il padre del Che, ha detto una volta con modestia di avere imparato tutto dal figlio, fornendo anche esempi concreti delle proprie ingenuità e incomprensioni politiche (sul peronismo o sulla valutazione dei governi radicali in Argentina). Ma è bellissimo lo scatto di orgoglio con cui il vecchio (molti anni dopo la morte del figlio) aggiunge: «in verità qualcosa gli ho insegnato anch'io, che a mia volta lo avevo imparato da mio padre: avere tre principi inderogabili, non mentire, non rubare, non avere paura». Tre consigli apparentemente banali, ma che hanno lasciato una traccia profonda nel Che.

Il *non mentire* rimarrà un principio praticato e ribadito pubblicamente durante tutta la sua breve vita politica: ad esempio raccomanderà sempre di non nascondere errori e deficienze nel lavoro, di non esagerare la portata delle difficoltà oggettive (dal blocco americano ai cicloni) e di mettere in primo piano l'esame dei propri errori.

Il *non rubare* significherà per lui non accettare neppure una briciola di privilegio: subito dopo la rivoluzione ad esempio rifiuterà perfino un'auto dallo Stato e si farà aiutare dal padre a comprare con i suoi soldi una due cavalli Citroën, la più modesta delle utilitarie allora disponibili. Rifiuterà sempre anche ogni privilegio per la propria famiglia, e lo ribadirà nella lettera di addio a Fidel: «Non lascio a mia moglie e ai miei figli niente di materiale, ma questo non è per me ragione di pena; mi rallegro che sia così; non chiedo niente per loro perché lo Stato gli darà il necessario per vivere e per educarsi».

Il *non avere paura,* nel caso del Che, non avrebbe bisogno di commenti se non per sottrarre la frase a una visione banalizzante. Per il Che, ma probabilmente già per il padre e il nonno, non avere paura vuol dire che la stessa vita di un uomo ha un senso solo se è messa al servizio di qualcosa che la trascende, qualcosa di infinito, che è l'umanità e la causa della sua liberazione. È a partire da questa identificazione che è possibile l'eroismo del Che, che non era un eroismo astratto, fine a sé stesso, ma l'eroismo al servizio di una causa.

Dalla famiglia tuttavia Guevara ha ricevuto qualcosa in più di quei principi etici, semplici e al tempo stesso solidi, che abbiamo appena ricordato. Dai suoi genitori, in origine non marxisti ma senza dubbio sinceri democratici, ha cominciato fin da ragazzo a conoscere gli echi della Guerra di Spagna, di cui seguiva su una carta geografica le battaglie che riproduceva poi con i coetanei assaltando fortini improvvisati. Sempre da suo padre Ernesto aveva cominciato a conoscere la guerra del Chaco, combattuta tra il 1931 e il 1934 dai soldati boliviani e paraguayani per conto di due diverse multinazionali del petrolio, come tante altre guerre combattute per conto terzi. Era troppo piccolo per poterne avere un ricordo diretto ma le descrizioni ricevute lo colpirono al punto che più volte ricorderà quella vicenda, accostandola a un'altra tragedia della dipendenza, quella del Congo ex belga, che lo aveva profondamente segnato negli anni della maturità.

Il "viaggio in motocicletta"

La passione per la conoscenza spinse Guevara a seguire i corsi più disparati. Al tempo stesso aveva cominciato a lavorare per periodi più o meno lunghi in un'impresa di lavori stradali, mentre si accingeva allo studio dell'ingegneria, che poi lasciò improvvisamente per la medicina. In ogni caso il tipo di formazione culturale gli permetteva da un lato di esercitare un notevole fascino sui coetanei, dall'altro lato lo rendeva irrequieto e refrattario nei confronti dello studio puramente scolastico. Da vari accenni suoi e del padre si comprende che il suo curriculum era abbastanza atipico e che l'impegno nello studio era irregolare, con punte di altissimo impegno e periodi in cui si accontentava semplicemente di ottenere il minimo indispensabile per essere promosso.

Sostenne anche gli studi medici con disordine e un mediocre profitto iniziale, anche perché appena compiuti i primi esami riuscì a ottenere un posto di infermiere sulla flotta mercantile argentina, cosa che gli consentì diversi viaggi ma gli rese più difficili gli esami che richiedevano una frequenza continuativa alle lezioni e alle esercitazioni pratiche.

Al momento del primo grande viaggio panamericano Ernesto aveva dato solo metà degli esami, gliene restavano quindici, che tuttavia superò in pochi mesi al suo ritorno. La passione per i viaggi lo aveva già spinto negli anni precedenti a esplorare durante le vacanze l'Argentina con i più diversi mezzi di fortuna, tra cui una bicicletta a cui aveva applicato un motorino, con la quale percorse migliaia di chilometri ottenendo con questa impresa le congratulazioni della ditta produttrice e l'apparizione del suo nome e della sua foto sulle pagine dei giornali. Erano le prime manifestazioni di quella sfida permanente alle costrizioni impostegli fisico, che lo caratterizzerà per tutta la vita e lo porterà ad affrontare senza esitazioni imprese durissime anche per uno sportivo, come l'ascensione del Popocatepetl in Messico, compiuta per prepararsi alle lunghe marce sulla Sierra Maestra.

Il viaggio con Alberto Granado fu decisivo per la scoperta della miseria in Cile, in Bolivia, in Perù, ecc., che Ernesto non aveva potuto conoscere prima, dall'interno di un ambiente familiare relativamente privilegiato. Eppure l'osservazione delle condizioni sociali non era l'obiettivo principale dell'esplorazione.

Nelle prime pagine del *Diario* si intrecciano la curiosità per i paesaggi insoliti e le avventure picaresche, le descrizioni delle località archeologiche e quelle delle condizioni sanitarie, con solo qualche accenno abbastanza ingenuo ai problemi politici dei paesi attraversati. Per i due giovani l'archeologia e la medicina erano forse gli interessi principali. Alberto Granado era già laureato in biologia, Ernesto era a metà del percorso di studi in medicina, ma si lasciavano credere esperti di lebbra per poter visitare alcuni dei lazzaretti nella selva amazzonica e a volte per poter scroccare un pasto negli ospedali in cui arrivavano con lettere di presentazione di qualche medico incontrato in precedenza (erano sempre affamatissimi e senza un soldo). In realtà lo studio della lebbra li appassionava veramente, spingendoli alle prime considerazioni sulla funzione sociale del medico, che il Che penserà di sviluppare in seguito e di cui resta solo (inedito) l'abbozzo di un capitolo.

Presentati dal dottor Pesce, uno specialista di lebbra che a Lima li ricevette cordialmente (e che fu probabilmente il primo intellettuale comunista incontrato da Guevara, che ne rimase affascinato), visitarono diversi lebbrosari. Il Che osservava compiaciuto: «il nostro viaggio acquista un significato eccezionale per il personale dei lebbrosari della zona», ma soprattutto per i malati, che spesso li colmavano di piccoli doni. Ad esempio i lebbrosi di Lima fecero una colletta di cento soles (che «nelle loro condizioni economiche sono un'enormità») per regalare ai due giovani un fornello a petrolio, e li salutarono con le lacrime agli occhi. «Tanto affetto», scrive alla zia Beatriz, «dipende dal fatto che eravamo stati con loro senza fare gli schizzinosi e avevamo dato loro la mano come a persone qualsiasi, ci eravamo seduti fra di loro a parlare e avevamo giocato al calcio con loro. A te sembrerà una bravata inutile, ma è incalcolabile il beneficio psichico che per questi malati, trattati come bestie selvagge, rappresenta il fatto che la gente si comporti con loro come con gli esseri normali, e il pericolo che si corre è assolutamente minimo».

Il soggiorno più lungo fu quello nel sanatorio di San Pablo, su un affluente del Rio delle Amazzoni, dove dopo appassionate partite di calcio, grandi sbornie di pisco (l'acquavite peruviana) e una festa in onore del ventiquattresimo compleanno di Ernesto, i lebbrosi costruirono per i due argentini una rudimentale zattera con cui avrebbero dovuto proseguire il viaggio via fiume (ma che dopo pochi giorni di navigazione si incagliò irreparabilmente). Il percorso proseguì con altri mezzi di fortuna fino a Caracas, passando per Bogotà. Di tutta questa parte del viaggio ci sono appena accenni fugaci nelle lettere del Che ai genitori. È evidente comunque che l'interesse per la politica è ancora del tutto marginale e occasionale. Ma erano stati gettati i semi che daranno ben presto i frutti, al momento del secondo viaggio e dell'incontro con la rivoluzione boliviana e soprattutto con quella guatemalteca.

Il giudizio sul peronismo

Quando il giovane Ernesto cominciò ad avere esperienze politiche dirette, il conflitto con le idee paterne si sviluppò soprattutto a proposito del peronismo (su cui gli accenni nel *Diario* del primo viaggio erano invece ancora generici, scherzosi e non impegnati).

Il vecchio "don Ernesto" non aveva avuto mai dubbi su Perón. Era infastidito dalla demagogia, dall'ipocrisia e dalla rozzezza con cui il generale populista trattava le opposizioni conservatrici e la stessa chiesa cattolica, quindi nel 1955 aveva simpatizzato per il colpo di Stato militare fallito di giugno e per quello riuscito di settembre. Con sua grande sorpresa il figlio (arrivato in Messico dopo la caduta del regime riformista guatemalteco di Jacobo Arbenz) gli scrisse attaccandolo per le sue illusioni sulla "Revolución Libertadora" (come si autodefinivano i militari che abbatterono Perón e che in un modo o nell'altro avrebbero spadroneggiato in Argentina nei decenni successivi).

Con un giudizio particolarmente lucido contestava l'entusiasmo dei suoi genitori, anche perché prescindeva dalla figura di Perón in quanto tale, di cui anzi diceva: «è caduto come cade la gente del suo genere, senza dignità».

Il padre ha poi ammesso nel 1980 che Ernesto «vide il fenomeno peronista molto meglio di tutti noi antiperonisti», chiedendo come sua unica scusante le ambiguità dello stesso Juan Domingo Perón. In realtà il figlio aveva scavalcato il padre non solo perché aveva acquisito in quegli anni i primi elementi di una formazione marxista, ma anche perché aveva vissuto dall'interno l'esperienza rivoluzionaria del Guatemala.

Il Guatemala di Jacobo Arbenz

Il Che ha sempre fatto riferimento all'esperienza del Guatemala di Arbenz come decisiva per la sua formazione. A quel paese è dedicato il suo primo articolo politico e nel vivo di quella esperienza ricava alcuni punti fermi del suo orientamento successivo (ad esempio la sfiducia nella cosiddetta "borghesia nazionale", cavallo di battaglia sia dei comunisti filosovietici sia di quelli che si ispireranno a Mao, che estenderà le ipotesi di alleanza perfino ai "prìncipi patriottici", come il re Sihanuk in Cambogia).

Guevara era arrivato in Guatemala alla fine di dicembre del 1953. Era il suo secondo viaggio nell'America latina, e il suo progetto non era più quello di esplorare il continente come un viaggiatore curioso ma di lavorare mettendo a frutto la laurea in medicina appena conseguita.

Jacobo Arbenz Guzmán, ex ministro della guerra, era divenuto presidente nel marzo 1951 con un programma di riforme democratiche: suffragio universale, una legislazione a protezione del lavoro salariato e della libertà sindacale, lotta all'analfabetismo e riforma agraria. Quest'ultima era molto moderata: non investiva tutte le grandi proprietà ma solo quelle non coltivate. Tuttavia colpiva gli interessi della grande multinazionale americana United Fruit (quella della banana Chiquita) che si era accaparrata gran parte delle terre del paese, molte di più di quante servissero alla sua produzione, per lasciarle incolte e impedire ai contadini di produrre per conto loro, con l'obiettivo di mantenere alti i prezzi della frutta (ma i contadini avrebbero avuto comunque enormi difficoltà a commercializzare i loro prodotti) e soprattutto di evitare che su quelle terre si sviluppasse un'economia di sussistenza che consentisse ai contadini di sopravvivere senza dovere accettare i salari di fame della grande multinazionale.

Arbenz fu denunciato come "comunista" non solo dalla Casa Bianca (l'avvocato della United Fruit era il segretario di Stato Foster Dulles) ma dalla stessa Conferenza dei paesi americani riunitasi a Caracas nel marzo 1954, che diede il proprio assenso alla distruzione violenta dell'esperimento riformista. L'attacco fu sferrato con un'invasione di mercenari (partiti dall'Honduras sotto la guida del colonnello Carlos Castillo Armas) con importanti complicità interne. Guevara era ancora entusiasta di Arbenz, che in una lettera alla madre definiva «un duro, senza dubbio disposto a morire al suo posto se necessario». Si era offerto anche per il servizio di pronto soccorso medico e per le brigate giovanili che avrebbero dovuto addestrare militarmente i sostenitori del presidente. Ma la disillusione fu rapidissima.

Arbenz dapprima confidò nell'esercito, da cui egli stesso proveniva, ma che si schierò invece con i traditori (che disponevano perfino di aerei e navi evidentemente forniti dagli Stati Uniti), mentre si rifiutò di fornire armi al popolo, a cui continuò anche nel suo ultimo discorso a raccomandare la calma. Invece che al popolo Arbenz si appellò alle Nazioni unite che naturalmente, allora così come pochi anni prima in Corea e sei anni dopo nel Congo, erano utilizzate tranquillamente dagli Stati Uniti per avallare la propria politica. Anche questo resterà ben impresso nella coscienza del giovane Guevara, che non lo dimenticherà mai.

Da quell'esperienza Guevara ne uscì determinato ad agire e soprattutto impegnato a conoscere meglio il marxismo, cui fino al 1954 si riferiva in termini assai generici e imprecisi. In Guatemala conobbe un gruppo di intellettuali comunisti e penso inizialmente di iscriversi al Pgt (Partido guatemalteco del trabajo, comunista), di cui ammirava l'appoggio deciso alla riforma agraria. Tuttavia esitò, per timore di dover sottostare a una rigida disciplina e per diffidenza nei confronti del dogmatismo del Pgt, mentre successivamente fu deluso dall'incapacità di questo partito di avere una tattica diversa e indipendente da quella rinunciataria di Arbenz.

Comincia così la sua battaglia nei confronti dei partiti comunisti latinoamericani di cui criticherà implacabilmente l'opportunismo e l'orizzonte esclusivamente istituzionale. In un secondo momento riuscì anche a comprendere come dietro quella politica ci fossero non solo errori soggettivi ma anche l'influenza sovietica mediata da Earl Browder, il segretario del Partito comunista degli Stati uniti, che per anni aveva avuto grandi responsabilità nel Comintern soprattutto riguardo il continente americano, teorizzando alleanze con i più incredibili rappresentanti della "borghesia nazionale" (a Cuba negli anni Quaranta fu considerato tale perfino Fulgencio Batista, nel cui governo entrarono in nome "dell'unità antifascista" due ministri comunisti). Ma nel 1954 questa comprensione ovviamente doveva ancora arrivare, quando Guevara si rifugia in Messico e comincia il suo apprendistato teorico sotto la guida di Hilda Gadea – che sarà poi sua moglie – e quello politico a fianco e insieme ai militanti del 26 luglio.

Hilda Gadea e le prime letture marxiste

Hilda Gadea era una giovane peruviana militante dell'ala marxista dell'Apra (Alianza popular revolucionaria americana), il movimento riformista fondato nel 1923 da Raúl Haya de la Torre. In un libro di memorie (Hilda Gadea, *I miei anni con il Che. Dal Guatemala al Messico*, Erre Emme, Roma 1995) ha descritto così le loro letture comuni:

> Entrambi avevamo letto i romanzi precursori della rivoluzione russa: Tostoj, Gor'kij, Dostoevskij e le *Memorie di un rivoluzionario* di Kropotkin. I nostri temi abituali di discussione ricadevano anche sul *Che fare?* e *L'imperialismo* di Lenin,

l'*Antidühring*, *Il manifesto comunista*, *L'origine della famiglia* e altri lavori di Marx ed Engels, oltre a *Il socialismo dall'utopia alla scienza* di Engels e *Il Capitale* di Marx, con cui ero io ad avere maggiore familiarità per i miei studi di economia.

Ernesto Guevara è stato il migliore allievo di tutti i suoi maestri: lo riconobbero Hilda Gadea, Fidel Castro, Salvador Vilaseca (che nel 1959 gli insegnò matematica ma lo guidò anche nel suo studio sistematico del *Capitale*), i suoi consiglieri economici sovietici e cecoslovacchi. All'origine di questa sua straordinaria capacità di apprendimento, che lo portò in pochissimi anni (meno di dieci tra i primi passi e la sua piena maturità) a superare i propri maestri in tutti i campi, c'erano indubbiamente le sue doti intellettuali, il suo fortissimo impegno nello studio, la sua straordinaria tenacia, la forza di volontà, ma anche le caratteristiche fin dall'inizio antidogmatiche del suo pensiero.

Così Guevara in Messico cominciò a impartire dei corsi su Marx per i cubani del Movimento 26 luglio, alcuni dei quali aveva già conosciuto in Guatemala. Era stato lui a scegliere i testi marxisti che la polizia messicana trovò e sequestrò nel rancho Santa Rosa dove gli esuli si stavano addestrando per lo sbarco a Cuba. Nel corso del 1955 e del 1956, nelle lettere alla famiglia, si infittiscono gli accenni a "San Carlos" (come chiama scherzosamente Marz, anche per eludere la censura). Poco dopo Guevara scriverà: «Prima mi dedicavo più male che bene alla medicina e il tempo libero lo dedicavo allo studio non organico di San Carlos. La nuova fase della mia vita esige anche un mutamento di organizzazione: ora San Carlos è al primo posto, è al centro, e lo sarà per gli anni in cui lo sferoide mi ammetterà nella sua fascia più esterna».

L'incontro con la rivoluzione cubana

In Guatemala Guevara aveva già incontrato alcuni dei cubani che si erano rifugiati in quel paese dopo il fallimento dell'assalto al Cuartel Moncada, la caserma di Santiago che il 26 luglio 1953 doveva dare il via all'insurrezione nazionale contro il dittatore Fulgencio Batista, che nel 1952 aveva sospeso la Costituzione alla vigilia delle elezioni. Attraverso le loro descrizioni aveva cominciato a conoscere la personalità di Fidel Castro ammirandone il coraggio e la volontà di lotta senza compromessi. Sapeva che dopo l'autodifesa in tribunale Fidel era divenuto un eroe popolare, le cui ingenuità giovanili (e la stessa approssimazione organizzativa che aveva portato alla sconfitta del tentativo insurrezionale) erano passate in secondo piano per la coerente determinazione con cui al processo pubblico aveva preannunciato la volontà di continuare la lotta contro la dittatura e la dipendenza dagli Stati Uniti, nel famoso discorso pubblicato poi col titolo *La Storia mi assolverà*.

In Messico Ernesto aveva conosciuto molti altri partecipanti all'impresa, tra cui Raúl Castro, e aveva iniziato a pensare di legare la sua vita alla loro causa. Nel novembre del 1955 incontrò lo stesso Fidel: ricorderà quel momento perfino nella lettera di commiato scritta al momento della sua partenza da Cuba per la sua missione internazionalista. Ernesto sentiva innegabilmente il fascino di Fidel, che a sua volta apprezzava moltissimo il giovane argentino al quale propose di partecipare allo sbarco a Cuba. Il suo ruolo doveva essere quello di medico della spedizione, ma intanto partecipava come gli altri all'addestramento militare sotto la guida del generale repubblicano spagnolo Alberto Bayo, nel rancho Santa Rosa, e divenne anche istruttore politico dei militanti.

A quanto pare Guevara ricavò il massimo profitto dalle lezioni di Bayo e durante i primi durissimi giorni di lotta si rivelò un guerrigliero validissimo, soprattutto un grande trascinatore. L'impresa era cominciata male: l'imbarcazione acquistata per la traversata dal Messico a Cuba, il Granma, era del tutto insufficiente per ottantadue persone e priva di strumentazione adeguata. Così il viaggio durò più a lungo del previsto, e quando i guerriglieri arrivarono sulla costa orientale dell'isola erano già stati dati per morti dai sostenitori che li avevano attesi per tre giorni, mentre esercito e polizia, che avevano represso una insurrezione di Santiago che doveva servire da diversivo per facilitare lo sbarco, li attendevano al varco. La maggior parte di loro in quei primi giorni cadde in combattimento o vittima di esecuzioni sommarie. Solo una dozzina di rivoluzionari raggiunsero l'interno dell'isola, dove furono accolti con simpatia da un gruppo di contadini che avevano riconosciuto in Castro l'uomo che aveva sfidato Batista.

In quella prima fase, in cui il piccolo nucleo di rivoluzionari aveva dovuto ritirarsi in condizioni molto difficili e su un sentiero impervio, il Che fu costretto a scegliere tra la cassetta dei medicinali e quella delle munizioni: scelse la seconda. Da allora diventò un combattente a tutti gli effetti, e presto il principale comandante insieme a Fidel Castro e a Camilo Cienfuegos.

Come si forma il marxismo di Guevara

Il pensiero di Guevara è stato alimentato da diverse fonti: indubbiamente alcuni testi di Marx, conosciuti attraverso la lettura non dogmatica proposta da Hilda Gadea, lo avevano almeno parzialmente vaccinato dalla riproposizione delle semplificazioni schematiche diffuse dai partiti comunisti filosovietici. Ma già in Messico Guevara aveva cominciato a studiare le matrici ideologiche originali della rivoluzione cubana: lo si percepisce dai frequenti accenni a José Martí e Antonio Maceo nelle lettere alla madre, e alcune frasi di Martí saranno da allora in poi ricorrenti nei suoi scritti e discorsi, fino al suo stesso "testamento spirituale", la lettera di congedo dai figli: «Ricordatevi che l'importante è la rivoluzione, e che ognuno di noi, da solo, non vale niente. Soprattutto siate sempre capaci di sentire nel più profondo di voi stessi ogni ingiustizia commessa contro chiunque, in qualsiasi parte del mondo: è la qualità più bella di un rivoluzionario».

Con un brano durissimo di un articolo di Martí («Chi parla di unione economica, parla di unione politica. Il popolo che compra comanda, il popolo che vende, serve») Guevara aveva cominciato il suo sferzante discorso alla riunione del Consejo Interamericano económico y social a Punta del Este, in Uruguay, e con un bel verso di Martí inizia il *Messaggio alla Tricontinentale,* il suo "testamento politico".

È evidente che in Guevara c'è un'intensa assonanza, una profonda analogia di impostazione, con Martí. La rapidità con cui scelse Martí come riferimento costante si deve probabilmente a punti di contatto significativi anche nell'approccio alla scelta rivoluzionaria e internazionalista. Martí è prima di tutto un osservatore attento, un grande giornalista, che si formò politicamente attraverso la sua esperienza negli Stati Uniti, essenziale per la sua radicalizzazione e per il suo antimperialismo tenace e coerente. Il suo itinerario è molto simile a quello di Guevara, che si formò e divenne un rivoluzionario a partire dal suo viaggio attraverso l'America latina iniziato come studente curioso del mondo. Ma le analogie sono ancora più numerose e sostanziali: già nel Martí giovanissimo è presente un'etica del sacrificio, considerato la forma più alta di servizio, che ha profonde consonanze con quella che spingerà Guevara alla sua ultima missione: «Il primo dovere del talento consiste nell'adoperarlo a beneficio dei derelitti. Da questo si misurano gli uomini. Si è padroni esclusivi soltanto di ciò che si crea. Il talento è qualcosa che ci viene dato, e comporta l'obbligo di servire con esso il mondo, e non noi che non ce lo siamo dati. Adoperare a nostro esclusivo beneficio ciò che non è nostro, è un furto». A questa impostazione si rifarà Guevara rifiutando sempre di percepire diritti d'autore sui suoi scritti e soprattutto ribadendo nella lettera di congedo che non lasciava alla moglie e ai figli niente di materiale.

D'altra parte Martí, come Guevara, pensava che la rivoluzione significhi cambiare non un nome ma l'uomo e avrebbe voluto essere ricordato per una "collezione delle sue azioni", più che per una raccolta dei suoi versi e dei suoi scritti: ed è certamente il suo esempio la prima ragione della sua influenza sui giovani che si erano raccolti intorno a Fidel per l'impresa del Cuartel Moncada.

Martí (come d'altra parte lo stesso Guevara) è uno scrittore generoso e originale, ma senza un'opera organica. Il suo pensiero è contenuto in scritti frammentari, appunti, articoli, pamphlet, discorsi, e soprattutto nelle "collezioni di azioni". Ma il "profeta della rivoluzione cubana" è stato sempre un convinto internazionalista. La sua visione è sempre latinoamericana e non solo cubana, e l'attenzione è costantemente rivolta alle vicende degli sfruttati di ogni parte del mondo, a partire dagli Stati Uniti, su cui scrive pagine bellissime dedicate alle vicende degli operai anarchici di Chicago condannati a morte o alle minoranze discriminate o perseguitate (compresa quella italiana vittima di un pogrom a New Orleans).

Ricordare questo debito di Guevara verso Martí non significa sminuirne l'importanza. Paradossalmente essere internazionalista era più semplice per Martí. Egli era l'ultimo esponente di quella generazione di democratici che nell'Ottocento aveva sentito naturale la dimensione sovranazionale della rivoluzione, non solo nel senso dell'unità latinoamericana ma come battaglia di tutti gli uomini per la libertà. Il XIX secolo aveva avuto l'impronta di un Bolívar, di un San Martín, di un Sucre, di un Garibaldi. Era il secolo in cui polacchi, ungheresi, italiani combatterono a fianco della Comune di Parigi, e in cui la Prima internazionale organizzava concrete azioni di sostegno agli scioperi da una parte all'altra della Manica.

In effetti per Guevara è stato più difficile riscoprire l'internazionalismo, dopo i decenni in cui nel movimento operaio era rimasto un puro orpello retorico che copriva una realtà di negazione concreta del suo spirito. Quella realtà con cui Guevara si scontra in Bolivia quando discute con Mario Monje sulle prospettive della rivoluzione latinoamericana e si sente porre come condizione per il sostegno alla guerriglia che i dirigenti siano boliviani.

Guevara non riuscì neppure a capire, lui argentino divenuto cubano e che si era sempre sentito un "cittadino d'America", la logica che spingeva gli inesperti dirigenti del debole Partito comunista boliviano a pretendere di dirigere una lotta che doveva solo iniziare in Bolivia ma era concepita come continentale.

La sua evoluzione non era stata facile o automatica. In realtà nel corso dei decenni che separano Guevara e Castro da Martí, e ancor più dai Bolívar e dai San Martín, c'erano stati cambiamenti profondi, si erano sviluppati nazionalismi accesi quanto infondati che avevano portato paesi fratelli (e che nel progetto dei *libertadores* ottocenteschi avrebbero dovuto essere almeno federati tra loro) a combattersi ferocemente "per conto terzi". E se le borghesie di ciascun paese erano diventate scioviniste al punto di prendere a pretesto una partita di calcio per scatenare una guerra col paese vicino, gran parte dello stesso movimento comunista latinoamericano aveva accantonato progressivamente il suo internazionalismo a mano a mano che si adattava a un rapporto stretto e privilegiato con la borghesia del proprio paese.

Per questo la riscoperta dell'internazionalismo concreto da parte di Guevara è fortemente innovativa nel contesto del movimento operaio latinoamericano degli anni Cinquanta e Sessanta e, non a caso, fu fortemente contestata anche a Cuba dal gruppo stalinista di Aníbal Escalante, il quale – secondo l'atto di accusa di Raúl Castro alla "microfrazione" – tentava di contrapporre Guevara a Fidel Castro presentandolo come "trotskista" per la sua linea di «esportazione della rivoluzione» e per avere «tentato di imporre la linea cubana agli altri partiti comunisti» (ossia per le critiche che tutta la direzione cubana, a partire da Castro, muoveva all'opportunismo e alla collaborazione di classe dei partiti "fratelli").

Ma la "scoperta" di Martí non è l'unica traccia dell'impegno di Guevara per ricollegarsi al movimento operaio cubano studiando a fondo le premesse della rivoluzione e la storia dei primi tentativi di incamminarsi sulla strada del Moncada, del Granma, della Sierra.

È significativo che sia stato proprio Guevara a ricordare alcune figure di precursori quasi dimenticati. Una delle personalità cui egli dedica particolare attenzione, quella di Antonio Guiteras, era stata oggetto di un lungo ostracismo da parte del

Psp. Il Partito comunista cubano per settarismo aveva diffidato di quel giovane rivoluzionario che alla testa del Directorio estudiantil revolucionario, nel 1927, aveva iniziato all'Avana la lotta contro il dittatore Machado e aveva proseguito la sua azione organizzando gruppi armati nella provincia di Oriente (la stessa scelta da Martí nel 1895 e poi da Castro nel 1956). Non lo aveva sostenuto neppure nel 1935, nel suo sfortunato tentativo insurrezionale contro Batista, dopo il rovesciamento del governo di Grau San Martín a cui Guiteras aveva partecipato come ministro degli interni. Quindi aveva rimosso perfino il ricordo di quella scomoda figura di rivoluzionario, coerente ma non inquadrato, che con la sua morte aveva smentito ogni insinuazione sul suo conto.

Il riferimento frequente e puntuale ai predecessori "eretici" della rivoluzione cubana e latinoamericana ci fornisce anche una testimonianza preziosa sul metodo e sull'itinerario di studio che portarono il Che, in pochi anni, a una capacità politica e teorica eccezionale per il suo tempo. Riallacciarsi a quelle radici, studiare tutte le esperienze rivoluzionarie dell'America latina, nella loro concretezza, con le loro rare vittorie temporanee e le tante sconfitte, voleva dire gettare le basi per il futuro.

Bisogna sottolineare a questo proposito che Guevara fu sempre contrario a ogni generalizzazione arbitraria e a ogni imitazione pedissequa della rivoluzione cubana. Sappiamo ad esempio che durante la campagna di Bolivia aveva criticato il libro di Régis Debray – *Revolución en la revolución* – probabilmente in maniera così efficace che la Cia si guardò bene dal rendere pubbliche le note appuntate sulla copia ritrovata nel suo zaino al momento della sua uccisione a La Higuera. D'altra parte, contrariamente a uno dei più tenaci luoghi comuni della sinistra italiana vecchia e "nuova", il Che aveva denunciato a chiare lettere già in un discorso del 1962 il pericolo delle scorciatoie estremistiche che si illudevano di ripetere meccanicamente l'esperienza cubana.

In un altro scritto di notevole importanza, di poco precedente, Guevara aveva anche affermato che seguire l'esempio di

Cuba in altri paesi sarebbe stato arduo perché l'imperialismo aveva imparato bene la lezione e non poteva più essere colto di sorpresa. Al tempo stesso tuttavia sferzava i tanti «eccezionalisti» (sia borghesi, sia appartenenti a partiti comunisti dogmatici e opportunisti) che si affannavano a definire «la rivoluzione cubana un avvenimento unico e inimitabile, guidata da un uomo il quale può avere o no difetti, a seconda che l'eccezionalista sia di destra o di sinistra, ma che evidentemente ha portato la rivoluzione per sentieri aperti unicamente ed esclusivamente perché vi marciasse la rivoluzione cubana». Guevara considerava completamente falsa questa concezione giacché «nella rivoluzione cubana ci sono stati fattori eccezionali, che costituiscono la sua peculiarità», ma anche «fattori comuni a tutti i popoli d'America, che esprimono la necessità interna di una tale rivoluzione». Per certi aspetti più difficile, per altri (la coscienza acquisita da larghi strati di massa della *necessità* e della *possibilità* della rivoluzione) più facile; in ogni caso ineludibile come compito in un mondo che aveva di fronte «giorni neri».

L'evoluzione del marxismo del Che e il giudizio sullo stalinismo

Già durante la guerriglia sulla Sierra Maestra il Che non solo si dichiarava marxista, ma faceva un esplicito riferimento positivo ai "paesi socialisti". È interessante seguire le fasi della sua conoscenza e l'evoluzione dei giudizi su quei paesi e sul ruolo dello stalinismo nella loro vicenda.

Negli anni della prima formazione politica e teorica di Guevara – dal 1954 al 1956 – gli accenni epistolari a quei paesi sono scarsi e vaghi, non solo per timore di una possibile censura. In realtà nonostante il frequente accenno allo studio delle «dottrine di San Carlos» le sue conoscenze erano ancora molto modeste. Nel 1956-59 e negli anni immediatamente successivi alla vittoria della rivoluzione quasi nessuno dei dirigenti del 26 luglio aveva idee chiare sulla crisi latente del sistema staliniano e sulle sue origini storiche (anche se da alcuni accenni del Che sembra che almeno la tragedia ungherese avesse lasciato qualche traccia su di lui).

Karol, nel suo libro *La guerriglia al potere* (Mondadori, Milano 1970), riferisce un colloquio con Guevara avvenuto il 19 maggio 1961, poche settimane dopo lo sbarco dei contras a Playa Girón. In quel periodo i legami di Cuba con l'Unione sovietica si erano stretti ed estesi al "campo ideologico": le librerie cubane erano piene di traduzioni di manuali sovietici di derivazione staliniana, rigidi, dogmatici, grigi. Karol, che in Unione sovietica ha vissuto gli anni decisivi per la sua formazione, quelli del passaggio dall'adolescenza alla maturità, era preoccupato di vedere i manuali di Lisenko, di Mitin, di Konstantinov sugli scaffali delle librerie cubane.

Ma Guevara stentava a capire le preoccupazioni del suo interlocutore, dapprima rivendicando il «diritto-dovere di assicurare la formazione politica e ideologica del popolo», dichiarando che in un paese esposto a rischi e compiti immani «sarebbe criminale e assurdo lasciare alla gente il diritto di esitare tra le buone e le cattive ideologie». Alle pazienti spiegazioni di Karol che descriveva i difetti di quelle opere Guevara rispondeva su un terreno più pragmatico: «vogliamo formare i nostri giovani il più rapidamente possibile nell'ideologia socialista e siamo ovviamente costretti a utilizzare i manuali dei paesi socialisti. Ne avete altri da consigliarci?».

Si sarebbe ricreduto presto, grazie ai contatti diretti con il sistema sovietico e agli sforzi per capirne le ragioni dell'involuzione, cercandone le radici nei grandi dibattiti degli anni Venti, anche grazie all'incontro con Ernest Mandel.

In uno degli ultimi colloqui bimestrali al Ministero dell'industria, nel marzo del 1965, disse amareggiato che a Mosca lo accusavano di trotskismo personaggi che usavano «come Bibbia non *Il Capitale,* ma il *Manuale di economia politica* dell'Accademia delle scienze». Proprio di quel *Manuale di economia politica*, nella pausa forzata in Tanzania dopo il ritiro dal Congo e prima che fosse possibile il suo trasferimento a Cuba e poi sul nuovo fronte di lotta in America latina, Guevara fece una critica severa. Il lavoro è tanto più significativo in quanto portato a termine in un rarissimo momento di riposo obbligato, che gli consentiva di dedicare allo studio un tempo maggiore di quello concesso dai ritmi tremendi di lavoro che si era imposto negli anni trascorsi alla guida dell'economia cubana. Guevara è severissimo nei confronti delle teorizzazioni di quel manuale, che commenta più volte con la frase significativa: «Questo riguarda l'Urss, non il socialismo».

Inoltre a forza di sentirsi etichettare come trotskista, soprattutto per la sua identificazione della burocrazia come causa principale dell'involuzione dei paesi socialisti, comincerà a sentire il bisogno di conoscere meglio quel movimento (a cui tra l'altro negli ultimi anni della sua vita aveva aderito in Argentina sua madre). Tra i libri che portò nel suo zaino in Bolivia ci fu la *Storia della Rivoluzione russa* di Trotsky, e tra i suoi appunti ritrovati molti anni dopo in un quaderno che non era stato reso pubblico insieme al *Diario* ci sono note su molti libri che affrontano il grande dibattito sul socialismo in un paese solo.

Perché Guevara lascia Cuba

Sulle circostanze della morte di Guevara, sulle responsabilità dirette del governo boliviano e dei consulenti della Cia nell'assassinio a freddo di un uomo che in tutti i combattimenti aveva curato i prigionieri feriti prima di rilasciarli senza condizioni, ormai si sa praticamente tutto. Si sa che il Che era stato colpito a un braccio mentre si attardava per proteggere i compagni in cattive condizioni di salute, invece di imboccare la via di uscita dal canalone che aveva indicato ad altri guerriglieri. Anche il fucile era stato messo fuori uso. Era stato catturato e poi, dopo una breve consultazione con la capitale, lo avevano crivellato di colpi mentre era inerme e il suo corpo era stato fatto sparire.

I responsabili della sua morte a distanza di anni hanno raccontato tutto, alcuni – come il generale Gary Prado

– manifestando anche sincera simpatia. Hanno aiutato anche a localizzarne i resti, che sono stati portati all'Avana e scortati da una folla enorme fino a Santa Clara. Ma non importano tanto i dettagli dell'ultimo scontro. Molto più importante è chiarire alcuni punti su cui, da più parti e per motivi diversi, sono state presentate spiegazioni non convincenti.

Prima di tutto le ragioni per le quali il Che aveva lasciato Cuba. Spirito di avventura? Ricerca della bella morte? Queste interpretazioni molto diffuse sorvolano su numerosi dati concreti: fino a pochi giorni prima di lasciare Cuba per il Congo Guevara non pensava affatto di doversene andare, tanto meno così presto (si unì appena tre giorni prima della partenza, unico bianco, ai circa duecento cubani che dovevano fornire consulenza militare all'esercito rivoluzionario lumumbista). Dell'arrivo dei consiglieri cubani egli aveva parlato a Dar es Salam con i leader congolesi e con il governo della Tanzania, ma non aveva accennato alla sua partecipazione neppure all'ambasciatore Pablo Rivalta, che era un suo fraterno amico dai tempi della Sierra Maestra ed era stato scelto per quella carica proprio per preparare la "missione internazionalista". In realtà Guevara ha lasciato il popolo che amava, e che lo amava, perché *doveva* andarsene, per evitare che l'ostilità di Mosca nei suoi confronti penalizzasse Cuba.

L'impresa del Congo alla quale il Che non pensava di dover partecipare era mal preparata, sia per le insufficienti informazioni sulla situazione del paese – dove un anno prima i ribelli erano stati sul punto di vincere ma, dopo l'intervento dell'Onu, erano ormai allo sbando – sia per i criteri con cui erano stati selezionati e formati i partecipanti all'impresa. Molti dei cubani entrarono infatti in crisi alle prime difficoltà, mettendo a rischio la disciplina. Quando si rese conto che la situazione non consentiva di realizzare il compito previsto e che, invece di fare i consiglieri militari, i cubani dovevano sostituirsi ai congolesi nei combattimenti contro i mercenari che stavano imponendo il potere di Mobutu, Guevara decide di ritirarsi. Altro che avventurismo e ricerca della bella morte.

Oggi si sa tutto anche su quella vicenda perché nel 1994 è uscita in quattordici paesi (ma non Cuba) un'edizione quasi completa del testo di bilancio dell'esperienza, che il Che aveva preparato per la pubblicazione con il titolo *Passaggi della guerra rivoluzionaria: Congo*. Era stata curata da Paco Ignacio Taibo II insieme a due giornalisti cubani: anche se c'erano alcuni tagli e un montaggio con i materiali più diversi, in genere senza indicare precisamente le fonti, quella prima edizione aveva rotto un silenzio durato quasi trent'anni e sbloccato la situazione.

Successivamente il generale William Gálvez aveva riproposto il testo in versione più completa ma filologicamente poco accurata in un libro che ottenne già nel 1995 il premio Casa de las Américas, che però uscì a Cuba solo nel marzo 1997 con il titolo *El sueño africano del Che. Qué sucedió en la guerrilla congolesa,* presso le edizioni della stessa Casa de las Américas. Perché era passato tanto tempo? Solo cinque anni dopo è uscita finalmente anche a Cuba un'edizione integrale.[2] Una così lunga censura si spiega probabilmente con il giudizio severo che il Che esprimeva sui dirigenti dei movimenti di liberazione africani, corrotti anche dagli "aiuti" concessi da sovietici e cinesi, e che vivevano nel lusso all'estero senza partecipare alle sofferenze e alle lotte dei loro popoli. Le raccomandazioni del Che a questo proposito non furono ascoltate dai dirigenti cubani.

Dopo una breve pausa di riflessione, prima a Dar es Salam poi sotto falso nome a Praga (in quel periodo il Che scrisse il bilancio del Congo e la sua critica più severa del *Manuale di economia politica* sovietico), Guevara accettò di ritornare per qualche mese a Cuba dove visse in incognito, lontano dalla capitale. Come si spiega questa assoluta clandestinità se non con

---

2   Paco Ignacio Taibo II, Froilán Escobar e Félix Guerra (a cura di), *L'anno in cui non siamo stati da nessuna parte. Il diario inedito di Ernesto Che Guevara in Africa*, Ponte alle Grazie, Firenze 1994; William Gálvez, *El sueño africano del Che. Qué sucedió en la guerrilla congolesa,* Casa de las Américas, L'Avana 1997. L'edizione italiana più completa è uscita con il titolo: *Passaggi della guerra rivoluzionaria: Congo*, Sperling & Kupfer, Milano 1999.

la necessità di non provocare la reazione dei sovietici, che lo detestavano non meno degli Stati Uniti? A Cuba il Che si dedicò a preparare la sua ultima impresa boliviana. Partì questa volta non con un contingente di duecento combattenti, come per la spedizione africana, ma con una ventina di uomini selezionati tra i migliori che aveva avuto al fianco sulla Sierra o nel Congo. Tra questi alcuni neri, ben riconoscibili come stranieri in Bolivia, dove ci sono solo indigeni e bianchi: è la prova che non andava a calare dall'alto nel paese una guerriglia ma a organizzare una scuola politico-militare per guerriglieri boliviani, peruviani, argentini (dovevano esserci anche brasiliani), e per questo aveva scelto gli uomini dotati delle caratteristiche politiche e morali necessarie per evitare i problemi che si erano verificati nel Congo.

Guevara si appoggiò al Partito comunista boliviano filosovietico che a parole si diceva favorevole alla lotta armata ma in realtà non lo era affatto. Fu una scelta praticamente obbligata: Guevara aveva rinunciato alla cittadinanza cubana ma accettava la guida di Castro, che nel frattempo aveva cominciato il suo avvicinamento all'Unione sovietica attaccando pesantemente la Cina e i trotskisti, forti in Bolivia e in diversi paesi limitrofi. Il Pcb guidato da Mario Monje deluse subito il Che: lo lasciò solo in una zona non scelta da lui e che, se adatta per un addestramento, non lo era per la guerriglia perché praticamente disabitata e lontana dalle zone in cui era più radicata la sinistra boliviana. Nel 1968, nella sua "Introduzione" al *Diario di Bolivia* del Che, Fidel Castro parlò apertamente di tradimento da parte del Pcb, anche se nei lunghi anni di collaborazione col blocco sovietico questo giudizio si è fortemente attenuato (ad esempio nelle interviste a Minà) limitandosi a una critica del solo Monje.[3]

---

3 Jon Lee Anderson, in *Che Guevara. Una vita rivoluzionaria*, Baldini e Castoldi, Milano 1997, ha intervistato Mario Monje, imprenditore a Mosca con i suoi ex compagni riciclatisi come speculatori nella cerchia di Eltsin e Putin, che ha detto esplicitamente che non voleva Guevara in Bolivia e per questo lo aveva mandato lontano dalle zone più politicizzate (dove non a caso i cinque superstiti riuscirono a sfuggire alle ricerche effettuate con grandi forze e taglie elevatissime).

In quella zona il Che, una volta scoperto e braccato da forze preponderanti, fu costretto a combattere per sei mesi. Vinse tutti i primi combattimenti ma rinviava il tentativo di uscire da quella trappola perché continuava a cercare di riprendere i contatti con una seconda piccola colonna guidata dal cubano Joaquín, in cui c'erano malati e feriti e la famosa Tania, argentina di origine tedesca che doveva solo assicurare i collegamenti ma dovette unirsi ai combattenti perché identificata.

I due gruppi arrivarono fino a pochi chilometri gli uni dagli altri ma non si trovarono perché non avevano radiotrasmittenti. Solo alla fine di agosto, dopo aver appreso da comunicati delle emittenti governative che gli altri erano finiti in un'imboscata ed erano stati sterminati, Guevara si decise a uscire da quella regione inospitale dov'era impossibile qualsiasi reclutamento. Doveva però attraversare una zona maggiormente abitata ma fortemente influenzata dal governo militare. Durante lo spostamento fu intercettato e poi catturato e ucciso con tutti, meno sei che riuscirono a rompere l'accerchiamento.

Di loro uno morì nei primi giorni di scontri, gli altri (tre cubani e due boliviani) sfuggirono a lungo alle migliaia di soldati che li braccavano. I cubani erano identificabilissimi perché neri e su di loro c'era una grossa taglia, ma appena usciti dalla zona dove erano stati intrappolati da Monje e dalla "cintura" preparata dai militari trovarono una popolazione che li nascose e li protese fino a farli arrivare al sicuro in Cile cinque mesi dopo.

Una prova evidente che la sconfitta non fosse fatale ma legata alle condizioni in cui Guevara era stato lasciato senza contatti, senza rifornimenti, senza medicine per l'asma, da chi doveva assicurare i collegamenti e lo aveva invece semplicemente abbandonato. Intanto migliaia di minatori e di studenti raccoglievano fondi e volevano unirsi alla guerriglia senza poterla raggiungere. Nel fallimento dell'impresa il tradimento del Pcb ha pesato dunque più di qualsiasi errore fatto dal piccolo gruppo di rivoluzionari.

Un ultimo dato: Guevara non era andato in Bolivia per portarvi dall'esterno la rivoluzione (diceva sempre che sarebbe stato l'ultimo paese dell'America latina a liberarsi), ma la crisi politica in quel paese era effettivamente imminente. Nell'anno successivo alla sua uccisione due dei generali al potere morirono in misteriosi incidenti aerei e, tre anni dopo, un poderoso movimento di massa liquidò il regime militare, anche se per la debolezza e le contraddizioni della sinistra il paese è ricaduto di nuovo più volte sotto dittature reazionarie.

Bibliografia essenziale sulla Bolivia

Per ricostruire le vicende qui appena accennate sono utili tre libri di notevole ampiezza: Paco Ignacio Taibo II, *Senza perdere la tenerezza*, Il Saggiatore, Milano 1997; Jon Lee Anderson, *Che Guevara. Una vita rivoluzionaria*, Baldini e Castoldi, Milano 1997; Jorge Castañeda, *Compañero. Vita e morte di Ernesto Che Guevara*, Mondadori, Milano 1997. Sono ispirati a criteri diversi e molto discutibili (soprattutto Castañeda) ma sono ricchi di documentazione preziosa.

Segnalo inoltre la mia ampia "Introduzione" a *In Bolivia con il Che. Gli altri Diari*, a cura di Roberto Massari, Massari editore, Bolsena 1998.

Un contributo fondamentale alla conoscenza di Guevara è stato portato dai primi cinque *Quaderni* della Fondazione Ernesto Che Guevara (usciti tra il 1998 e il 2003). In particolare il secondo, curato da Carlos Soria Galvarro, riporta preziosi documenti del dibattito interno al Pcb nel periodo precedente e immediatamente successivo all'impresa di Guevara. Possono essere richiesti scrivendo alla mail che.guevara@enjoy.it.

Capitolo due

Testimonianze sull'uomo

Negli anni dopo la "riscoperta" di Guevara, nel 1987, da parte di Fidel Castro, sono state raccolte a Cuba molte testimonianze di grande interesse per la sua conoscenza. Ciò si deve principalmente a due infaticabili biografi non accademici del Che, Adys Cupull e Froilán González, che hanno pazientemente ricercato un gran numero di collaboratori, noti e meno noti. Dai loro lavori ho scelto alcuni passi più significativi raggruppandoli per temi. Alcuni brani sono stati tratti da altre raccolte o sono il frutto di interviste dirette, mentre in qualche caso ho fatto ricorso a scritti di Guevara inediti o praticamente introvabili in Italia perché non compresi nella più completa antologia oggi disponibile, gli *Scritti scelti* pubblicati da Roberto Massari nelle edizioni Erre Emme.

Un esempio di rapporto con i giovani

Una delle testimonianze più significative è quella del più giovane guerrigliero della Sierra, Joel Iglesias Leyva. Entrò nella guerriglia a soli quattordici anni e si legò subito strettamente al Che, soprattutto perché Fidel non lo voleva arruolare per via dell'età, mentre Guevara impressionato dalla tenacia con cui il ragazzo seguiva a breve distanza la colonna convinse Castro ad accettarlo in prova. Il risultato fu straordinario per le grandi capacità di combattente rivelate da Joel, e l'amicizia che si creò fu profonda anche se non senza conflitti per via del rigore del Che e del temperamento anarchico del giovanissimo guerrigliero. Joel si conquistò sul campo il grado di tenente subordinato alla sua alfabetizzazione:

> Mi designò intanto capo di una squadra, ma senza gradi, e mi ordinò di procurarmi un lapis e due quaderni, uno per lo spagnolo e l'altro per la matematica, che mi avrebbe insegnato. Fu il mio maestro e mi alfabetizzò. Io mettevo la mia amaca accanto alla sua e gli accendevo una lampada perché leggesse (leggeva sempre molto), e lui mi assegnava i compiti e mentre leggeva, io studiavo. Imparai molto rapidamente. Fu un vero educatore, non si limitò a insegnarmi a scrivere ma mi dava lezioni di dottrina militare, storia, politica, geografia e altro ancora. Quando imparai a leggere mi diede una biografia di Lenin perché la studiassi e poi la discutessi.

Iglesias ha riferito anche un episodio accaduto durante un'imboscata mal riuscita per via di un errore del Che: il comandante, all'avvicinarsi dei soldati, pensò che i quattro guerriglieri appostati non sparassero perché addormentati, e sparò lui da troppo lontano senza vedere bene il terreno. Il risultato fu che Joel, lanciatosi ugualmente con gli altri tre per catturare alcuni soldati da interrogare, fu ferito. Guevara allora per recuperare il ragazzo uscì allo scoperto con la sola pistola. Le guardie batistiane non osarono sparare perché sbalordite da tanto coraggio (lo ammisero quando alcuni giorni dopo furono catturate). Inutile dire che dopo un simile episodio il legame col Che si rafforzò e Joel non attese la fine della convalescenza per reintegrarsi nella colonna, dove divenne effettivamente capitano.[1] Iglesias, nell'intervista ad Adys Cupull e Froilán González, accenna anche a Zoila, la «ragazza negra, o piuttosto mulatta,

---

[1]   Adys Cupull, Froilán González, *Entre nosotros*, Ediciones Abril, L'Avana 1992, pp. 7-9. Nel 1959 Iglesias, a soli sedici anni, fu designato in una riunione presieduta da Guevara come presidente dell'Associazione di giovani ribelli. Successivamente si è laureato in Scienze politiche e ha anche pubblicato un libro di memorie, *De la Sierra al Escambray*, Letras Cubanas, L'Avana 1979.

dal corpo bellissimo», che del Che fu «la *enamorada en la Sierra Maestra*» e la cui esistenza era stata tenuta nascosta a lungo a Cuba, per ovvie ma non condivisibili ragioni, e che è stata poi intervistata dai due ricercatori.

La mulatta della Sierra

Il racconto di Zoila Rodríguez García merita di essere riportato ampiamente per la delicatezza con cui ricostruisce il rapporto col Che, anche se i particolari che fornisce non aggiungono molto sugli aspetti essenziali della sua personalità. È tuttavia interessante conoscere la testimonianza di questa "fidanzata contadina" sulle circostanze del loro breve rapporto.

Quella giovane mulatta di cui li ha informati il compagno Joel Iglesias sono io. Avevo diciotto anni quando conobbi il comandante Ernesto Guevara. Avvenne a Las Vegas de Jibacoa, qui sulla Sierra Maestra; erano circa le quattro del pomeriggio di un giorno che non ricordo. Io stavo rinchiudendo il bestiame quando arrivò. Era montato su un mulo, con un altro compagno su un cavallo. Il suo vestito era di un insolito verde, e aveva un basco nero. Dopo aver salutato mi chiese se lì viveva "il capo". Così chiamavano mio padre Higinio Rodríguez, non perché fosse capo di qualcosa, ma per affetto. Gli risposi che al momento non c'era, e Guevara rispose: «Che peccato!». Quando gli chiesi perché mi disse: «Lo stavo cercando perché mi ferrasse questo mulo». Gli spiegai che non c'era nessun problema perché potevo farlo io, dato che mio padre me lo aveva insegnato.

Chiusi il bestiame e cominciai a ferrare il mulo; in nessun momento mi disse che era il comandante Ernesto Guevara. Io non lo conoscevo né sapevo chi era, e non avevo neppure informazioni, né sapevo che era argentino: non sapevo proprio nulla su di lui.

Mentre ferravo il mulo lo guardavo con la coda dell'occhio e mi resi conto che mi stava osservando: mi guardava nel modo in cui i giovani guardano le ragazze, e diventai molto nervosa.

Quando andai alla cassa dei ferri per scegliere una lima mi chiese cosa stavo per fare e gli spiegai che avevo tagliato gli zoccoli e dovevo pareggiarli per montare i ferri. Guevara chiese se era proprio necessario sistemarli così bene, e io risposi di sì. Intanto continuava a guardarmi in quel modo che ho detto, con uno sguardo un po' malizioso che mi sembrava volesse rimproverarmi per qualcosa che non avevo fatto. Quando finii gli offrii un caffè e mi disse che lo preferiva amaro, e così glielo feci.[2]

Si interessò a me chiedendo cosa facevo, dove avevo imparato a ferrare i muli, e se ero sposata o nubile; gli dissi che ero ragazza, anche se avevo una figlia. Quando salutò mi disse: «Riferisci al Capo che è venuto Guevara». Lo ricordo come un giovane eccezionalmente bello, che mi colpì molto: la verità è che non posso negare che, come donna, mi piacque moltissimo, soprattutto lo sguardo. Aveva occhi così belli e un sorriso così tranquillo che smuoveva qualsiasi cuore e commuoveva ogni donna.[3]

Nella notte arrivò mio papà e gli chiesi subito chi era Guevara. Ero ancora impressionata, ed egli mi disse: «È un uomo straordinario». Questa fu la parola che usò. Gli raccontai la visita e il messaggio che aveva lasciato, gli chiesi perché era così straordinario e lui mi rispose: «Viene a toglierci di dosso le disgrazie, la fame, la sporcizia e la miseria». Mio padre fu collaboratore di Fidel e di Celia Sánchez; terminò la guerra con i gradi di primo tenente dell'Esercito ribelle. Egli visitava spesso l'accampamento di Minas del Frío, e un giorno mi chiese se me la sentivo di

2 *Ibid.*, p. 12. Il particolare del caffè e del mate amaro è riferito da molti contadini, evidentemente sorpresi, data l'abitudine cubana e centroamericana di mettere molto zucchero in tutte le bevande.

3 *Ibid.*, pp. 12-13. Anche molte altre testimonianze, scritte o anche dirette, parlano dello straordinario fascino del Che sulle donne. Ad esempio Yolanda Fernández Hernández, che lavorò con lui al ;inistero dell'industria dal 1961, riferisce che «molte ragazze del Ministero erano attratte dalla sua personalità e dal suo aspetto ed erano arrivate a innamorarsi di lui». Il Che era bello dentro e fuori, dice, e precisa che se tutte erano attratte da lui come rivoluzionario, alcune erano attratte dal suo aspetto fisico, ma che Guevara, che pure «avrebbe potuto permettersi di avere tutte le donne che avesse voluto» stava molto attento a evitare equivoci e non permetteva che nessuna ragazza prendesse troppa confidenza. *Ibid.*, p. 113.

compiere una missione a Manzanillo. In questo modo cominciò la mia collaborazione con l'Esercito ribelle. Quando tornai, ebbi un incontro con il comandante Guevara, ma ormai sapevo chi era. Si interessò al viaggio e mi affidò altre missioni.[4]

Con straordinaria discrezione Zoila accenna poi alla fase in cui i rapporti si trasformarono:

Un giorno decise che rimanessi definitivamente nell'accampamento di Minas del Frío. Io aiutavo in tutto, nella cucina e nell'ospedale, e lavoravo duro, lo facevo perché avevo forza e avevo quello che occorreva: volontà e desiderio di fare le cose. Egli mi disse che mi ammirava per questo e che ammirava noi contadini per i lavori difficili che portavamo a termine. Egli aveva una casetta col tetto di *vetiver*, una pianta con gambi lunghi con cui si fanno pacchetti e serve per legare.

Mi chiedeva molte cose della Sierra Maestra, come si chiamavano le piante, a che servivano, specialmente quelle medicinali. Si interessò molto a due di esse, una che chiamiamo *pito*, che ha certe foglie molto verdi che tagliano come coltelli e servono per bloccare il sangue, e la *yamagua*, che serve ugualmente per le emorragie. Voleva conoscere gli animali e gli uccelli della montagna. In me sorse un amore molto grande e molto bello e mi impegnai con lui non solo come combattente ma anche come donna.[5]

Gli altri ricordi di Zoila confermano che era una ragazza molto semplice. Sottolinea a più riprese soprattutto lo straordinario sangue freddo del Che sotto i bombardamenti mentre tutti fuggivano terrorizzati. Ricorda la sua emozione per la morte di un guerrigliero, Alberto Pesant detto Beto, che le morì tra le braccia mentre lei gridava «Beto, non morire!», ma anche che quando condussero la moglie del caduto a visitare la

4 *Ibid.*, p. 13.
5 *Ivi.*

tomba (avvisata come la madre con una lettera scritta personalmente dal comandante «che si preoccupava tanto di tutti noi»), «piangevamo tutti, e quando guardai Guevara mi accorsi che aveva gli occhi pieni di lacrime». In un altro momento difficile il Che allontanò bruscamente Zoila che voleva rimanere al suo fianco durante un incontro con uno dei delegati della Croce rossa invitati per uno scambio di prigionieri e di feriti:

> Ci aveva avvertiti che non dicessimo che era lui il capo. Alcune guardie (venute con i delegati) cominciarono a chiedermi com'era il capo, e io l'unica cosa che dissi fu che era un uomo straordinario, ricordando le parole che mi aveva detto mio padre.
>
> Mi chiese che portassi caffè, ma quello della Croce rossa era così nervoso che il liquido gli si versava. Ricordo che Guevara gli disse «Non deve temere nulla, perché non le faremo nulla di male». Io comunque non volevo uscire da lì, non volevo lasciarlo solo, volevo proteggerlo perché non gli accadesse qualcosa di brutto, ma egli mi ordinò di andare all'essicatoio del caffè.[6]
>
> Quando andò a discutere con Fidel nell'accampamento di La Plata lo accompagnai fin lì. Fu una conversazione assai lunga e dovemmo dormire lì. Erano i momenti in cui si stava preparando l'invasione [cioè la marcia verso L'Avana, *n.d.a.*]. Tornammo da La Plata e poi lo accompagnai fino al Jíbaro, che fu il luogo da cui partì la colonna numero 8 Ciro Redondo. Conservo molti ricordi belli dei momenti passati al suo fianco e non dimentico il mio amore per lui, ma queste sono cose che appartengono all'intimità e alla vita privata delle persone. Io volevo accompagnarlo nell'invasione, ma non me lo permise. Mi incaricò di badare al suo mulo Armando, che trattai come se fosse un cristiano.[7]

---

6   *Ibid.*, pp. 14-15.

7   *Ibid.*, p. 15. Da un precedente episodio si capiscono abbastanza le ragioni della fine del rapporto: l'enorme dislivello culturale. Infatti Zoila riferisce che una volta il Che le «chiese di portargli un libro dal suo zaino; aveva le lettere dorate, e gli chiesi se erano d'oro. La domanda lo divertì, rise e mi rispose: "Questo libro è di comunismo". Mi imbarazzò chiedergli che voleva dire comunismo, perché questa parola non l'avevo sentita mai», *ibid.*, p. 13.

Zoila, che a quanto mi è stato detto da amici comuni conservò per parecchi anni un certo risentimento per quello che sentì come un abbandono, descrive però con pudore la fase successiva:

Dopo il trionfo della rivoluzione andai all'Avana, poi ritornai sulle colline della Sierra Maestra per continuare a coltivare la terra e allevare animali. In un'occasione in cui venne a Las Mercedes, pochi mesi prima di andar via da Cuba, rimanemmo a conversare un po'. Io mi sposai e continuo a lottare per la rivoluzione. Sono stata delegata del Poder popular ed eroina del lavoro nel taglio della canna del 1976-1977.

Ai giovani posso raccomandare che abbiano il coraggio necessario ad affrontare la vita come seppe affrontarla lui. Un'altra cosa è che non siano interessati alla ricchezza, che lottino perché tutti siano uguali, che vogliano bene ai bambini, che trattino cavallerescamente e con affetto le loro compagne, che vivano con onore. Ve lo chiede Zoila Rodríguez García, o Zoila García come era il mio nome sulla Sierra, o "La tenienta", come tutti mi conoscono da queste parti.[8]

Lo scontro tra disciplina e anarchismo dei giovani contadini

Un episodio che fa capire bene il conflitto tra l'esigenza di disciplina del pur libertario Guevara e lo spontaneismo

8 *Ibid.*, p. 15. Zoila vive in San Antonio de Baja, nel municipio Bartolomé Masó della provincia di Granma, nelle estreme propaggini della Sierra Maestra. Anche se nel suo caso ci sono state ragioni particolari, non è l'unica guerrigliera ritornata subito dopo la vittoria a coltivare i campi. Ne ho conosciuti parecchi altri, che non si adattarono alla vita dell'Avana e tanto meno alla vita militare in tempo di (relativa) pace. Tra essi spicca "el capitán descalzo", come il Che chiamò per il suo tenace rifiuto delle calzature Polo Torres, che ospitò per diversi periodi il comando della colonna del Che detto "la mesa", e oggi vive vicino a Manzanillo in una piccola azienda agricola individuale. Polo, insieme alla sua compagna, ha dettato recentemente un bel libro di ricordi: *Il Che, la rivoluzione, l'amore nel racconto di Polo e Juana*, Edizioni Lampi di Stampa, Milano 2005.

(quando non vero e proprio spirito anarchico) dei giovanissimi contadini inseriti nella sua colonna è lo sciopero della fame, su cui ritornano molte testimonianze di vari protagonisti, compresi alcuni di quelli che divennero poi i migliori collaboratori del Che al punto di essere scelti per seguirlo nel Congo e poi in Bolivia. Possiamo ricostruirlo attraverso il racconto di Alberto Castellanos Villamar, uno dei protagonisti di quell'episodio e anche di altre insubordinazioni per fame (aveva ventiquattro anni e il cibo era veramente poco), che per una di esse fu punito duramente (privato dell'arma e retrocesso da combattente ad ausiliario nei servizi) ma divenne ugualmente non solo l'autista personale del Che quando una frattura al braccio gli impedì di guidare, ma anche un amico così stretto che fu scelto insieme a Fidel e Raúl Castro come testimone al matrimonio con Aleida March.

Castellanos racconta francamente tutte le traversie superate per diventare combattente senza nascondere che, quando arrivò sulla Sierra e lo spedirono a Santiago perché non accettavano se non chi aveva già conquistato un'arma, «se la faceva sotto dalla paura» per i crimini della dittatura. La disciplina impostagli gli sembrava troppo dura e in segutio, pur diventato colonnello, ha raccontato tranquillamente i suoi tentativi di fuga da un capo che non gli piaceva perché gli «sembrava un politicante», e la sua partecipazione allo sciopero della fame organizzato da Harry Villegas (più noto come "il Pombo", dopo la partecipazione alle "missioni internazionaliste" in Congo e Bolivia).

Il Che si arrabbiò come non mai. Disse cose tremende e minacciò di fucilarci, punendo poi i capi con cinque giorni di digiuno perché sapessero cos'è la fame. Io non avevo parlato, ma quando vidi che al Che si alterarono quelle due protuberanze che aveva sopra le ciglia, che si infiammarono e sembravano sul punto di scoppiare, capii che la cosa si era messa veramente male, e mi tolsi subito dallo sciopero perché non mi coinvolgessero in quell'affare.

La mattina Guevara parlò alla truppa e durante il discorso svennero cinque compagni, tra cui Tamayito, un altro dei sopravvissuti alla guerriglia in Bolivia. In realtà stavamo facendo la fame, lavorando e facendo molti esercizi.[9] Il Che si rese conto che la situazione era grave e che quello che aveva deciso era male, ma non poteva farci nulla perché da mangiare non c'era. Cominciai a operare come infermiere con gli svenuti. Feci un'iniezione a Tamayito, gli si strabuzzarono gli occhi e cominciò a vomitare. Pensai che stesse morendo, che lo avessi ucciso, ma in realtà aveva solo paura delle punture.[10] Il Che prese alcune misure e migliorò un poco il cibo, ma non molto, perché in realtà non ce n'era.

Anche Harry Villegas, entrato nella guerriglia a sedici anni, racconta vivacemente l'episodio:

Io ero uno dei principali capi, anche se il massimo responsabile era un compagno di Niquero. Quando il Che lo venne a sapere minacciò di fucilare l'istigatore e di lasciare per vari giorni senza mangiare i principali organizzatori, mentre minacciò gli altri partecipanti di metterli in castigo per un giorno intero in un poligono che avevamo a Las Minas. Questo era tremendo, perché avevamo molta paura degli aerei e in quei giorni erano frequenti i bombardamenti. Il terrore era tale che un giorno che chiamarono ad alta voce un compagno di nome Carrión, la gente capì "avión" [aereo] e ci furono quasi morti e feriti per la ressa che si creò tra quelli che si spingevano cercando i rifugi.[11]

---

9   Adys Cupull, Froilán González, *op. cit.*, pp. 24-25. Gli esercizi erano quelli di preparazione al combattimento affidati a un nordamericano, Herman Mark, «che ci faceva correre fino a esaurirci», come racconta Castellanos.

10   Un particolare divertente, specie se riferito a un uomo che non ha mai avuto invece paura delle pallottole. Castellanos non era d'altra parte un vero infermiere, ma aveva lavorato qualche tempo in una farmacia dove aveva imparato a fare iniezioni. *Ibid.*, pp. 25 e 23.

11   *Ibid.*, pp. 31-32.

Le minacce furono poi ridimensionate, sia per la comprensione delle circostanze attenuanti, sia in seguito a una discussione con Fidel. Ma "il Pombo" spiega chiaramente le ragioni che spinsero Guevara ad essere particolarmente severo con lui, che faceva parte della sua scorta personale (e vi rimase fino a Ñancahuazú):

> Disse che il problema era che per un piatto di cibo alcuni si comportavano in questo modo, gli stessi che nei combattimenti, anche se c'è la possibilità di morire, anelano a lottare, a combattere il nemico, mentre bisogna comportarsi analogamente nelle cose quotidiane. Questa gente disposta a morire in combattimento, quando gli manca la coscienza, lotta per la sussistenza e il cibo. Disse che occorre una grande coscienza collettiva e l'esempio personale di coloro che chiedono i sacrifici. Mi rimproverò fortemente perché disse che se quelli che dovrebbero dare l'esempio non lo fanno, allora il problema diventa più grave, ed io ero mancato al dovere dell'esempio personale. [...] Lottava con noialtri come se fossimo i suoi figli, cercando di formarci in tutti gli aspetti, di criticarci e punirci quando era necessario.[12]

La fame era comunque così forte che poco prima di lasciare la Sierra i giovani guerriglieri approfittarono di un selvaggio bombardamento per macellare quattro maiali, attribuendone la morte agli aerei di Batista. I quattro erano stati scelti tra i dieci che Guevara aveva sempre risparmiato «perché nella sua concezione del futuro dovevano essere i primi riproduttori dopo la vittoria della rivoluzione». Ma «noi non avevamo una visione così lungimirante», dice Villegas, che racconta anche il Che non fu molto convinto del fatto che i maiali fossero morti mentre tra i guerriglieri non c'era neppure un ferito, ma non avendo prove lasciò correre.

Di testimonianze così ce ne sono moltissime. Anche Polo Torres mi ha raccontato di aver violato, perché non convinto,

12 *Ivi.*

l'obbligo di far digiunare un guerrigliero agli arresti domiciliari nella sua casa, e che fu scoperto da Guevara, che tuttavia lo avrebbe solo rimproverato e anzi proprio in quell'occasione lo nominò capitano.[13] Era una lotta continua con l'individualismo di quei contadini che Guevara cercava di sradicare con le uniche punizioni possibili durante la guerriglia. È da notare che comunque quegli episodi non incrinarono l'amore per il Che di quei giovani combattenti, amore che a sua volta, nonostante la severità che riteneva necessaria, egli ricambiava.

Alberto Castellanos ad esempio riferisce della sua sorpresa quando fu scelto come testimone di nozze insieme a Fidel e Raúl, perché anche all'Avana era stato punito varie volte con tre giorni di reclusione domiciliare per aver violato la consegna di non usare le auto di servizio.

Anche successivamente gli capitò di essere nuovamente punito durante la visita di Mikoyan a Cuba:

Per una settimana Mikoyan di qua, Mikoyan di là, quasi tutto il tempo senza mangiare. Una notte, mentre erano di visita a casa di Celia Sánchez, alle dieci di sera, con una fame da lupi, scappammo un momento a casa della segretaria di Dorticós, che sicuramente aveva cibo, e ci stavamo friggendo qualche uovo e mangiando tutto quello che aveva, quando qualcuno ci venne a chiamare avvertendoci che il Che era fermo all'angolo. Era molto serio e irritato. Mi chiese dove stavo, e gli spiegai che avevo fame. Mi disse: «Anch'io, ma quando mangio io mangiate voi, deve essere uguale per tutti». E mi assegnò i soliti tre giorni di reclusione in una stanza della casa. Al terzo giorno all'alba mi chiamò e mi disse: «Alberto, puoi andare a vedere tua moglie». Gli chiesi come, perché egli non permetteva l'uso delle auto di servizio per questioni personali, e mi disse che dovevo usare l'autobus. Ma poiché abitavo molto lontano gli dissi: «No grazie, preferisco continuare a dormire». Poco dopo tornò e mi

---

13   Testimonianza rilasciata all'autore il 2 luglio 1995.

disse: «Alberto, prendi l'auto, ma devi essere qui alle sette del mattino».[14]

Dopo questo ennesimo episodio di severità, pur temperata dalla comprensione umana, Castellanos non si aspettava di vedersi regalare un libro con una dedica affettuosa che ricordava sia la sua appartenenza a quello che era stato definito "il plotone suicida" per le imprese arrischiate che aveva affrontato, sia il suo ruolo di «leale aiutante in questa epoca di ricostruzione».[15]

Il senso della giustizia

Una definizione efficace di questo atteggiamento severo indipendentemente dai sentimenti è quella data da María Mercedes Sánchez Dotres che, col nome di battaglia di "Carmencita", fu una delle prime alfabetizzatrici già sulla Sierra. Riferisce anche di alcuni rimproveri che le erano stati mossi perché era sospettata in quanto donna di "sperperare" nel "bagno" (che altro non era se non uno sterpeto al di là del fiume) la preziosa carta che serviva per il giornale dei ribelli *El cubano libre*. Dice di Guevara che

la truppa gli attribuiva una serie di qualità che la storia ha confermato. Era convinzione della comunità che era un uomo giusto, incapace di farsi trascinare da uno stato d'animo nel momento di giudicare un compagno. Egli poteva voler bene ad alcuni più che ad altri, ma questo non influiva nelle decisioni che

14   Adys Cupull, Froilán González, *op. cit.*, p. 29.

15   *Ivi*. Castellanos ricorda anche che Guevara il libro non glielo regalò: «costava cinquanta centesimi e dovetti pagarli. Ma quando lessi la dedica mi stupii, perché non mi aveva mai elogiato e ora all'improvviso scriveva che ero un leale aiutante». In realtà Castellanos era stato punito moltissime volte, anche solo per essersi preso senza autorizzazione un fucile migliore di quello che aveva, che era stato colpito sulla canna. Il Che se n'era accorto e glielo aveva tolto, per poi renderglielo poco dopo con una minaccia ancora più terribile: «la prossima volta rimarrai disarmato fino alla fine della guerra», *ibid.*, p. 27.

doveva prendere su questo compagno, e non gli avrebbe mai dato più o meno di quello che meritava. Un esempio di ciò è che amava profondamente Joel Iglesias e Guile Pardo, ma non gli riservava il benché minimo privilegio.[16]

Anche Ramón Pardo Guerra, detto "Guile", che entrò nella guerriglia a diciassette anni e formava con sei fratelli una specie di squadra speciale, ricorda infatti di essere stato punito per non avere ubbidito a un ordine del fratello maggiore.

> Non capii perché mi punissero per una sciocchezza, non trovavo motivi sufficienti. Per un po' di tempo mantenni una riserva sul fatto, finché una mattina chiesi al Che perché mi aveva punito per una cosa da niente. Mi spiegò che in primo luogo, anche se mi sembrava poco, avevo disubbidito a un ordine del mio capo, e inoltre che quest'ordine aveva un peso più importante perché chi me lo aveva dato era il mio fratello maggiore, e quanto più grande erano la familiarità e l'amicizia, tanto più doveva esserci disciplina e impegno.[17]

D'altra parte varie testimonianze ricordano che quando una volta al Che scappò un colpo di pistola, dato che una disattenzione simile (che poteva costare cara perché rischiava di attirare l'attenzione dell'esercito sulle posizioni dei ribelli) era punita con tre giorni di digiuno, egli stesso si impose la sanzione e passò tre giorni senza mangiare.[18]

A proposito dello stesso episodio Evelio Lafferte Pérez, un tenente dell'esercito di Batista che ha ricostruito la campagna di denigrazione effettuata dalla propaganda governativa su Guevara, e che una volta caduto prigioniero fu così colpito dalla differenza tra i fatti e i suoi pregiudizi che si unì presto

---

16 *Ibid.*, pp. 50-51.

17 *Ibid.*, p. 18.

18 Ad esempio quella di Rafael Mompié Rosas, *ibid.*, p. 45.

ai ribelli, aggiunge che il Che nei giorni dell'autopunizione doveva effettuare una missione fuori dall'accampamento ma la rinviò perché nessuno pensasse che una volta fuori sfuggisse alla pena.[19]

L'egualitarismo

Anche nel successivo lavoro come ministro dell'Industria, ma soprattutto come protagonista sul campo delle sperimentazioni industriali e agricole, il Che si caratterizzò sempre in primo luogo per un forte egualitarismo. In un singolare libro sulla partecipazione di Guevara al taglio della canna con le nuove macchine sovietiche nelle province di Ciego de Ávila e Camagüey, curato da Gerónimo Álvarez Batista, sono abbondanti le testimonianze a riguardo.[20]

Ad esempio il cuoco del Central Ciro Redondo di Camagüey, Raúl Pastrana, racconta gli sforzi che doveva fare per variare il menù ogni giorno, dato che gli alimenti a disposizione non erano molti, ma il Che durante il suo soggiorno andava sempre a controllare che quello che mangiava lui fosse lo stesso di tutti.[21]

José Serrate ricorda che il Che pretese che tutto quello che mangiava o consumava il gruppo che lo accompagnava, e che rimase con lui per tutto il tempo della sperimentazione della meccanizzazione della *zafra*, non fosse a carico dello Stato o garantito da assegnazioni speciali di alimenti (già largamente in uso in quel 1963 in altre amministrazioni cubane), ma fosse assicurato da quel che si guadagnava sul campo. Clara Opizo, che fu la prima operatrice a guidare le pesanti macchine tagliacanna sovietiche, ricorda che quando il Che arrivò nella

---

19   *Ibid.*, p. 62.

20   Gerónimo Álvarez Batista, *Che, una nueva batalla*, Pablo de la Torriente, L'Avana (ma in realtà stampato in Francia dal Sindacato del libro di Parigi) 1994.

21   *Ibid.*, p. 95.

fattoria La Norma si accorse che gli avevano dato come alloggio l'unico edificio col pavimento in cemento, allora lo rifiutò e scelse per sé un *rancho vara en tierra*, cioè praticamente una capanna con i pali conficcati sulla nuda terra, e vi dormì finché rimase in zona.[22]

Nella stessa zona Olga Rodríguez riferisce che alla notizia che il Che avrebbe mangiato a casa sua durante i lavori apparvero molti vicini che si offrirono di "rafforzare il menù", ma immediatamente i compagni della scorta «dissero di non portare nulla di speciale perché al comandante Guevara non piacevano i banchetti speciali, e in caso se ne fosse reso conto si sarebbe alzato dalla tavola senza mangiare. Allora qualcuno del gruppo mi consigliò di preparare qualcosa di semplice se volevo che si sentisse bene».[23]

Un altro contadino della zona, scelto per uno dei pasti del Che (che si spostava man mano che il lavoro procedeva), racconta un episodio analogo. Aveva preparato «due tavoli, uno piccolo di fòrmica adornato con fiori per Guevara e altri tre compagni, un altro grande di legno per gli altri accompagnatori».

Quando il Che entrò disse sorridendo: «Hanno preparato un tavolo come se qui fosse invitato uno dei Fallas Gutiérrez» [gli antichi proprietari del Central Enrique Varona]. Senza pensarci due volte si sedette al tavolo grande e vedendo il menù esclamò: «Il mio piatto preferito, riso con *picadillo*» [carne tritata]. Io nell'ascoltare quelle parole sorrisi pensando a cosa avrebbe detto se avesse saputo che per poco non gli avevamo offerto un ricevimento speciale, e che nel frigo c'erano alcune birre freschissime. Ma nessuno ebbe il coraggio di dirlo. Conoscevano bene il comandante Guevara e furono incapaci perfino di chiederglielo, per timore di ricevere una furiosa scarica di

22   *Ibid.*, pp. 139-140.

23   *Ibid.*, pp. 144-145.

improperi, e anche della possibilità che si alzasse e non mangiasse. Così era il Che; per questo non dimenticheremo mai quella straordinaria occasione che ci permise di avere l'orgoglio e la soddisfazione di ricevere e accogliere per qualche ora la visita più gradita di tutta la nostra vita.[24]

Un episodio ancora più famoso che ho sentito ripetere in molte versioni da testimoni veri o presunti è quello riferito da Evelio Lafferte Pérez, l'ex tenente batistiano già citato:

> In un'occasione in cui ci stavamo dirigendo verso il combattimento di Las Mercedes arrivammo alla casa di un gallego [a Cuba sono chiamati così tutti gli spagnoli] che cominciò subito a prepararci da mangiare. Faceva molto freddo, stava piovendo, eravamo inzuppati, molto stanchi e affamati. Il gallego chiamò il Che perché vedesse quello che stava cucinando [...] Era un pentolone con fricassea di tacchino. Egli chiese se bastasse per tutti. La risposta fu: «No, hombre, no, non ce n'è per tutti, questo è solo per lei e per gli ufficiali, per i soldati sto preparando un caldaio di zuppa di riso con le interiora e le zampe del tacchino». Il Che con due compagni prese la pentola della fricassea e la rovesciò nel caldaio della zuppa dicendo: «Gallego, ora puoi cominciare a servire, iniziando dalla truppa».[25]

Aneddoti di questo genere possono far pensare a una specie di leggenda di san Francesco, ma l'insistenza su questo atteggiamento si capisce meglio tenendo conto di quante eccezioni all'originario egualitarismo sono state introdotte soprattutto nei venti anni di stretti rapporti con la società sovietica (da cui è stata mutuata una distinzione tra "eguaglianza" ed "egualitarismo" che non esisteva nel pensiero del Che e ai suoi tempi, e che riversa sul secondo termine la valenza negativa introdotta

---

24 *Ibid.*, p. 145.

25 Adys Cupull, Froilán González, *op. cit.*, p. 62.

in Unione sovietica ai tempi di Stalin).[26] Mi è capitato di averne diretta esperienza nei ricevimenti per ospiti stranieri e pochi cubani, ai margini dei convegni, in cui anche in "periodo speciale" si offrono grandi quantitativi di alimenti abitualmente introvabili, nonché bevande e alcolici senza limiti, con sdegno di alcuni che pur invitati rifiutano, e anche vantaggi per lo stesso personale di servizio che può disporre di quanto rimane. In misura minore lo stesso fenomeno si riscontra anche nei piccoli centri di provincia.

Dure punizioni per i privilegi e gli accaparramenti

Un altro aspetto sottolineato spesso è quello dell'intolleranza del Che nei confronti di chi cerca privilegi e utilizza una carica per vantaggi personali. Se del quasi ossessivo rifiuto di un pasto diverso da quello degli altri (con l'unica eccezione per il caffè, che voleva a ogni costo amaro, e che a volte accettava prima degli altri per consentire di mescolare poi lo zucchero nella brocca in cui veniva *colado*) non parla mai nei suoi scritti sulla guerriglia, della severità contro i profittatori rimangono invece importanti tracce nei *Passaggi della guerra rivoluzionaria*.

In uno dei suoi capitoli più avvincenti Guevara affronta con la consueta sincerità un tema inquietante, descrivendo la giustizia sommaria usata contro i banditi che avevano cercato di «appropriarsi del nome e dei beni della rivoluzione». In alcuni casi si trattava di veri banditi, di cui ugualmente il Che parla con comprensione. Di uno di essi, "el chino" Chang, riferisce l'episodio patetico della richiesta del conforto della religione prima della fucilazione, e che essendo impossibile

---

26   Sulla lotta all'"uravnilovka", il cosiddetto "egualitarismo immotivato" bollato come "piccolo borghese", si vedano molte pagine delle bellissime memorie della vedova di Osip Mandel'stam, Nadezda Mandel'stam, *L'epoca e i lupi*, a cura di Giorgio Kreiski, Mondadori, Milano 1971; *cfr.* anche Antonio Moscato, *Intellettuali e potere in Urss (1917-1991). Bilancio di una crisi*, Milella, Lecce 1995, pp. 26-28.

per via dell'assenza di padre Sardiñas (il prete che appoggiò la guerriglia) «chiese che risultasse agli atti che aveva chiesto un sacerdote, come se questa documentazione gli servisse da attenuante nell'altra vita». Di un contadino che aveva violentato un'adolescente avvalendosi della sua autorità di staffetta dell'Esercito ribelle ricorda che rifiutò di essere bendato e morì inneggiando alla rivoluzione.[27]

A proposito di uno di essi, che aveva avuto modeste funzioni dirigenti nella zona ma aveva annunciato a destra e a manca di "non essere stupido" e di non avere quindi intenzione di farsi prendere quando i guerriglieri si fossero allontanati, e che quindi aveva preso contatti con l'esercito, Guevara si domanda se fosse veramente così colpevole da meritare la morte e se non potesse essere salvata una vita come tappa della costruzione rivoluzionaria. La spiegazione che dà è che «la guerra è difficile e dura» e in certi momenti «non si può permettere neppure l'ombra di un tradimento. Mesi prima, per una debolezza ancor più grande della guerriglia, o mesi dopo, per una forza relativamente ben maggiore, forse gli avrei salvato la vita. Ma Arístidio ebbe la sfortuna che le sue debolezze come combattente rivoluzionario coincidessero con il momento preciso in cui eravamo abbastanza forti per punire drasticamente un'azione come la sua, ma non abbastanza forti per punirla in altro modo».[28] Certo, allora il Che non conosceva ancora Trotsky, ma probabilmente quando negli ultimi anni della sua vita cominciò a leggerlo avrà trovato dei punti di contatto anche per via di questo atteggiamento razionale.

Ma quel che è più significativo è l'atteggiamento avuto verso un gruppo «la cui fucilazione fu per noi dolorosa: un contadino di nome Dionisio e due degli uomini che avevano aiutato per primi la guerriglia» avevano abusato della fiducia «appropriandosi di tutti i viveri che le organizzazioni della città

---

27   Ernesto Che Guevara, *Escritos y discursos*, tomo II, Editorial de Ciencias Sociales, L'Avana 1985, p. 151.

28   *Ibid.*, p. 50.

ci mandavano». Avevano organizzato «alcuni accampamenti dove si macellavano indiscriminatamente bovini, e su questa strada erano arrivati perfino all'assassinio».

In quell'epoca sulla Sierra le condizioni economiche di un uomo si misuravano fondamentalmente dal numero di donne che poteva avere, e Dionisio seguendo il costume vigente e considerandosi un notabile grazie ai poteri che la rivoluzione gli aveva conferito si era fatto tre case, in ciascuna delle quali aveva una "moglie" e un abbondante approvvigionamento di viveri. Durante il processo cercò di discolparsi con l'accusa, rappresentata da Fidel, affermando «con ingenuità contadina» che le donne erano solo due perché una era la sua legittima sposa. Furono condannati alla fucilazione insieme a un «personaggio pittoresco chiamato *El maestro*» che aveva accompagnato il Che in alcuni momenti difficili ma che successivamente si era separato dalla guerriglia col pretesto di una malattia e si era «dedicato a una vita immorale», culminando le sue avventure spacciandosi per il Che in funzione di medico, e cercando di abusare di una ragazzina contadina che gli aveva chiesto di essere curata. Tutti morirono facendo professione di fede nella rivoluzione e rifiutando l'assistenza di padre Sardiñas, che in quel caso era presente.[29]

Colpisce il giudizio articolato del Che su costoro:

Questa era la gente con cui si faceva la rivoluzione. Ribelli, inizialmente, contro ogni ingiustizia, ribelli individualisti che si stavano abituando a soddisfare le loro necessità personali e non concepivano una lotta con caratteristiche sociali; quando la rivoluzione trascurava un istante la sua attività di controllo commettevano errori che li conducevano al crimine con sorprendente naturalezza. [...] Non erano peggiori di altri delinquenti occasionali che furono perdonati dalla rivoluzione e che oggi stanno anche nel nostro esercito, ma il momento esigeva la mano pesante e un

29   *Ibid.*, pp. 152-54.

castigo esemplare per frenare ogni tentativo di indisciplina e liquidare gli elementi di anarchia che penetravano in quelle zone non soggette a un governo stabile.

Di uno di essi, che «cedendo a non si sa quali tentazioni aveva cominciato a praticare rapine a mano armata nel territorio della guerriglia», Guevara pensa che forse potesse diventare un eroe della rivoluzione come due dei suoi fratelli, ufficiali dell'Esercito ribelle, ma che «gli toccò la mala sorte di delinquere in quell'epoca». Ne ricorda anche il nome, Echevarría, perché la «sua fine non fu denigrante», giacché «servì da esempio, tragico ma valido, perché si comprendesse la necessità di fare della nostra rivoluzione un fatto puro, senza contaminazioni con il banditismo a cui ci avevano abituato gli uomini di Batista». Echevarría aveva ammesso le sue colpe chiedendo però che gli si concedesse di morire in combattimento per non disonorare la famiglia; poi dopo la condanna «aveva scritto una lunga e commovente lettera alla madre spiegandole la fondatezza della pena a cui veniva sottoposto e chiedendole di essere fedele alla rivoluzione».[30]

Al di là del sorprendente rispetto per chi aveva mancato, e della fiducia nella possibilità di redenzione attraverso la rivoluzione, colpisce la franchezza con cui si descrive una giustizia così sommaria e che in un altro momento storico potrebbe essere fraintesa o suscitare critiche. Ma questo si deve alla convinzione profonda di Guevara che «la verità è rivoluzionaria» e ha un grande valore pedagogico. È però altamente significativo che l'abuso della fiducia della rivoluzione per fini personali sia considerato un crimine tra i più gravi.

L'amore per gli animali e l'episodio del cucciolo ucciso

Tra le testimonianze ce ne sono alcune che possono essere utili per riportare nella giusta luce l'episodio del "cucciolo

30 *Ibid.*, p. 153-54.

assassinato" riferito da Guevara nei *Passaggi della guerra rivo-luzionaria*. Molti amici degli animali sono stati colpiti dalla cru-dezza della descrizione dell'uccisione di un piccolo cane affe-zionatissimo a Guevara, che ricambiava, ma che rischiava di attirare con i suoi disperati guaiti le feroci truppe di Sánchez Mosquera, il più terribile degli ufficiali batistiani. I guerriglie-ri cercavano di sfuggire all'accerchiamento dei soldati di Mo-squera in una zona impervia e su un sentiero ingombro di albe-ri caduti, che intralciavano il cammino allo sfortunato cucciolo che era rimasto indietro e aveva intensificato i suoi richiami proprio per timore di essere abbandonato.

Guevara ha segnalato questo episodio con lo stesso spi-rito con cui ha riferito quelli delle fucilazioni necessarie di uomini che sarebbero stati pur recuperabili in un altro conte-sto: prima di tutto per amore della verità, per non abbellire e rendere agiografica la descrizione della lotta. Ma ha accenna-to solo indirettamente ai suoi sentimenti attraverso la descri-zione «dello sguardo colpevole» che scambiò con l'esecuto-re materiale dell'uccisione quando, successivamente, un cane della casa in cui pernottarono venne fiducioso a prendere al-cuni resti di cibo:

> Restammo improvvisamente in silenzio. Tra noi ci fu una commozione impercettibile. Accanto a noi col suo sguardo doci-le e malizioso, in qualche modo di rimprovero, pur guardandoci attraverso l'altro cane c'era il cucciolo assassinato.[31]

Ci sono diverse foto che lo ritraggono in atteggiamento af-fettuoso con vari cani in diversi periodi della sua vita ed è si-gnificativo che tra le testimonianze ce ne siano diverse che par-lano del suo amore per gli animali. Ad esempio Ramón Pardo Guerra ricorda i due muli del Che sulla Sierra, che chiama-va con i nomi dei precedenti proprietari, precisando che «era molto attento e umano con gli animali e non permetteva che

---

31 *Ibid.*, pp. 158-59.

li maltrattassimo o li sovraccaricassimo, si preoccupava che li nutrissimo e che fossero ben ferrati». Poteva essere un'attenzione per l'efficienza, ma si sofferma anche sull'affetto del Che per un cane di nome Hombrito e per lo stesso cucciolo «che fu necessario eliminare» la cui morte, dice, lo rattristò moltissimo al punto che volle ricordarlo nei suoi racconti sulla guerriglia. Inoltre Pardo Guerra riferisce che quando arrivarono nella provincia di Camagüey, durante la marcia verso l'Avana, «c'erano numerose *jutías* [graziosi roditori cubani simili a cavie e considerati commestibili dai contadini, *n.d.a.*] e ne cacciammo molte per mangiarle. Uno dei combattenti ne stava inseguendo una con un bastone per ucciderla, ma il Che lo richiamò severamente e lo sgridò perché non avevamo più necessità di ammazzarla».[32]

María Teresa Sánchez Arrieta, che fin dagli inizi di gennaio del 1959 fu una delle prime alfabetizzatrici dei combattenti arrivati all'Avana, riferisce che quando il Che scoprì che i guerriglieri tenevano nella fortezza de La Cabaña dei galli da combattimento intervenne vietando quelle lotte cruente e proponendo altri diversivi.[33] Ricorda anche che successivamente egli

> aveva un cane di nome Muralla che veniva da solo al Ministero, entrava nell'ascensore e ne usciva al piano del Che. C'era anche una cagna chiamata Socorro [letteralmente "soccorso", ma è anche il termine usato per chiedere aiuto, *n.d.a.*] che creava molti problemi perché a volta le scorte la chiamavano ad alta voce e i passanti credendo che succedesse qualcosa di grave accorrevano a offrire aiuto. Anche i cani randagi delle vicinanze del Ministero erano amici del Che, e d'altra parte lì lavoravano diversi compagni cinofili che davano loro i resti del pranzo. Tutti sapevano che il Che amava i cani e nessuno se la prendeva con loro. Quando

---

32 Adys Cupull, Froilán González, *op. cit.*, p. 19.

33 *Ibid.*, p. 79.

arrivava tutti quegli animali vagabondi andavano a salutarlo e abbaiavano a lungo per la gioia. Tra l'altro ci aiutavano nei turni di guardia perché ci segnalavano ogni cosa anormale.[34]

Guevara, i giovani e lo studio

Quasi tutti gli ex contadini intervistati da Adys Cupull e Froilán González, ma anche da me personalmente, insistono molto sugli sforzi che il Che pretendeva da loro per studiare ogni giorno. Abbiamo già riportato la testimonianza di Joel Iglesias, e segnaliamo anche l'intervista televisiva rilasciata nel 1992 da Harri Villegas Tamayo "Pombo" a Gianni Minà per la Rai. Lo stesso "Pombo" racconta anche che all'Avana lui e Castellanos avevano trascurato lo studio perché si dedicavano con entusiasmo a imparare a pilotare aerei. Quando il Che se ne rese conto li chiamò e li punì ordinando loro di dissodare e seminare un grande terreno incolto vicino la casa.

Ci disse: «Voi siete buoi e volete continuare ad essere buoi, non volete migliorarvi». Noi cercammo un trattore e quando lo vide ci disse di non usarlo. Allora ci procurammo una coppia di buoi, e ce la tolse ugualmente, e dovemmo dissodarlo così, peggio che dei buoi. Col passar del tempo ottenemmo un buon raccolto di cavoli, pomodori e peperoni. Egli allora ci disse: «Non sentite il frutto dei vostri sforzi? Avreste dovuto sentire anche lo studio nella stessa maniera».[35]

Tutti ricordano con affetto e gratitudine queste pressioni, e molti sono orgogliosi di aver ottenuto perfino titoli universitari. Ramón Pardo Guerra ricorda che Guevara gli insegnò già sulla Sierra anche un po' di francese e che gli fece conoscere

34 *Ibid.*, p. 83.
35 *Ibid.*, p. 35.

Lenin, «che studiava continuamente su un libro azzurro, che era un tomo delle *Opere scelte*».

Il Che aveva molte conoscenze in tutti i campi e dedicava parte del suo tempo alla preparazione degli altri. Insegnò a leggere e scrivere a Joel Iglesias, a mio fratello Israel e a tutti quelli che gli stavano vicino. Per quelli che come me sapevano leggere o avevano un minimo di cultura organizzò una specie di circolo di studio. Quando la notte arrivavamo all'accampamento, indipendentemente dalla stanchezza e delle circostanze in cui ci trovavamo, si cominciava a studiare, in primo luogo la storia di Cuba, l'importanza della lotta, le caratteristiche dell'esercito della dittatura, e ci faceva esempi alla portata di tutti. Questo ci aiutò nella nostra formazione, e lo ricordo sempre come un maestro.[36]

Anche quelli che avevano già un certo livello culturale ricordano il suo esempio di maestro. Ad esempio Orlando Borrego Díaz, che al momento del primo incontro sulla Sierra dell'Escambray nel 1958 studiava contabilità e fu subito "assunto" come aiutante di Olo Pantoja nella «parte finanziaria della colonna n. 8», ricorda che dopo la prima impressione negativa per via di «certe frasi ironiche che non mi piacquero», fu subito colpito dalla sua personalità:

> Era vestito disastrosamente, non dava l'impressione di essere il capo, gli abiti rovinati e alla buona, un basco nero, un giaccone di pelle piuttosto povero. Questa fu l'impressione. Quando cominciò a parlare mi resi conto del suo alto livello intellettuale, e inoltre rapidamente compresi con quanto rispetto lo trattavano gli altri compagni. Un'altra cosa che mi colpì fu che il Che era un uomo con una cultura sviluppata in tutti i campi, era anche un professionista, un medico con una carriera universitaria portata a termine, e al tempo stesso aveva una grande esperienza nella vita, frutto di tutti i suoi viaggi in America latina e del viaggio con il

36   *Ibid.*, p. 18.

Granma, ma aveva una grande facilità nel comunicare con i giovani combattenti come me che non avevano quel livello e quelle esperienze.[37]

Successivamente Borrego ebbe modo, nel lavoro quotidiano (che non fu solo di contabile, dato che partecipò alla conquista di Fomento e all'entrata a Santa Clara), di apprezzare altri aspetti della straordinaria personalità del comandante:

Il Che aveva una grande facilità nel formare i suoi soldati, direi che era come un maestro, con una vocazione da maestro che gli consentiva di avvicinarsi ai giovani, di comunicare con loro e di trasmettere tutti gli insegnamenti e le virtù che un rivoluzionario doveva avere.

Borrego fu poi a fianco del Che sia a La Cabaña, nel Dipartimento di industrializzazione dell'Istituto per la riforma agraria, sia soprattutto al Ministero dell'industria, dove fu viceministro fino alla creazione del Ministero dello zucchero, di cui divenne responsabile.[38] Egli ricorda che

il Che fu maestro anche attraverso un continuo contatto con la gioventù: frequentava le riunioni dell'organizzazione dei giovani comunisti, si riuniva con loro, discuteva, li orientava, nelle discussioni era molto aperto, molto democratico, cercando di ottenere che esprimessero con la maggiore chiarezza e coraggio i loro punti di vista, discutendo apertamente; era capace di mettersi allo stesso livello e discutere tutte le questioni che si ponevano.

---

37   *Ibid.*, p. 95.

38   Orlando Borrego nel 1968 fu improvvisamente destituito, presumibilmente per essersi opposto alla decisione di progettare la "grande *zafra* dei dieci milioni di tonnellate" sulla cui fattibilità aveva espresso forti dubbi. Come è noto, l'obiettivo, fortemente voluto da Fidel Castro, nel 1970-71 non fu raggiunto, ma per avvicinarvisi erano stati spostati nella raccolta della canna molti lavoratori di altri settori, compresi i trasporti, col risultato di disorganizzare tutta l'economia. *Cfr.* Livio Maitan, *Cuba. Dall'autocritica alla nuova Costituzione*, in «Quarta Internazionale», n. 18-19, 1975.

Un altro aspetto della sua personalità fu la costante fiducia riposta nella gioventù: la maggioranza di noi che lavoravamo con lui era molto giovane, venti-venticinque anni, e ci assegnò grandi responsabilità senza temere in nessun momento che per la nostra età potessimo commettere errori.[39] Nel Ministero dell'industria organizzò una specie di circoli di studio per analizzare e discutere *Il Capitale*. Impartiva lezioni il professor Anastasio Mansillas, un sovietico di origine spagnola, e assistevamo Francisco García Vals, Luis Álvarez Ron, Enrique Oltuski, Mario Zorrilla, Juan Manuel Castiñeira e io. Quando il Che partì per il Congo mi lasciò quei tomi. Hanno segni e annotazioni sue. La dedica dice testualmente:

«Borrego, questa è la fonte, qui abbiamo imparato tutti insieme, a tentoni, cercando quella che ancora è appena un'intuizione Oggi che parto per compiere il mio dovere e la mia aspirazione, e tu rimani compiendo il tuo dovere contro la tua aspirazione, ti lascio la prova della mia amicizia, che poche volte si espresse con parole. Grazie per la tua fermezza e lealtà. Che nulla ti separi dal cammino. Un abbraccio. Che».[40]

Orlando Borrego, che è uno dei dirigenti cubani che non hanno mai accantonato per un istante gli insegnamenti del Che e cercando di sistematizzarli e trasmetterli ad altre generazioni, ricorda anche di essere stato

impressionato dall'attenzione che prestava al pensiero politico cubano: fu infatti uno studioso di José Martí, Antonio Maceo, Máximo Gómez; analizzò la storia di Cuba, il pensiero economico, le personalità principali della nostra storia e fu capace di identificare e valutare con molta profondità i problemi del nostro paese. Anche la preoccupazione sistematica per la teoria rivoluzionaria era strettamente legata alla pratica. Quello che studiava

---

39   Adys Cupull, Froilán González, *op. cit.*, p. 99.
40   *Ibid.*, p. 98.

lo analizzava e cercava di applicarlo. Studiò economia politica e filosofia marxista con il professor Anastasio Mansillas, contabilità con Harold Anders, matematica con Salvador Vilaseca, il tutto strettamente associato alla pratica, e questo è molto importante per i nostri giovani: non acquistare conoscenze senza un rapporto diretto con la pratica sociale.[41]

Ciò non vuol dire naturalmente una visione arida e utilitaristica dello studio, precisa Borrego, che ricorda che nonostante gli orari di lavoro massacranti (sedici-venti ore giornaliere) il Che «riusciva a trovare il tempo per aumentare le sue conoscenze» in tutti i campi: «oltre alle cose che studiava per la sua attività, era capace di dedicare tempo alla distrazione attraverso la lettura di buoni romanzi, poesie, buone opere di teatro».[42]

Un esempio anche in questo per i giovani, così come lo era sul piano etico, «con un senso della dignità personale. Non accettava lodi smisurate, che criticava ironicamente denunciandole come adulazione».[43] D'altra parte era un esempio anche riguardo questioni più modeste:

Fu sempre un uomo estremamente puntuale in tutti i suoi impegni, molto disciplinato ed esigente per quanto riguarda l'organizzazione del lavoro in generale. Nei Consigli di direzione del Ministero dell'industria si stabilirono certe norme molto importanti: ad esempio si discuteva con assoluta franchezza, senza inibizioni di nessun tipo, con una piena democrazia rivoluzionaria per esporre i diversi punti di vista e una forte disciplina per quanto riguarda la puntualità. Si cominciava alle otto del mattino, e chi arrivava dopo dieci minuti non poteva entrare. Un alto rigore organizzativo. I temi che si mettevano in discussione dovevano

---

41   *Ibid.*, pp. 98-99.

42   *Ibid.*, p. 97.

43   *Ibid.*, p. 99.

essere preparati previamente e ben argomentati. Non ammetteva lavori superficiali. Era rigoroso nel mantenere gli impegni presi e molto severo verso chi non faceva altrettanto. La democrazia non si applicava solo nell'ambito del Ministero, perché a volte partecipavano dirigenti di altri organismi con i quali collaboravamo, e i rapporti con loro erano fraterni. Quando qualcuno nel Consiglio di direzione abusava della libertà e della democrazia, egli sapeva affrontare la situazione e imporre l'autorità senza intaccare le buone relazioni umane. Le riunioni si svolgevano ogni lunedì, e ogni due mesi c'era una riunione speciale, in cui si affrontavano concetti fondamentali della politica. Il Che fu relatore su alcuni temi, tra cui ricordo la discussione sulla coscienza comunista, la morale socialista, gli incentivi nel sistema socialista, e altri temi a carattere teorico e pratico. Tutto questo aiutò molto nella concezione del lavoro.[44]

Guanahacabibes

Un singolare aspetto dei criteri pedagogici del Che è la trasformazione del campo di lavoro di Guanahacabibes, nell'allora desolata penisola omonima della provincia di Pinar del Río, in un campo di rieducazione in cui andavano "volontariamente" i dirigenti che erano stati criticati («non chi ha commesso colpe, o chi ha rubato... quelli vanno in galera»). María Teresa

---

44   *Ibid.*, p. 96. Le registrazioni delle conversazioni bimestrali al Ministero dell'industria furono trascritte e pubblicate nel tomo VI dell'edizione in sette grandi volumi degli scritti del Che curata nel 1967 dallo stesso Borrego e pubblicata dal Ministero dello zucchero in poche centinaia di copie fuori commercio, riservate ai dirigenti, col titolo *El Che en la Revolución cubana*, senza indicazioni di edizione e data. Una parte di questi testi, di notevole interesse, fu pubblicata – con qualche taglio – da «il manifesto» mensile nel 1969 e poi, parzialmente reintegrati delle parti mancanti, in Ernesto Che Guevara, *Scritti scelti*, a cura di Roberto Massari, Erre emme, Roma 1993, v. II, pp. 536-79. Una vivace descrizione delle riunioni mi è stata fornita direttamente da altri partecipanti, tra cui Luis Valdés Gravalosa, autore tra l'altro di un interessante manoscritto inedito sul Che ministro dell'industria. Valdés fu uno dei tanti collaboratori allontanati dal Ministero dopo la partenza di Guevara per l'Africa e la sua sostituzione con Joel Domenech.

Sánchez Arrieta, già citata per la testimonianza sull'amore del Che per gli animali, ricorda:

> Quando qualcuno non manteneva gli impegni o commetteva errori lo mandavano a Guanahacabibes. Quando si vedevano delle valigie su di un certo bancone nel Ministero dell'industria allora tutti capivano che qualcuno se ne andava, ma con molta dignità, perché andare lì voleva dire pagare per un errore o una mancanza e poi tornare al Ministero, era un'opportunità di correggere un errore, perché se invece si trattava di vigliaccheria o cattiveria non doveva andare da nessuna parte, lasciava il Ministero, e questo sì che era terribile, era peggio che restare bell'e morto. Tra quelli che si mandarono a Guanahacabibes ricordo Francisco Martínez, "Panchito", un giovane straordinario che era il primo nella graduatoria dell'università di Kiev. Non so perché fu punito, noi ci rimanemmo male perché era molto giovane e intelligente.[45]

Ma leggiamo la testimonianza diretta di Francisco Martínez Pérez, che ha un ricordo bellissimo del Che, soprattutto perché, anche se era ministro,

> lo si vedeva dappertutto nel Ministero, sempre come esempio, salendo nell'ascensore di tutto il personale, sempre cavaliere con le compagne che faceva passare per prime, sempre con una parola per qualcuno, una domanda per tutti, un gesto di attenzione, uno sguardo di affetto. Periodicamente percorreva tutti i piani, e in ogni stanza chiedeva come procedeva il lavoro, se avevamo problemi con i dirigenti, come ci sentivamo. Ricordo le assemblee con la gioventù, mi impressionava molto la sicurezza nell'impostare i problemi, la profondità, la sua lotta continua contro tutto quel che era malfatto. A volte era sferzante nelle sue formulazioni, ma senza dubbio dava sempre una spiegazione così completa che uno usciva convinto della sua correttezza. Le sue

---

45 Adys Cupull, Froilán González, *op. cit.*, p. 82.

analisi chiare, non rituali [letteralmente *tecosos*, da *teque*, che nel gergo cubano indica il "bla bla" dei burocrati, *n.d.a.*] né lunghe, erano esattamente quello che ci voleva per essere profondi e al tempo stesso comprensibili.[46]

Tanto entusiasmo non impedì a Martínez di essere successivamente «punito e inviato a Guanahacabibes».

Non mi importa che si conosca pubblicamente, siamo esseri umani e come tali possiamo commettere errori, quello che conta e rendersene conto e correggerli. Penso che oggi siamo poco esigenti con quelli che commettono errori, il Che era esigente, e la sua concezione rigorosa è del tutto valida per risolvere molti dei problemi che abbiamo ancora.

Quando arrivai a Guanahacabibes la struttura era già stata trasformata, perché all'inizio ci andava gente di ogni genere, dopo era diventato un luogo per i rivoluzionari che commettevano errori e dovevano andare lì per correggerli. La maggior parte di noi che siamo andati lì ha imparato, ci siamo rafforzati, abbiamo riflettuto sui nostri problemi e quasi tutti abbiamo approfittato di quell'amara esperienza.[47]

Il cosiddetto "errore" pagato da quel giovane promettente (che peraltro diventò poi decano di un'università dell'Avana, la Cujae, e successivamente dirigente di un Ministero) era di tipo personale: «fu un'avventura amorosa nella città di Kiev, dove conobbi una ragazza, mi innamorai e lei rimase incinta». Era sposato ma in procinto di divorziare, e si confidò incautamente con un funzionario dell'ambasciata di Cuba che gli promise di accelerare le pratiche e invece lo denunciò. Espulso

---

46   *Ibid.*, pp. 84-85. È evidente in questi elogi che il suo comportamento contrastava con quello di altri e soprattutto con quello introdotto successivamente, a imitazione del modello sovietico, che si cominciò a seguire negli anni Settanta.

47   *Ibid.*, p. 86. Molte testimonianze raccolte direttamente confermano il giudizio positivo sul valore educativo di quell'esperienza, probabilmente ispirata da modelli cinesi da cui il Che nei primi anni Sessanta era piuttosto attratto.

dall'università, in cui era entrato al primo posto nella gradua-
toria degli ammessi e in cui era dirigente e responsabile ideologico dei giovani comunisti, egli tentò di opporsi alla decisione
anche con l'appoggio di una lettera collettiva dei suoi compagni di studio, ma invano. Riferisce con una certa amarezza
quella fase, ricordando che «quello che mi trattò con maggiore ostilità successivamente tradì la rivoluzione e ora vive negli
Stati Uniti». Ma nonostante tutto non considera negativa l'e-
sperienza fatta:

> Andai a Guanahacabibes per sei mesi. Bisognava spostarsi
> ogni giorno a piedi per vari chilometri, tagliare liane e alberi, e
> assunsi l'incarico di carbonaio. Il lavoro era molto duro, ricordo
> che la prima volta che ottenni un congedo mia madre quasi non
> mi riconosceva per quanto ero sporco e dimagrito (avevo perso
> sette o otto chili). Quando finii il soggiorno a Guanahacabibes
> ero diventato il vicecapo di una compagnia militare, perché era-
> vamo armati: in quella zona ci si poteva aspettare un'invasione
> nordamericana e dovevamo essere preparati ad affrontarla.[48]

Egli riferisce anche il colloquio col Che, che quando li visitò

> giocò a scacchi con me, e poi mi chiese i motivi per cui ero
> lì. Glieli spiegai. Mi chiese se considerassi giusta la punizione, ri-
> sposi di no. Mi chiese se quell'esperienza mi aiutasse a formarmi
> come rivoluzionario, e senza esitazione gli risposi di sì e che, pur
> dissentendo dalla misura presa nei miei confronti e dai metodi
> utilizzati, la ritenevo in ogni caso un insegnamento e un'espe-
> rienza di vita. Il Che mi disse di riflettere bene perché anche se a

---

48 *Ibid.*, pp. 86-87. La più grossolana propaganda anticomunista e fascista contro
Cuba ha trasformato Guanahacabibes in uno spaventoso gulag. Che strano un gulag
in cui i "detenuti" sono armati! Oggi quella penisola bonificata dal duro lavoro di quei
giovani ha un aspetto tutt'altro che selvaggio e, pur essendo rimasta zona militare cui
si può accedere solo con un permesso, ospita un bel centro turistico per le attività su-
bacquee, Maria La Gorda, gestito da cubani. A pochi chilometri dal centro turistico
ci sono i resti dei baraccamenti dove vivono due carbonai che mi hanno mostrato con
orgoglio la baracca che ospitava il Che, del tutto uguale alle altre.

volte si commettono errori l'essenziale era che la gente li capisse, passasse oltre e uscisse meglio preparata per difendere e servire la rivoluzione.

La concezione del socialismo in un discorso inedito

Nella sua raccolta già citata Gerónimo Álvarez Batista non si limita a fornire testimonianze e ricordi personali, riporta anche alcune trascrizioni di registrazioni di discorsi del Che rimaste inedite. In un discorso del 1961 compare già quello che sarà il motivo ricorrente negli ultimi anni: la necessità di elevare la produttività, eliminando tutti i lavori che creano occupazione fittizia e inutile.

Ci sono compagni che ritenevano che il loro dovere fondamentale fosse occupare più gente, altri quello di produrre in qualsiasi modo, e in generale se si esaminano le uscite di quest'anno comparandole con quelle dell'anno precedente si vede che sono aumentate notevolmente. Eppure una delle premesse fondamentali per l'esito del sistema socialista è di rendere più economica la produzione, aumentare la produttività dei lavoratori, in modo che si crei un eccedente che deve essere destinato alla costruzione di nuove fabbriche, di un apparato industriale sempre più perfetto, nel nostro caso le industrie, ma lo stesso deve avvenire in agricoltura o nel settore dei trasporti.

Bisogna pensare che ogni atto nella fabbrica deve essere ispirato da un'idea centrale, quella del risparmio dell'energia umana e delle stesse materie prime, per rendere la fabbrica più produttiva. Cioè la produzione d'ora in poi deve basarsi su questi elementi e non semplicemente su di un aumento dello sforzo retribuito; l'aumento del numero di operai nello stesso luogo, e del consumo indiscriminato di materie prime, permetterebbero di realizzare il piano di produzione, che è certo la base di tutti piani di sviluppo industriale, ma non attuerebbero il piano dei costi. In questo modo alla fine dell'anno, se tutti facessimo così, ci troveremmo con la nostra fabbrica che non ha prodotto un'eccedente e quindi tutto il lavoro degli operai nelle diverse unità produttive sarebbe stato utilizzato solo per il soddisfacimento delle necessità degli operai stessi, senza che resti nulla per l'enorme sviluppo che è indispensabile realizzare negli anni a venire, in questo quadriennio. È assolutamente impossibile, come può capire molto chiaramente chiunque rifletta sul fatto che la produttività è essenziale per il successo della nostra rivoluzione.[49]

Guevara cercava tenacemente di introdurre criteri razionali di valutazione dei costi:

> Non serve stare attenti a risparmiare un po' di elettricità o di qualche altra cosa, se nel frattempo si sono aumentati gli occupati di venti persone [...] passando da venti a quaranta, mentre la produzione che era di dieci arriva solo a quindici. [...] Dobbiamo stare sempre entro i limiti imposti dalle leggi economiche, che non possono essere ignorate. [...] Dobbiamo mettere un operaio dove è veramente indispensabile: il compagno che ritiene di avere qualche guadagno e che può quindi assumere un operaio in più crede di fare un favore alla classe operaia sistemando un disoccupato, ma non è così. Oggi non possiamo mettere a lavorare gente in luoghi dove il suo lavoro non comporti una produzione superiore alla retribuzione che si dà per il lavoro fatto. Per porre la questione in termini concreti, non dobbiamo occupare un nuovo operaio che produca qualcosa che abbia un valore di cinque pesos al giorno se lo paghiamo sei pesos. È un'assurdità, ma si sta facendo, e inoltre non si è curato a sufficienza un criterio generale di risparmio.[50]

---

49   Discorso pronunciato a Camagüey il 14 ottobre 1961, riportato in Gerónimo Álvarez Batista, *op. cit.*, pp. 199-200. Il discorso non era compreso in nessuna delle antologie di Guevara esistenti in lingua spagnola, e a maggior ragione in altre lingue. Non fa parte formalmente degli inediti sull'economia ma rende l'idea di cosa ci si può trovare: le tracce della concretezza del Che.

50   *Ibid.*, pp. 200-201. Alcuni economisti dell'Università di Matanzas negli anni Novanta mi hanno fatto leggere delle ricerche (commissionate dal partito, che poi non ne tenne conto) su assunzioni e investimenti insensati che comportavano costi decisamente superiori al ricavato.

Guevara affrontava il problema di una pianificazione realistica basata su di un rigoroso sistema di calcolo, prevedendo che si procedesse di pari passo alla riduzione di organici gonfiati e inutili e alla collocazione in nuove fabbriche, anche migliorando nettamente le condizioni di salario e di vita, nei settori in cui scarseggiava la manodopera (ad esempio quello minerario). Il compito che si poneva la rivoluzione era quello di un'industrializzazione senza precedenti nell'isola ma anche «nella nostra America». I consigli degli esperti sovietici e cecoslovacchi non erano stati sufficienti a evitare errori e la realizzazione di un piano imperfetto e in ritardo. «Dobbiamo prepararci per tutti questi compiti che dobbiamo realizzare tenendo presenti sempre due fattori: la direzione che ci dà le grandi linee su cui marciare, e la discussione collettiva democratica a tutti i livelli». Per questo occorreva anche elevare il livello culturale dei compagni operai: si stava pensando di facilitare il compito con corsi da tenere per radio e televisione, preparati congiuntamente dal Ministero dell'industria e da quello dell'educazione.

Ricordatevi ancora una volta che il socialismo, come sistema nuovo, è un sistema che ha una base economica. Non è semplicemente appoggiato su una concezione filosofica diversa. Deve avere la sua base in una produzione maggiore, che basti a tutti e che si distribuisca in maniera equa tra tutti. Se noi realizziamo solo la seconda parte e distribuiamo equamente, non faremo altro che distribuire la miseria, ma in questo modo non si arriva al socialismo.[51]

Guevara ammoniva anche di non fare affidamento esclusivamente sull'Unione sovietica e sulla Cina. Quest'anno, diceva, siamo al sicuro perché ci comprano rispettivamente 4.860.000 e 1.200.000 tonnellate di zucchero a un prezzo preferenziale,

---

51 *Ibid.*, p. 213. Quasi sicuramente Guevara pronunciava queste parole prima di aver letto l'osservazione di Trotsky sull'impossibilità di costruire il socialismo nella penuria: se c'è una coda di mille persone davanti a una panetteria, ma c'è pane solo per trecento, è necessario mettere i poliziotti a regolare la fila. Altro che estinzione dello Stato, altro che socialismo...

ma è una situazione che non può continuare, è una situazione obbligata, di emergenza. [...] L'Unione sovietica non ha realmente necessità di questa quantità di zucchero, fa un sacrificio comprandola, e ha dovuto modificare una serie di piani, con ovvi inconvenienti in un paese che ha responsabilità così grandi.[52] Dobbiamo ringraziarla per tutto quello che questo significa. Quanto alla Cina, ha effettivamente bisogno di questo zucchero e di molto altro ancora, ma ha problemi di sviluppo così grandi in questo momento che lo zucchero rappresenta un lusso per i cinesi, che per generazioni non hanno consumato questo prodotto, e potrebbero passare ancora alcuni anni senza. [...] Noi dobbiamo arrivare a un costo di produzione dello zucchero che ci permetta di competere anche nelle condizioni così difficili di un mercato mondiale dominato totalmente dai monopoli imperialisti.[53]

Il discorso può apparire brutalmente "economicistico", ma in realtà riflette la costante aspirazione di Guevara a un uso rigoroso e prudente delle risorse del paese.

Per capirne a pieno il significato bisogna inserirlo nel contesto di altri scritti più sistematici, come *Il socialismo e l'uomo nuovo a Cuba*, che è praticamente il suo testamento politico.[54] Ma ancor più utile è ricordare la sua secca affermazione:

---

52   *Ibid.*, p. 203. In realtà, almeno negli ultimi anni del rapporto preferenziale, l'acquisto di zucchero cubano non rappresentava un vero sacrificio per l'Unione sovietica, dato che lo pagava – anche tenendo conto del trasporto – meno del costo di produzione dello zucchero di barbabietola. Per questo la Russia di Eltsin, superata la prima fase di crisi acuta e di impossibilità di fornire la contropartita in petrolio, aumentò gli acquisti di zucchero nel corso del 1995.

53   *Ivi.* Era sottinteso anche un altro argomento che era stato avanzato poco più di un anno prima in un discorso tenuto nella stessa città e compreso nella raccolta: «se un giorno per darci il loro aiuto l'Unione sovietica, il governo della Cina popolare, o qualsiasi altra potenza, ci ponessero come condizione la rinuncia a una parte della nostra sovranità o della nostra dignità, in quello stesso momento Cuba romperebbe con chiunque osasse proporcelo». Discorso pronunciato a Camagüey il 20 settembre 1960, *ibid.*, p. 191.

54   Ernesto Guevara, *Scritti scelti*, cit., t. II, pp. 694-714.

Il socialismo economico senza la morale comunista non mi interessa. Lottiamo contro la miseria, ma lottiamo al tempo stesso contro l'alienazione. [...] Marx si preoccupava tanto dei fatti economici quanto della loro traduzione nella mente. Chiamava ciò un fatto di coscienza. Se il comunismo trascura i fatti di coscienza può essere un metodo di ripartizione ma cessa di essere una morale rivoluzionaria.[55]

Una definizione sintetica del suo insegnamento

Per chiudere questa breve rassegna, ci sembrano utili le frasi – semplici ma efficaci – con cui Delsa Puebla Viltres, detta "Teté", che a sedici anni fu accolta nella guerriglia come infermiera e poi entrò a far parte del plotone detto de "las Marianas Grajales" (dal nome della famosa combattente delle guerre di indipendenza), ha sintetizzato quello che le sembra il lascito morale e politico di Guevara:

Dal Che dobbiamo imparare tutti, almeno un poco: si opponeva ai privilegi, viveva ed esigeva che si vivesse come il popolo, difendeva il criterio per cui noi cubani dovevamo consumare quello che producevamo, che non dovevamo dipendere da nessuno, che i nostri prodotti dovevamo fabbricarli con la stessa qualità internazionale. Quando si incominciarono a produrre le prime bibite *Son* lo informarono che il popolo non capiva gli sforzi che si stavano facendo e commentava il sapore, che era cattivo. Il Che rispose: «Hanno ragione, le bibite *Son* sono veramente cattive, e quello che dobbiamo fare è migliorarne la qualità».[56]

Delsa Puebla aggiunge, d'altra parte, che il Che non si limitò a criticare, ma «lottò per ottenere una buona bibita», dato

---

55 Intervista a Jean Daniel del luglio 1963, in *El Che en la Revolución Cubana*, cit., t. IV. p. 470 (tradotto anche in Ernesto Guevara, *Scritti scelti*, cit., t. II, pp. 639-640).

56 Adys Cupull, Froilán González, *op. cit.*, pp. 41-42.

che sosteneva che per «rispetto al popolo» era necessario offrire il meglio nel quadro delle possibilità concrete. Sosteneva d'altra parte l'importanza di «vivere tutti in base ai nostri salari e non al di sopra di essi».

In queste parole sembra di scorgere un'implicita polemica con i criteri che prevalsero a Cuba dopo la partenza del Che, soprattutto negli anni in cui – per usare le parole di Carlos Tablada – si pensava che «l'Unione sovietica fosse eterna come il Vaticano» e furono sperperate quindi molte preziose risorse.

Capitolo tre

La concretezza di Guevara in economia

Uno dei luoghi comuni più ripetuti dai detrattori, ma anche da chi pur rendendo omaggio a Guevara non lo conosce, è quello della sua "astrattezza", della sua tendenza a sognare e a inseguire sogni. In realtà il suo approccio alle problematiche economiche e sociali era assolutamente materialista, come abbiamo visto con gli esempi riportati nell'ultima parte del precedente capitolo. La ragione per cui a sostenere questa tesi di un Guevara con la testa tra le nuvole ci siano anche alcuni che non possono essere considerati nemici di Cuba è legata alla difficoltà di ricostruire in modo plausibile le ragioni della sua partenza dall'isola. Non c'è una spiegazione univoca. Tenteremo di presentare alcune ipotesi cominciando tuttavia a sgomberare il campo da una leggenda: nel 1965 non c'erano divergenze sostanziali tra il Che e Fidel. Chi cerca di scoprirle dimentica che le parole di Guevara nella lettera di congedo sono inequivocabili e soprattutto che egli aveva un vero culto della verità che rende assurdo non credergli.

Non è vero inoltre che Castro fosse ostile alle concezioni del Che in economia e fautore degli incentivi materiali, come affermano in molti, riprendendo un'affermazione di Tad Szulc.[1]

---

1   Tad Szulc, *Fidel il caudillo rosso*, SugarCo, Milano 1989, p. 327. Il libro di Szulc, un giornalista americano di origine ungherese che ebbe molte occasioni di incontrare Fidel, è peraltro interessante, anche se ovviamente critico, ma su questa questione fraintende completamente in primo luogo il pensiero del Che.

Fidel Castro, tuttavia, effettivamente non intervenne a sostegno di Guevara durante il dibattito economico del 1963-64, forse perché non ne intuiva le possibili implicazioni e doveva in quel momento impegnarsi prioritariamente su altri problemi. D'altra parte la sua fiducia in Guevara era grandissima e poteva esserci una specie di delega.

Può sembrare incredibile ma una superficialità diffusa anche nella sinistra fa ripetere infinitamente un argomento che è frutto di un grossolano fraintendimento: Guevara avrebbe contrapposto gli incentivi morali a quelli materiali, mentre Castro avrebbe invece privilegiato questi ultimi. Guevara in realtà ha solo detto che gli incentivi morali dovevano essere la molla della costruzione dell'uomo nuovo e della nuova società, ma chiarendo bene che quelli materiali non dovevano essere soppressi.

Casomai puntava a privilegiare il carattere collettivo dei premi per aumentare il senso di solidarietà tra i lavoratori. Riteneva tuttavia sacrosanto intervenire sul salario, sia per penalizzare assenteismi e ritardi o colpevoli danneggiamenti (su questo terreno era severissimo), sia per premiare risultati meritori, anche se auspicava che la coscienza dei lavoratori ricompensati li portasse a devolvere a fini collettivi l'eventuale aumento ottenuto. Era una questione di priorità di valori, non una fanatica contrapposizione di un livellamento forzato a un sistema retributivo più realistico, come tante volte si è ripetuto.

Il problema è ben diverso. Dopo la partenza di Guevara Fidel per quattro anni si impegnò personalmente nella direzione dell'economia cubana e riprese, estremizzandola, non la reale concezione del Che, ma quella che gli veniva attribuita dai detrattori filosovietici. Fu proprio Castro a cancellare non solo gli incentivi materiali ma anche l'aggancio del salario alle ore effettivamente lavorate, eliminando le trattenute per i ritardi e persino per le assenze, col risultato immediato di provocare un tracollo della produttività e, più a lungo termine, di facilitare la controffensiva dei fautori dell'accettazione piena e incondizionata del modello economico sovietico.[2]

Tanto meno Castro era favorevole allo sviluppo di una burocrazia modellata su quella sovietica. Quando si è trovato in difficoltà per i suoi errori di volontarismo e le sperimentazioni a volte imprudenti, non ha potuto impedirne la riscossa. Ma identificare il Fidel Castro degli anni Sessanta con il modello burocratico di derivazione sovietica non consentirebbe di spiegare come possa essere stato possibile, quando Guevara ormai era partito definitivamente già da molti mesi e aveva lasciato ogni incarico due anni prima, che a Cuba venisse pubblicato il testo più severo e rigoroso contro la burocrazia che sia mai stato scritto all'interno di un partito comunista al potere: i quattro editoriali apparsi sul *Granma* nel marzo del 1967, che riportiamo nell'"Appendice" di questo volume. In quel testo, dal titolo apparentemente neutro e accettabile ovunque di "Lotta al burocratismo", si introduceva con chiarezza il concetto di burocrazia come casta parassitaria (anzi, in un caso si parla di "nuova classe") con interessi separati e contrapposti a quelli dei lavoratori.[3]

Il testo, non firmato e quindi collettivo, riprendeva interi passi degli scritti più significativi di Guevara e, per il rilievo con cui fu presentato, non poteva non essere stato soppesato in ogni parola da Fidel. E quelle parole erano un grido di battaglia contro la burocrazia cubana, e contro quella sovietica, di

2 Controffensiva che costrinse per diversi anni Fidel Castro a limitarsi, nei discorsi, a leggere solo testi preventivamente approvati dalla direzione collegiale, in cui i filosovietici erano in maggioranza. Lo stesso Fidel nel *Discurso en el acto central por el* XX *aniversario de la caida en combate del comandante Ernesto Che Guevara* del 1987 disse che «alcune delle idee del Che vennero interpretate nel modo sbagliato e malamente applicate. Non si fece mai nessun tentativo di metterle in pratica e per un certo periodo si adottarono addirittura idee che erano diametralmente opposte al suo pensiero economico». *Cfr.* anche Jotge G. Castañeda, *op. cit.*, p. 272.

3 I quattro editoriali erano stati tradotti in italiano anche in *Cuba risponde alla sfida. La discussione cubana sulla svolta in economia e sulle trasformazioni politiche*, a cura di Antonio Moscato e Alessandra Riccio, numero monografico di «Marx centouno», anno IX, n. 16, giugno 1994.

cui si diceva apertamente che era la fonte ispiratrice di quelle distorsioni. Non era un gesto da niente, tanto più che gli ideologi sovietici riconoscevano bene, dietro molti di quei concetti, l'influenza di Trotsky, il grande nemico.

Queste precisazioni non puntano ovviamente a un'idealizzazione del ruolo di Fidel Castro ma a sgomberare il campo da un equivoco. Non è Fidel la causa della partenza di Guevara, tanto meno in quanto esecutore di una volontà sovietica. Tra l'altro i conflitti con l'Urss non si attenuano dopo la partenza del Che e raggiungono punte molto aspre proprio nel corso dei primi mesi del 1968. Abbiamo già accennato alla lotta contro la "microfrazione", come venne chiamata la rete di contatti nuovamente avviati da Aníbal Escalante che gli valse una condanna a quindici anni di reclusione.

Ma le conferme ci sono anche su altri terreni. Ad esempio nel marzo del 1968 Fidel Castro lanciò la cosiddetta "offensiva rivoluzionaria" che chiudeva di colpo tutte le attività commerciali e artigianali private. Una decisione a mio parere profondamente errata, che ha avuto conseguenze molto gravi e durature (tra l'altro costringendo molte attività indispensabili e quindi ineliminabili a divenire clandestine, creando le basi di una diffusa pratica dell'illegalità che ha condizionato anche la fase successiva in cui il lavoro individuale e il piccolo commercio sono stati legalizzati). Ma una decisione presa liberamente, non certo sotto la pressione di un'Unione sovietica in cui, in quella fase, si discutevano apertamente i progetti di riforme che dovevano "reintrodurre il mercato". Che in Urss non siano riusciti a portare a termine quelle riforme, soprattutto dopo la stretta stalinista seguita all'intervento dell'agosto del 1968 in Cecoslovacchia, è altra questione che abbiamo trattato in altra sede.[4] Qui ci preme sottolineare ancora una volta che Castro non era un fantoccio sovietico, come ha ripetuto scioccamente anche una parte della sinistra, fraintendendo la logica di tanti suoi atti.

---

4   Si veda ad esempio Antonio Moscato, *Intellettuali e potere in Urss (1917-1991)*, Milella, Lecce 1995; ma anche Id., *La ferita di Praga*, Edizioni associate, Roma 1988.

Altra cosa ancora è che il credere Guevara ispiratore di quella decisione sbagliata, attribuzione frequente anche a Cuba, è ancor meno fondato e si basa su una scarsa conoscenza della maggior parte del pensiero del Che. Di fronte alle prime voci di progetti del governo tendenti a nazionalizzare tutti i *chinchales*, come a Cuba sono chiamate le piccole attività commerciali e artigianali, Guevara aveva detto che, se non si fosse voluto credere che il governo lo avesse escluso, si sarebbe potuta fare una semplice riflessione:

> Ci sono, vi dirò, qualcosa come 150mila *chinchales*. Ora, per reperire cinquecento controllori per le fabbriche, ci siamo rotti la testa, e ogni giorno dobbiamo cambiarne qualcuno che non rende. Come faremmo a mettere sotto controllo 150mila *chinchales*? Su un piano pratico, come faremmo? Impossibile. Di modo che prescindendo dal fatto che il governo dica o non dica che non lo fa, ed è sicuro che non lo fa, c'è una ragione pratica.[5]

A mio parere nulla fa pensare che Guevara avrebbe accettato – se fosse stato vivo e ancora dirigente di Cuba – quella misura, modificando quel suo giudizio, materialisticamente fondato e basato sia sull'esperienza sia sui suoi sistematici e tenaci studi dell'economia "socialista" come di quella capitalista.[6] È probabile che l'equivoco sia nato perché, col passare degli anni, il Che è stato sempre invocato a Cuba come ispiratore di qualsiasi misura, magari antitetica rispetto alle sue

---

5   "Viaggio nei paesi socialisti", conferenza alla televisione del 6 gennaio 1961, in Ernesto Che Guevara, *Scritti, discorsi e diari di guerriglia 1959-1967*, Einaudi, Torino 1974, p. 945.

6   Una controprova aggiuntiva e quasi pleonastica del fatto che la misura era scaturita dall'empirismo di Fidel Castro e non da inverosimili pressioni sovietiche viene dalla versione di "Benigno", che descrive le molte resistenze a quella misura da parte dei dirigenti provenienti dal Psp, come Carlos Rafaél Rodríguez e Blas Roca. "Benigno" è una fonte assai sospetta ma, in questo caso, la sua testimonianza appare verosimile perché attribuisce un ruolo positivo al Psp, verso cui in altre pagine manifesta una forte ostilità. *Cfr.* Benigno (Dariel Alarcón Ramírez), *La rivoluzione interrotta. Memorie di un guerrigliero cubano*, Editori Riuniti, Roma 1996, pp. 150-53.

convinzioni. Ma anche perché Castro aveva probabilmente seguito con scarsa attenzione la riflessione di Guevara sull'economia (divenuta sempre più lucida negli ultimi anni) e ne aveva raccolto un messaggio semplificato, ridotto quasi solo all'appello alla coscienza e al volontarismo, alla denuncia di privilegi e parassitismi, al rifiuto di ogni sopravvivenza di mentalità derivate dal capitalismo. Ma il Che aveva anche concentrato gran parte della sua attenzione sulla razionalizzazione della produzione, elevando la produttività ed eliminando tutti quei lavori che creavano occupazione fittizia e inutile.

Difficile comunque, ormai, capire tutte le ragioni del mancato sostegno di Castro a Guevara nel dibattito economico. In ogni caso Guevara si sentì bruciato e disinteressato a proseguire il proprio lavoro con impostazioni che non condivideva. Naturalmente non c'era solo questo. Era fondamentale la consapevolezza che occorresse fermare l'imperialismo finché si era in tempo, che il "baluardo" rappresentato dai paesi socialisti in cui aveva avuto tanta fiducia era solo apparente, visto che cercavano all'interno e nel mondo un compromesso con il capitalismo e l'imperialismo. La parola d'ordine "creare due, tre, molti Vietnam",non era finalizzata solo ad aiutare chi sosteneva lo scontro più pesante e diretto con l'imperialismo, ma anche a gettare le basi per riorganizzare le forze rivoluzionarie, dando una dimensione concreta all'internazionalismo.

Aiutare la vittoria di un'altra rivoluzione significava non solo rompere l'isolamento del Vietnam (e di Cuba...), ma poter partire nella costruzione di una nuova società tenendo conto dell'esperienza degli errori fatti.

Guevara aveva ormai capito, "andando alle fonti", che per Marx, per Lenin, come per qualsiasi marxista prima del periodo staliniano, era inconcepibile la "costruzione del socialismo in un paese solo", e aveva allo stesso tempo perso ogni speranza di una svolta nelle direzioni dei paesi che si dicevano socialisti. E quando parte per la Bolivia porta con sé i libri su cui prosegue la sua riflessione.

Capitolo quattro

Guevara e Lenin

Tra le accuse che mi erano state rivolte nel corso della polemica sulla mancata pubblicazione degli inediti c'era stata assurdamente anche quella di forzare Guevara per contrapporlo a Lenin. In Italia l'accusa era stata mossa dai soliti noti, ma è stata ripresa in un'occasione anche a Cuba da un compagno che ho sempre stimato e che evidentemente era stato male informato quando era stato tirato dentro le polemiche italiane. Era un'accusa grottesca, derivata dai luoghi comuni stalinisti sulla contrapposizione tra Trotsky e Lenin, alimentata antistoricamente citando le loro polemiche sul partito del 1903 o del 1912 e nascondendo la convergenza totale tra di loro dal 1917 in poi e, soprattutto, negli ultimi decisivi anni di vita di Lenin.[1]

Per dimostrare l'infondatezza di questa accusa ho utilizzato ampi stralci da un mio saggio su *L'influenza di Lenin su Guevara* apparso in precedenza negli atti di un convegno su Lenin tenutosi a Urbino.

Gli studi del ministro Guevara

Sulle letture del Che durante gli anni in cui fu ministro a Cuba ci sono molte testimonianze dirette di chi fu suo

---

1 Su questo resta insuperato il libro di Moshe Lewin, *L'ultima battaglia di Lenin*, Laterza, Bari 1969.

collaboratore o discepolo. La più importante è forse quella di Orlando Borrego Díaz, che fu al suo fianco al Ministero dell'industria, dove Guevara imponeva diverse ore quotidiane di studio individuale e collettivo a se stesso e a tutti i suoi collaboratori. In primo luogo raccomandava lo studio di tutto quel che aveva scritto Lenin dal 1917 alla morte dicendo che era utilissimo per i cubani, anche se nulla andava preso in blocco giacché molti scritti rispondevano ad esigenze tattiche contingenti e come tali andavano studiati, «senza dare valore universale» ad ogni affermazione.

Borrego conferma che la riflessione di Guevara partiva dal presente, giacché egli osservava con preoccupazione l'affermarsi di «forze ritardanti nel senso della società socialista, non come fattori intrinseci derivati dai suoi fondamenti e principii, ma come elementi di ibridazione introdotti nella pratica del sistema socialista a partire da un'epoca storica determinata».[2]

Dopo avere ricostruito le polemiche con le volgarizzazioni del "marxismo-leninismo" allora in voga (divenute già base per lo studio a Cuba) Borrego ricorda che il Che aveva sempre avuto come principio «di non nascondere una sola opinione per motivi tattici» e che, ricercando «conclusioni che aiutassero a risolvere i problemi, senza limitarsi a porre interrogativi senza risposta», era arrivato al nodo degli anni Venti.[3]

Nel corso della sua ricerca il Che si rese conto che durante tutta un'epoca successiva alla morte di Lenin la pratica del socialismo era finita «in un dogmatismo intransigente per passare poi nel corso degli anni a un pragmatismo inconsistente», che

---

2   *Pensar al Che*, t. II, *Los retos de la transición socialista*, Centro de Estudios sobre America/Editorial José Martí, L'Avana 1989, p. 299. Si tratta di un'opera collettiva di notevole importanza ed ampiezza (oltre 800 pagine), introdotta dal ministro della cultura Armando Hart Dávalos e a cui hanno partecipato non solo studiosi e testimoni ma anche dirigenti di primo piano come Ricardo Alarcón, allora viceministro degli esteri e oggi presidente dell'Assemblea popolare.

3   *Ibid.*, p. 303.

non si limitò a un campo determinato della scienza ma investì la maggior parte degli aspetti della vita dei popoli socialisti, creando dannose perturbazioni i cui risultati finali erano imprevedibili.[4]

Guevara aveva cominciato a riflettere, senza la pretesa di avere scoperto qualcosa di nuovo, sulle relazioni tra struttura e sovrastruttura, e la sua tesi era che «i cambiamenti prodotti a partire dalle circostanze concrete» a cui era stata sottoposta l'Unione sovietica a partire dalla Nep «erano calati così a fondo nella vita sociale che avevano marcato col loro segno l'ultima tappa storica del socialismo», con risultati per molti aspetti negativi.

La sovrastruttura esistente influenzò ogni volta sempre più marcatamente i rapporti di produzione, e i conflitti creati dall'ibridazione rappresentata dall'introduzione di meccanismi capitalistici nel sistema di direzione dell'economia socialista stavano risolvendosi infine a favore della sovrastruttura.[5]

A prima vista si potrebbe pensare che in questo Guevara sia stato influenzato dalla critica maoista dell'Urss come "capitalismo di stato". Tuttavia la questione è più complessa. Guevara aveva avuto inizialmente un atteggiamento di grande simpatia per la Cina, soprattutto perché i dirigenti cinesi avevano offerto condizioni di eccezionale favore per gli scambi commerciali: crediti senza interessi erano stati motivati in modo straordinariamente accattivante. L'atteggiamento della direzione maoista non era puramente tattico: per qualche tempo la prospettiva di una dinamica rivoluzionaria che modificasse gli equilibri mondiali a partire da esperienze eterodosse apparentemente imprevedibili come quella di Cuba apparve allettante

---

4   *Ivi.*

5   *Ibid.*, pp. 303-04.

e tale da giustificare aiuti consistenti. Tuttavia nel giro di pochi anni la situazione si era profondamente modificata.

La polemica cino-sovietica – ancora sotterranea al tempo dei primi entusiasmi di Guevara – era esplosa pubblicamente in forme spesso non convincenti. Il rifiuto di Cuba di schierarsi decisamente a fianco della Cina, e ancor di più i suoi sforzi per tentare una mediazione (ricercando intese con Vietnam e Corea del Nord per un terzo polo, contrapposto all'imperialismo, ma anche proteso verso un fronte unico internazionale dei partiti comunisti), avevano provocato una prima reazione ostile nella direzione maoista, che sarebbe arrivata successivamente al grave gesto di dimezzare le forniture di riso a Cuba e, di conseguenza, anche gli acquisti di zucchero.

A questo la direzione maoista sarebbe giunta nel 1965-66, proprio mentre il Che stava preparando la sua missione internazionalista (e avrebbe contribuito a rendere pressoché obbligata la scelta del Pcb come unico interlocutore boliviano). Franqui riferisce un colloquio con Guevara avvenuto ad Algeri nel 1963, che rivela invece uno stato d'animo ancora fiducioso nei confronti della direzione maoista, ma disposto a verificarne criticamente il comportamento e, soprattutto, la coerenza tra enunciazioni e pratica. Franqui ricostruisce quella fase di Guevara con simpatia, ricordando lo spirito critico con cui egli aveva sempre sottoposto a verifica le sue iniziali certezze:

> Era stato il primo filocomunista nel 1958, durante la guerra, il primo filosovietico nel 1959, 1960 e 1961. Nel 1962 aveva fatto molte scoperte: gli avevano venduto, approfittando della sua credulità, tutti gli scarti del socialismo reale. [...] Ma se fu il primo dei settari fu anche, in seguito, se non il primo, uno dei loro più acerrimi avversari, e la scoperta degli errori commessi lo spinse ad avere posizioni molto critiche nei confronti del modello sovietico.[6]

6   Carlos Franqui, *I miei anni*, cit., p. 208.

Franqui era stato a fianco di Bettelheim contro Guevara nel dibattito economico del 1963-64. Ciò rende ancor più significativo il suo omaggio alla coerenza del Che, di cui era stato avversario. Che cosa fu a determinare la fine della fiducia riposta da Guevara nella direzione maoista? Probabilmente fattori diversi e concomitanti: in primo luogo avevano pesato – come abbiamo già osservato – la verifica di un atteggiamento meno disinteressato di quanto i dirigenti cinesi non avessero fatto credere nei primi colloqui e le vere e proprie pressioni economiche su Cuba perché si schierasse al loro fianco nella polemica con l'Urss; ma la disinvoltura della Cina nelle sue alleanze internazionali – non minore di quella sovietica – aveva rappresentato un elemento decisivo.

Nei suoi ultimi scritti Guevara ribadisce costantemente la proposta dell'unità fra gli Stati socialisti e, al tempo stesso, una critica nei loro confronti che li mette sullo stesso piano. Nel *Messaggio alla Tricontinentale* la critica si concentrava sulla «guerra di insulti e colpi di spillo, iniziata già da tempo dai rappresentanti delle due massime potenze del campo socialista», e sul loro scarso impegno a fianco del Vietnam, «tragicamente solo». Ma toccava anche altri aspetti: ad esempio l'assenza di un'organizzazione rivoluzionaria internazionale che possa contrastare l'«internazionale dell'assassinio e del tradimento» costruita dall'imperialismo. La polemica con Mosca e Pechino era implicita anche nella categorica affermazione dell'impossibilità della rivoluzione a tappe e con alleanze interclassiste, che entrambe le direzioni teorizzano:

Le borghesie nazionali hanno perso ogni capacità di opporsi all'imperialismo (se mai l'ebbero sul serio) e ne costituiscono, anzi, il vagone di coda. Non c'è alternativa ormai: o rivoluzione socialista o caricatura di rivoluzione.[7]

---

7   Ernesto Guevara, *Scritti scelti*, cit., p. 666.

La scoperta della burocrazia

L'altro aspetto che determina la divaricazione tra Guevara e la direzione maoista riguardava la questione della burocrazia, un concetto assente dalle polemiche cinesi, e che invece Guevara e la stessa direzione castrista utilizzano in forma crescente nel corso degli anni Sessanta.

Paradossalmente lo scritto in cui si tirano più nettamente tutte le conseguenze dalla riflessione di Guevara sulla burocrazia non porta la sua firma, ed è apparso dopo la sua partenza da Cuba.[8]

Questo editoriale era con molta probabilità una rielaborazione collettiva di materiale preparato dal Che per la discussione in seno al gruppo dirigente, come appare da forti analogie con vari suoi scritti (ed anzi dalla riproposizione di interi periodi tratti dai suoi discorsi apparsi solo nell'edizione riservata ai dirigenti). In ogni caso rifletteva un atteggiamento che in quegli anni era diffuso nel gruppo dirigente castrista.[9] Si tratta senza dubbio del punto più alto raggiunto dalla riflessione sulle ragioni dell'involuzione burocratica determinatasi in una società post-capitalistica (in larga misura indipendentemente dalla volontà dei suoi dirigenti).

Se Guevara, negli anni successivi alla fine delle illusioni riposte inizialmente nei "paesi socialisti", aveva ricercato in tutte le direzioni risposte alle sue inquietudini e aveva per qualche tempo guardato con interesse alle critiche mosse dal maoismo nei confronti dell'Unione sovietica, nell'ultima fase aveva evidentemente cominciato ad arricchire la sua analisi. In pochi

8   È il testo che riportiamo interamente nell'"Appendice".

9   Mi è stato obiettato che non ci sono prove certe dell'influenza di Guevara su quel testo, ma l'argomento mi sembra insignificante e anzi controproducente. Più di verificare quanta percentuale degli editoriali sia costruita con parti attribuibili a Guevara, mi sembra importante sottolineare che in quegli anni c'era a Cuba un'elaborazione collettiva in sintonia con le idee del Che. Tra l'altro ciò smonta ulteriormente la leggenda delle divergenze con Fidel che avrebbero spinto Guevara a lasciare l'isola. Il problema era l'Unione sovietica, non Castro.

anni lo spirito critico del Che si era sviluppato e affinato e il vivace dibattito sull'economia del 1963-64 gli aveva fornito importanti elementi di riflessione.[10]

La denuncia della burocrazia è una delle tracce che rivelano una lettura sempre più attenta dell'ultimo Lenin, a cui risaliva (già nel 1921!) la famosa definizione dell'Unione sovietica come «Stato operaio con una deformazione burocratica», che viene invece attribuita al solo Trotsky soprattutto dai tanti "nostalgici" del cosiddetto "socialismo reale".[11]

Il riferimento a Lenin si faceva più articolato: nel 1961 Guevara diceva ancora genericamente che «Lenin è probabilmente il leader che ha portato il massimo contributo alla teoria della rivoluzione. Egli è stato capace di applicare il marxismo in un dato momento ai problemi dello Stato e di venir fuori con leggi di universale validità»,[12] mentre successivamente distingue varie fasi ricollegandole ai diversi periodi storici:

C'è una crisi di teoria, perché ci si dimentica che è esistito Marx e tutta un'epoca precedente, e ci si fonda solo su Lenin e su una parte di Lenin. E il Lenin degli anni Venti: pochi anni nella sua vita, che durò molto e nella quale studiò molto. Una volta dissi dei tre Lenin, e ora è sorta una discussione sul fatto che i Lenin non sono tre ma due. Evidentemente, da quello di *Stato e rivoluzione*, o dell'*Imperialismo, fase suprema del capitalismo*, o di tutto quel periodo, al Lenin di quest'epoca, c'è un

---

10   Ha certamente pesato che in quel dibattito contro le sue tesi si siano schierati contemporaneamente economisti sovietici o di formazione staliniana e altri di orientamento maoista come Bettelheim, e che nel suo svolgersi sia stato stretto un utile rapporto con Ernest Mandel, che intervenne a favore delle tesi guevariane. Lo scontro era stato avviato proprio da un'economista sovietico, Sergej Skurko, con un articolo apparso su «Nuestra industria», in cui si sosteneva l'utilità degli stimoli materiali in un sistema economico socialista.

11   Vladimir I. Lenin, *Opere,* vol. XXXII, Editori Riuniti, Roma 1967, p. 36

12   Intervista di Maurice Zeitlin a Guevara del settembre 1961 apparsa in appendice a Robert Sheer, Maurice Zeitlin, *Cuba, an American Tragedy*, Penguin, Londra 1964.

abisso. Ebbene si è preso quest'ultimo periodo e nient'altro e si sono assunte come verità delle cose [...] che furono imposte dalla pratica, e da una pratica che bisognerebbe rivedere, oltre a studiare, come vi dicevo, l'economia politica del periodo di transizione.[13]

È evidente che Guevara aveva cominciato a distinguere quel che era contingente e tattico negli scritti del periodo della Nep, e conosceva già qualcosa del dibattito degli anni Venti sulla "Economia politica del periodo di transizione", anche grazie all'incontro con Ernest Mandel, il suo principale sostenitore nel dibattito economico.[14]

Dallo studio di Lenin Guevara ha ricavato anche la comprensione della peculiarità dell'esperienza sovietica, che cominciava a vedere non più come lucida applicazione di un perfetto modello ma come empirica sperimentazione, sotto la pressione di potenti forze ostili e in un paese arretrato, «anello più debole della catena». Polemizzando con i fautori della riproduzione meccanica del modello sovietico Guevara affermava che «l'Unione sovietica non è un esempio tipico di un paese capitalista sviluppato che passa al socialismo. Il sistema, così come lo ereditarono i sovietici, non era sviluppato e per questo partirono prendendo a prestito molte cose anche dal capitalismo premonopolista».[15] Su questo tema ritornò molte volte. Nel dibattito sul "sistema di calcolo di bilancio" che propose in contrapposizione a quello sovietico (respinto perché

13   Il passo è tratto da una delle conversazioni bimestrali al Ministero dell'industria (quella del 5 dicembre 1964). Alcune di esse erano state pubblicate in una versione mutilata su «il manifesto» mensile del dicembre 1969 e ora, reintegrate delle parti mancanti, sono comprese in E. Guevara, *Scritti scelti*, cit. (il brano citato è a p. 569).

14   Nella biblioteca del Che ci sono diversi testi sovietici degli anni Venti attraverso i quali aveva potuto riflettere sugli inconvenienti provocati dalla Nep a partire dal 1923, ma anche il *Manuale marxista di economia* di Ernest Mandel, che ha un ampio capitolo dedicato proprio all'economia della fase di transizione.

15   Il testo, ancora inedito in italiano, è tratto dalla raccolta curata nel 1967 da Orlando Borrego, *El Che en la revolución cubana*, vol. VI, p. 507.

introduce disuguaglianza, incentivi materiali per i direttori, e incoraggia la falsificazione sistematica dei dati reali),[16] quando è accusato di usare tecniche capitalistiche risponde che è vero, «ci sono molte analogie con il sistema di calcolo dei monopoli, ma nessuno può negare che i monopoli abbiano un sistema di controllo molto efficiente e stanno attenti perfino ai centesimi, anche se hanno milioni di dollari, e hanno tecniche di determinazione dei costi molto rigorose».[17]

Non solo ribadiva un concetto costantemente presente in Lenin, cioè di imparare dai paesi capitalisti sviluppati (cosa divenuta impensabile negli anni in cui Stalin, appoggiandosi sullo sciovinismo grande-russo, introduce una grottesca esaltazione del popolo russo e una ossessiva xenofobia), ma diceva una semplice verità, che doveva tuttavia suonare blasfema a generazioni di esaltatori dell'Urss: «in definitiva anche il sistema di contabilità che si applica in Unione sovietica lo ha inventato il capitalismo», e per giunta quello arretrato dei primi decenni del ventesimo secolo.[18]

Da alcuni accenni si comprende tuttavia che Guevara fino a quel momento aveva letto solo Lenin e non i suoi avversari nel dibattito, tant'è vero che considerava gli aspetti che meno lo convincevano come un "compromesso" con le tesi di Trotsky, a cui attribuiva genericamente «una serie di cose sull'attività dei sindacati, sulla direzione dell'economia da parte dei sindacati», molto diverse da quel che Trotsky aveva veramente detto in quel dibattito.

---

16   I direttori di fabbrica sovietici «sono tecnici tanto nel produrre quanto nell'ingannare l'apparato centrale», dice in una delle riunioni del Minind, il 21 dicembre 1963 (*Ibid.*, p. 425).

17   *Ibid.*, p. 421. Nel corso delle discussioni bimestrali con i quadri del Ministero dell'industria Guevara sottolinea spesso che alcuni settori dell'economia cubana prerivoluzionaria erano tutt'altro che arretrati. Tra questi il settore delle comunicazioni e quello dell'estrazione del nichel: i tecnici sovietici rimasero sbalorditi di fronte alla tecnologia della Nicaro e della Moa, e non riuscirono a far ripartire questi impianti dopo l'abbandono da parte dei tecnici nordamericani (ci riusciranno pazientemente, pur con molti problemi, i cubani).

18   *Ibid.*

Quel che conta è che Guevara, a parte le imprecisioni filologiche, puntava ormai sulla valorizzazione degli organismi elettivi diretti, di cui «la gente ha bisogno [...] per esprimersi» e che sono «un veicolo molto più idoneo del sindacato per rappresentare gli interessi generali dei lavoratori»:

> E per questa via potrebbero avere un ruolo positivo, eliminando i sindacati con tutta la caratterizzazione che essi hanno nel senso dell'antagonismo di classe, e allo stesso tempo creare un veicolo di democrazia, necessario per le nuove istituzioni che occorre costruire: insomma, lì ci sarebbe una base da cui partire. Perciò al momento attuale direi addirittura che i sindacati potrebbero smettere di esistere, nel lasso di tempo necessario per verificare l'attività dei Consigli.[19]

Era un tema che aveva già toccato due anni prima, in una delle conversazioni al Ministero dell'industria tenutasi il 14 luglio 1962:

> Di una cosa sono convinto, ed è che il sindacato è una remora che bisogna tendere a distruggere, non distruggerlo con un colpo alla nuca, ma come si dovrà distruggere lo Stato a un momento dato, attraverso il superamento da parte della gente fino ad arrivare a che questa istituzione chiamata sindacato risulti non necessaria.[20]

Il Che aggiungeva che non riusciva a scorgere nessun ruolo positivo e mobilitante dei sindacati: «Qui si sono fatti i sindacati meccanicamente. Poiché in Unione sovietica ci sono sindacati amministrativi, si sono fatti sindacati amministrativi a Cuba». E si domandava bruscamente:

---

19 *Ibid.*, p. 577.

20 Orlando Borrego, *El Che en la revolución cubana*, cit., vol. VI, p. 272.

Che misero ruolo è questo, di un'istituzione creata recentemente per svolgere il ruolo di copia carbone dell'esperienza storica di un altro paese? Questo non è marxista; questo fu uno dei tanti errori che abbiamo fatto noialtri, avallati da tutti noi, naturalmente anch'io, il ministro; dal Consiglio dei ministri; ma è comunque un errore e così abbiamo commesso errori.[21]

Anche questa parte della riflessione di Guevara è rimasta dimenticata e occultata per anni, con inconvenienti gravi per Cuba e per tutto il movimento operaio internazionale. In uno degli ultimi scritti, *Il socialismo e l'uomo a Cuba*, Guevara si poneva con inquietudine il problema del ritardo nella creazione di istituzioni della rivoluzione.[22]

Guevara ricordava la partecipazione delle masse alla riforma agraria e al difficile compito dell'amministrazione delle imprese statali, all'esperienza eroica di Playa Girón, alla crisi dei missili dell'ottobre 1962, ma aggiungeva poi:

Guardando ai fatti da un punto di vista superficiale potrebbe sembrare che abbiano ragione coloro che parlano di sottomissione dell'individuo allo Stato: le masse realizzano, con entusiasmo e disciplina senza pari, i compiti che il governo affida loro, siano essi di tipo economico, culturale, sportivo o di difesa. L'iniziativa in genere parte da Fidel Castro o dall'alto comando della rivoluzione, e viene poi spiegata al popolo che la fa propria. Altre volte le esperienze locali sono riprese dal partito e dal governo per generalizzarle, seguendo lo stesso procedimento. Lo Stato, tuttavia, a volte si sbaglia. Quando si verifica uno di questi errori, si nota

---

21 *Ibid.*

22 A differenza di quasi tutti gli scritti e discorsi dell'ultimo Guevara questo notevole articolo è per fortuna rimasto non inedito ed è stato ampiamente diffuso. Probabilmente è sfuggito alla sorte di essere rinchiuso in un'edizione riservata a pochi dirigenti perché inviato direttamente alla rivista uruguayana «Marcha» nell'aprile del 1965, come alla pubblicazione ad Algeri deve la stessa sorte il bellissimo *Discorso al* II *seminario afroasiatico* dello stesso periodo, in cui le critiche a Unione sovietica e Cina, messe sullo stesso piano, sono sviluppate senza reticenze.

un calo dell'entusiasmo collettivo [...], il lavoro si paralizza fino a ridursi a livelli insignificanti: è il momento di rettificare. Così avvenne nel marzo del 1962, con la politica settaria imposta al partito da Aníbal Escalante.[23]

In un passo famoso il Che descriveva poi «l'uomo nuovo che sta nascendo», insistendo sull'autoeducazione delle masse, ma ammetteva: «la strada è lunga e piena di difficoltà»:

A volte per avere smarrito la strada si deve retrocedere; altre volte, camminando troppo in fretta, ci separiamo dalle masse; in qualche caso, per troppa lentezza, sentiamo vicino il fiato di coloro che ci pestano i talloni. Nella nostra ambizione di rivoluzionari cerchiamo di camminare il più velocemente possibile, aprendo nuove strade, ma sappiamo che dobbiamo trarre nutrimento dalle masse, e che queste potranno avanzare più rapidamente solo se le stimoliamo col nostro esempio.[24]

Il Che aveva descritto in un passo precedente dello stesso articolo la sintonia delle masse con Fidel «in un dialogo di intensità crescente» ma si rendeva conto che non era sufficiente. Egli coglieva soprattutto un punto che è centrale in Lenin: la stratificazione dei livelli di coscienza delle masse,

---

23 Ernesto Guevara, *Scritti scelti,* cit., pp. 696-97. Già in un discorso del 1962 ai membri del Dipartimento di sicurezza il Che aveva denunciato il pericolo di allontanarsi dalle masse, seguendo una via «che sopprime la critica, non soltanto da parte di chi ha il sacrosanto diritto di esercitarla, il popolo, ma anche di chi ha il dovere della vigilanza critica, il partito. Questo si è trasformato in esecutore e, nel farlo, ha perso le sue capacità di vigilanza e di controllo», *ibid.*, p. 434. Nello stesso discorso aveva denunciato che i Comitati di difesa della rivoluzione (Cdr) si erano «trasformati in organismi tuttofare, strumenti di imposizione, covi di opportunismo, in breve qualcosa di ostile al popolo», *ivi.* Aveva sottolineato il rischio che anche gli organi di sicurezza finissero nello stesso modo, con violazioni dei principi etici della rivoluzione, e aveva concluso denunciando come controrivoluzionario anche chi «si avvale della propria influenza per ottenere una casa, poi le automobili, che aggira il razionamento, che ha tutto ciò che manca al popolo, che lo ostenta perfino», *ibid.*, p. 437.

24 *Ibid.*, pp. 702-03.

e ammetteva che è proprio la sfasatura tra i gruppi politicamente più avanzati e quelli con una visione ancora parziale che fa sì che «la dittatura del proletariato [...] si eserciti non solo sulla classe sconfitta ma anche, a livello individuale, sulla classe vincitrice».

Ma uno dei punti più significativi dell'articolo era l'ammissione che per la vittoria totale erano necessari specifici meccanismi, le istituzioni rivoluzionarie:

> Questa istituzionalizzazione della rivoluzione non si è ancora attuata. Stiamo cercando qualcosa di nuovo che permetta un'identificazione perfetta tra il governo e la comunità nel suo insieme, adeguata alle particolari condizioni della costruzione del socialismo, e che rifugga al massimo dai luoghi comuni della democrazia borghese trapiantati nella società in formazione.[25]

Guevara auspicava che «la carenza di istituzioni» potesse essere «superata gradualmente», facendo leva sulle masse che fanno storia. Le indicazioni successive de *Il socialismo e l'uomo a Cuba*, sul cammino da seguire per accentuare la partecipazione cosciente individuale e collettiva, sulla libertà dell'arte e della cultura, sulla strada per cui l'uomo «acquisterà la piena coscienza del proprio essere sociale», rivelano che Guevara era arrivato in quegli anni al culmine della sua maturità ed era riuscito a riappropriarsi degli strumenti di analisi del marxismo, ripartendo dal punto più alto del suo dibattito teorico, quello dei primi anni della Rivoluzione russa, dei primi anni dell'Internazionale comunista.

Le tracce del suo itinerario

Il Che ha soprattutto ricercato sistematicamente spiegazioni nella *storia* dell'Unione sovietica e del sistema sorto intorno

25 *Ibid.*, pp. 703-04.

111

ad essa, e nella *storia della sua involuzione*, come hanno testimoniato diversi dei consiglieri o diplomatici sovietici e cecoslovacchi che erano stati collocati al suo fianco.

L'evoluzione del pensiero di Guevara si è sviluppata infatti su due piani: da un lato uno studio finalmente rigoroso e sistematico del *Capitale* e delle *Opere* di Lenin, dall'altro la conoscenza diretta delle esperienze dei paesi socialisti attraverso i viaggi e soprattutto contatti con i consiglieri cechi o russi (che avrebbero dovuto influenzarlo e finirono invece per essere influenzati dalle sue pertinenti domande sulle contraddizioni dei loro paesi e sulle loro premesse storiche). Il tutto facilitato dalla sperimentazione diretta a Cuba del "modello socialista".

Un economista cecoslovacco che è stato accanto a Guevara per quasi tre anni come consigliere, Valtr Komarek, ha espresso uno dei più significativi riconoscimenti dell'importanza del pensiero di Guevara per la comprensione della crisi del "socialismo reale".[26] Komarek ha insistito sul fatto che in Guevara, «sotto la superficie di preoccupazioni contingenti, si nascondeva una grande profondità teorica», che ha un valore permanente e una grande attualità:

> Agli inizi degli anni Sessanta cominciava a materializzarsi una svolta nello sviluppo generale del socialismo mondiale e in questo contesto va compreso l'apporto del Che alle nuove prospettive e ai compiti della rivoluzione comunista alla fine del secolo XX, nel confronto reale con il capitalismo avanzato, agli inizi della rivoluzione tecnico-scientifica e della dinamizzazione quasi esplosiva del mondo sottosviluppato.

---

26   Nel 1988 Komarek era direttore di un istituto dell'Accademia delle scienze del suo paese, e fu invitato alla "Conferencia teórica sobre el pensamiento económico del comandante Ernesto Che Guevara", svoltasi all'Avana il 26 e 27 aprile di quell'anno, dai cui atti sono tratte le citazioni. In *Conferencia teórica sobre el pensamiento económico del Comandante Ernesto Che Guevara. Memorias,* Editora politica, L'Avana 1990.

Di Guevara Komarek sottolineava sia la comprensione delle dinamiche del capitalismo a livello mondiale, sia la concezione del socialismo, critica rispetto ai modelli esistenti e basata sul ruolo delle masse, che devono ispirare la politica del partito «e crearla in condizioni di discussione permanente, di critica e autocritica aperte».

Komarek ricordava che Guevara ammoniva sul pericolo delle «forze di inerzia, della manipolazione centrale delle masse», sul «pericolo di burocratizzazione del partito e di tutta la società socialista».

Dal punto di vista dello sviluppo globale e delle prospettive della rivoluzione il Che metteva al primo posto la motivazione morale delle masse, pur non negando la necessità e la possibilità di utilizzare anche gli stimoli materiali.

Il maggior contributo del Che alla teoria economica era il suo rifiuto di «isolare l'economia dal movimento sociale, come era abitudine corrente allora nell'economia politica dei paesi socialisti», la comprensione che «gli obiettivi fondamentali dell'economia socialista non potevano essere estratti dai processi economici in quanto tali, ma dal movimento della società, di tutta la società, in armonia con le aspirazioni e i bisogni delle masse, naturalmente sul terreno delle possibilità economiche reali».

E questo per Komarek va considerato non solo «un lascito economico, ma un lascito teorico generale», che il movimento socialista mondiale ha lasciato assurdamente cadere:

Non abbiamo ancora saputo rispondere adeguatamente a questo grande lascito teorico. Il disprezzo nei confronti del pensiero di Guevara, in molti aspetti della pratica del mondo socialista, ci ha già punito a sufficienza, perché il suo ammonimento di fronte al pericolo di crisi morale della rivoluzione, di burocratizzazione e corruzione del potere socialista, e il suo appello a sviluppare la sovranità delle masse non sono stati ascoltati, e ciò ha portato frutti amari di deformazioni. Continuare con l'ignoranza e l'indifferenza nei confronti delle idee di Guevara nella lontana Europa potrebbe avere conseguenze assai più pericolose.

Erano parole profetiche (si era nel 1988).[27]

Anche alcuni specialisti sovietici hanno fornito analoghe testimonianze.[28] Anatoli Bekarievic ha ricordato che fin dall'inizio Guevara «cominciò a fare molte domande ai sovietici» sulla loro società. Alexander Alexeiev, che ebbe un ruolo essenziale come primo inviato sovietico all'Avana (inizialmente accreditato come corrispondente della *Tass* per divenire poi nel 1962, dopo la crisi dei missili, ambasciatore), ricostruendo i rapporti avuti per oltre cinque anni col Che ha parlato di una «influenza grandissima» che il Che ebbe su di lui, come «su qualsiasi sovietico che lo conobbe» e in particolare sui giovani.

Oleg Daruscenko, un diplomatico sovietico che era stato scelto per insegnare il russo a Guevara (e presumibilmente per influenzarlo politicamente), ha detto che così come re Mida trasformava in oro tutto quel che toccava, il Che «rivoluzionava tutto quel che toccava», e rivoluzionò la sua vita. Daruscenko per sua stessa ammissione aveva fallito come professore di russo, sia perché ignorava la metodologia dell'insegnamento delle lingue (a conferma che il suo vero compito fosse un altro), sia per la mancanza di tempo del Che:

> I ruoli si invertirono e in realtà egli era un professore per me. Gli interessava molto l'esperienza sovietica e mi chiedeva di procurargli tutte le pubblicazioni nuove e *le più interessanti tra*

---

27 È interessante notare che l'economista cecoslovacco, che aveva acquisito per la sua cultura e la sua indipendenza di giudizio un grande prestigio nel suo paese, l'anno successivo, dopo la caduta del regime "socialista", fu nominato ministro dell'economia ma si dimise quasi subito, per protesta nei confronti delle privatizzazioni e della svendita del paese al capitalismo occidentale da parte del "nuovo corso" di Václav Havel.

28 *Conferencia teórica sobre el pensamiento...*, cit., pp. 229-232.

le vecchie [corsivo mio, *n.d.a.*]. Nel corso del nostro lavoro cominciò a insegnarmi indirettamente tutto quel che concerneva l'esperienza della rivoluzione cubana [...] in un modo per cui gli sono grato in eterno.

Daruscenko aveva voluto fare anche una precisazione sull'atteggiamento del Che nei confronti dell'Urss:

Fin dall'inizio mi resi conto che era un sincero e vero amico dell'Unione sovietica. Amico difficile, come egli stesso in certi casi diceva, perché se vedeva qualcosa degno di critica non rinunciava a criticarla con sincerità e franchezza, senza l'intenzione di mettere l'interlocutore in una posizione difficile, ma per esprimere la sua opinione perché se ne tenesse conto. Purtroppo allora predominava l'opinione che considerava chiunque criticasse alcuni aspetti della realtà dell'Urss un antisovietico, il che ovviamente non è vero. L'obiettivo del Che, quando a volte faceva critiche, era nobile.[29]

Questa riflessione, che coinvolgeva anche molti quadri cubani, sarà spezzata dalla forzata partenza del Che e dal suo stesso progressivo distacco dai compiti di direzione nella seconda metà del 1964. Le rapide sostituzioni negli incarichi dirigenti del Ministero dell'industria facilitarono la dispersione del gruppo che lo aveva appoggiato nel dibattito economico (che, come si è visto, non era solo economico). La sua morte in Bolivia, mentre stava tentando di formare nella lotta il nucleo dirigente della rivoluzione continentale, lo consacrò come "guerrillero eroico" ma lo fece dimenticare come teorico.[30]

Le lezioni affrettatamente ricavate dalla sua sconfitta dovevano portare Cuba, nel giro di pochi anni, a stringere sempre

29   *Ibid.*, pp. 306-07.

30   Sintomatico che gli scritti del dibattito economico del 1963-64 non furono compresi nella più diffusa raccolta dei suoi scritti in nove volumi: Ernesto Che Guevara, *Escritos y discursos*, Editorial de Ciencias sociales, L'Avana 1977 e 1985.

più i legami – non solo economici – con l'Unione sovietica. Il prezzo pagato fu il velo di oblio steso per quindici anni sul pensiero di Guevara, e la soppressione di alcuni importanti centri di ricerca teorica non dogmatica: la chiusura nel 1971 della rivista *Pensamiento crítico* apparve – e fu di fatto – il simbolo della cancellazione non di uno strumento, ma dello stesso "pensiero critico".[31]

31 Alcuni dei suoi redattori, rimasti fedeli alla rivoluzione ma di fatto costretti al silenzio per molti anni, sono stati tra i promotori della nuova fase di studi che a partire dal 1987 sembrava avesse ripreso il cammino interrotto dalla morte del Che.

Capitolo cinque

Guevara era trotskista?

Tra le polemiche sciocche ma rumorose di chi aveva giustificato la vendita del monopolio sugli scritti del Che alla Mondadori di Silvio Berlusconi compariva spesso l'insinuazione che chi contestava la mancata o ritardata pubblicazione dei suoi ultimi scritti lo facesse per presentarlo come trotskista. Abbiamo già risposto all'epoca che nessuno lo aveva detto né aveva mai pensato di banalizzare la faticosa e incompiuta ricerca di Guevara. Nel mio caso per elementare rigore storico, ma mi sembra che neppure i più schematici trotskisti dogmatici lo abbiano mai sostenuto. Tuttavia non c'è dubbio che nell'ultima fase della sua vita Guevara avesse cominciato a leggere Trotsky, che non conosceva bene in precedenza. Non conosceva neanche Rosa Luxemburg e Gramsci, o Mariátegui o altri "eretici", messi al bando dagli stalinisti.

L'ultimo lascito del Che:
i suoi quaderni di lettura in Bolivia[1]

Nell'"Introduzione" al libro *In Bolivia con il Che* apparso nel 1998 presso le edizioni Massari di Roma abbiamo cercato

---

1 Le citazioni di questo capitolo sono tratte dalle mie recensioni al libro Ernesto Che Guevara, *Prima di morire. Appunti e note di lettura,* Feltrinelli, Milano 1998 apparse su «Liberazione» e «il manifesto».

di ricostruire, sulla scorta delle testimonianze dirette dei *Diari* e di quelle di altri protagonisti, gli ultimi tre anni di Guevara: le ragioni della sua scelta di lasciare Cuba, che amava e che lo amava, ma che stava imboccando una strada che rendeva inutile il suo contributo di economista controcorrente; la logica materialista che lo spinse a unirsi all'impresa cubana in Congo, per mettere anche la sua esperienza al servizio di un tentativo di arginare la controffensiva dell'imperialismo in quel paese fondamentale per l'Africa (ed erano anni di grandi interventi diretti o indiretti, dalla Grecia all'Indonesia, dalle dittature sudamericane a quelle africane); le circostanze per cui in Bolivia un terreno – utile per un primo addestramento e comunque non scelto da lui – si trasformò in campo di battaglia assolutamente sfavorevole, da cui nessuno lo aiutò ad uscire.

In tutte e tre le vicende ricostruite emerge la tremenda solitudine del Che. Una solitudine morale e politica che lo spinse a cercare quella fisica: lui stesso accenna come a un limite al suo isolarsi nella lettura per ore, soprattutto nel Congo, dove i cubani erano costretti all'inattività dal veto di Laurent Kabila e degli altri capi locali, che facevano i loro comodi all'estero contrattando finanziamenti dai vari paesi "socialisti".

Ma sappiamo che anche in Bolivia aveva portato alcuni libri, alcuni dei quali furono trovati dall'esercito nei nascondigli in cui i guerriglieri avevano collocato riserve alimentari e medicine (tra cui quelle per l'asma). Si sa anche che aveva continuato l'abitudine di tutta la vita: accanto al *Diario*, giuntoci grazie al coraggio e alle contraddizioni interne di Antonio Arguedas, ministro degli interni boliviano e collaboratore della Cia, c'erano altri quaderni su cui aveva continuato ad annotare pensieri e brani che lo avevano colpito. Tre di questi, conservati nell'archivio delle forze armate boliviane, sono giunti trent'anni dopo all'editore Feltrinelli che li ha pubblicati immediatamente. L'uscita del libro non aveva suscitato l'attenzione che avrebbe meritato, probabilmente perché non ci fu nessun lancio editoriale con quel battage pubblicitario che crea anche dal nulla i best sellers. Eppure la loro importanza è notevole, anche se restano parecchi problemi da risolvere, che potranno essere chiariti solo con un'edizione critica, come è avvenuto per i *Quaderni dal carcere* di Gramsci.

C'è qualche analogia. Guevara fin da ragazzo non annotava i libri ma ricopiava i passi che lo interessavano aggiungendo a volte qualche riga di commento. A Cuba sono conservati molti quaderni di questo genere, alcuni dei quali erano anche stati preparati per la pubblicazione. Nei tre quaderni "ritrovati" a La Paz c'erano annotazioni di vario genere, probabilmente di periodi diversi. In uno erano trascritte delle poesie del nicaraguense Rubén Darío una delle quali (*Letanías de nuestro señor don Quijote*) gli era molto cara ed era stata citata indirettamente nella lettera d'addio ai genitori, sicché è molto probabile che questo quaderno sia stato almeno iniziato prima della partenza da Cuba. C'era anche uno dei suoi molti progetti di studio, che in varie epoche aveva abbozzato come traccia per i corsi di formazione per i combattenti che lo accompagnavano. Manca sicuramente il quaderno con le annotazioni critiche al libricino di Régis Debray *Revolución en la revolución?* cui fanno accenno le testimonianze di altri guerriglieri e che è stato fatto sparire dalla Cia perché le sue osservazioni non potessero servire ad altri rivoluzionari latinoamericani.

Quanto alle note di lettura pubblicate, sono tratte da un paio di libri di storia della filosofia pubblicati in Messico, dal *Giovane Hegel* di György Lukács, dalla *Dialettica della natura* di Engels, da un libro di Loye Ovendo sul problema nazionale e coloniale della Bolivia. La maggior parte provengono comunque da un libro di Charles Wright Mills sul marxismo e soprattutto dalla *Storia della Rivoluzione russa* di Lev Trotsky. Se i primi libri dell'elenco sono utili per seguire gli sforzi di Guevara di studiare sistematicamente la filosofia e non contengono molte annotazioni, questi ultimi due libri sono essenziali per comprendere la sua riflessione più matura. Di Wright Mills Guevara non ha una grande opinione («manca di profondità e si limita soltanto a registrare il fatto», e sarebbe un «chiaro esempio dell'intellettualità liberale di sinistra nordamericana»), ma usa il suo libro come una vera miniera di citazioni. Sarebbe da accertare, quando sarà possibile un'edizione critica, se queste note erano state portate da Cuba o dal Congo, o se erano più recenti. La prima ipotesi mi sembra la più probabile perché emerge chiaramente una conoscenza di seconda mano di Trotsky e soprattutto qualche giudizio fantasioso sul "trotskismo" (ad esempio quello... di Wright Mills!) che potrebbero risalire al 1964. Le prime quattro pagine riportano frasi non memorabili dello stesso Wright Mills, poi ce n'è una di Rosa Luxemburg (da *Riforma sociale o rivoluzione*), una di Lenin, una di Mao, e alcune sono tratte da Stalin. È interessante che due di esse siano ricavate da *I principi del leninismo*, un testo piuttosto dogmatico ma comunque precedente alla scoperta del "socialismo in un paese solo"; una (ultraschematica, su struttura e sovrastruttura) venga da *Il marxismo e la linguistica*; e una (pedante e pseudodialettica) persino da *Problemi economici del socialismo nell'Urss* (su movimento della pace e inevitabilità della guerra).

Subito dopo, tuttavia, è riportato un giudizio folgorante di Trotsky su Stalin preso da *La rivoluzione tradita*. Lo riportiamo quasi interamente:

> Sarebbe ingenuo credere che Stalin, sconosciuto alle masse, uscisse improvvisamente alla ribalta armato di un piano strategico compiuto. No. Prima che egli avesse intravisto la propria strada, la burocrazia l'aveva indovinato. [...] Era l'approvazione unanime di un nuovo strato dirigente che cercava di liberarsi dei vecchi principi come dal controllo delle masse, e che aveva bisogno di un arbitro sicuro nelle sue questioni interne. Figura di secondo piano dinanzi alle masse e alla rivoluzione, Stalin si rivelò capo incontestato della burocrazia termidoriana.[2]

Altre cinque citazioni di Trotsky provengono da *La rivoluzione permanente* e una da *Letteratura arte e libertà*, altre due da *La rivoluzione tradita* (ma sempre ricavate da Wright Mills). Si tratta di una precisazione sul diverso e più importante ruolo

2   *Ibid.*, p. 39.

che la burocrazia assume in uno Stato come l'Urss rispetto a quelli capitalistici (che probabilmente era già entrata nelle idee del Che prima della partenza, perché se ne trova traccia in tutti i suoi scritti sulla burocrazia e poi in quei famosi quattro editoriali del marzo 1967 del *Granma* sul pericolo burocratico).

Analoga considerazione si può fare per l'altra lunga citazione sulla natura dell'Unione sovietica:

> L'Urss è una società intermedia tra il capitalismo e il socialismo, nella quale: a) le forze produttive sono ancora insufficienti a conferire alla proprietà statale carattere socialista; b) la tendenza all'accumulazione primitiva, nata dal bisogno, si manifesta attraverso i pori dell'economia pianificata; [...] d) lo sviluppo economico, pur migliorando lentamente la condizione dei lavoratori, contribuisce a formare rapidamente uno strato privilegiato; e) la burocrazia, sfruttando gli antagonismi sociali, è divenuta una casta incontrollata, estranea al socialismo.[3]

La citazione era assai più lunga e si concludeva con una frase che sicuramente aveva un'eco profonda nel Che, la quale diceva che la questione sarebbe stata «risolta in definitiva dalla lotta delle due forze vive, sul terreno nazionale e internazionale».

Tutte le altre citazioni politiche che Guevara ha raccolto sono tratte dalla *Storia della rivoluzione russa* di Trotsky, di cui dice che è «un libro appassionante» che «fa luce su tutta una serie di eventi della grande rivoluzione che erano rimasti offuscati dal mito». Di molte sue affermazioni, osserva il Che, la «validità resta ancor oggi assoluta». In ogni caso il libro «va considerato una fonte di primaria importanza per lo studio della rivoluzione russa».[4]

Abbiamo già accennato alla necessità di una pubblicazione critica. Il problema della datazione non è marginale dato

---

3   *Ibid.*, p. 41.

4   *Ibid.*, p. 94.

che il pensiero del Che aveva subito un'evoluzione molto rapida negli ultimi anni, passando da quell'accettazione acritica del marxismo dogmatico dei manuali sovietici che si riscontra nelle *Note per lo studio dell'ideologia della rivoluzione cubana* dell'ottobre 1960, o nell'"Introduzione" del 1963 al libro *Il partito marxista-leninista* (una compilazione di scritti sovietici e di Castro), alla ricchezza dei discorsi e degli scritti del 1964-65. È vero che gran parte di essi sono rimasti inediti, tuttavia il *Discorso al secondo seminario afroasiatico* di Algeri del febbraio 1965, *Il socialismo e l'uomo a Cuba*, e lo stesso *Messaggio alla Tricontinentale* forniscono un saggio parziale ma eloquente del suo pensiero maturo.

Naturalmente questi scritti, nonostante siano stati pubblicati da tempo, sono ignorati da chi non ha mai amato e capito il Che e lo usa oggi come simbolo vuoto, o da chi con accanimento ottuso resta legato alla nostalgia del "socialismo irreale" di Enver Hodja o di Nikolae Ceausescu. In genere si affrettano a sottolineare che "Guevara non era trotskista".

In tutte le biografie – di diversissimo valore – dedicate al Che, uscite nell'orgia di pubblicazioni del trentennale della morte, ci sono state ricostruzioni più o meno intelligenti dell'evoluzione del pensiero di Guevara. Perfino quello che ha avuto a disposizione più documenti di tutti gli altri (purtroppo senza capirli), Jon Lee Anderson, e il più sottilmente ostile, Jorge Castañeda, ricostruiscono le tappe di questo processo di riflessione. A maggior ragione le stesse cose ci sono negli altri due testi, quello di Pierre Kalfon e quello di Paco Ignacio Taibo II.

Il Guevara giovane, nei primi passi del suo cammino di straordinario autodidatta, si era basato essenzialmente sui manualetti scritti a Mosca e diffusi nei partiti comunisti dell'America latina.[5] Egli si firmava scherzosamente "Stalin II" ancora

---

5   Io stesso d'altra parte nei miei primi passi di comunista in Argentina avevo ricevuto come testi fondamentali le *Questioni del leninismo* di Stalin e l'orrido *Breve corso di storia del Partito comunista dell'Urss*, che mi fu propinato anche quando appena rientrato in Italia entrai nel Pci.

in una lettera del 1955 alla zia Beatrice, e aveva considerato Stalin nell'olimpo marxista-leninista perfino in uno scritto del 1960. Karol ha descritto efficacemente l'ingenuità di Guevara di fronte alle prime critiche che il marxista polacco muoveva ai manuali che si stavano traducendo a Cuba. Solo chi è irreparabilmente attaccato al metodo catechistico delle citazioni atemporali può ignorare l'evoluzione successiva, attaccandosi a quelle formulazioni ingenue. Con questo metodo potremmo ridurre Gramsci al suo articolo giovanile di apprezzamento per Mussolini!

Guevara non era "trotskista". Aveva anzi criticato i "trotskisti" dogmatici che aveva conosciuto. Ma due elementi lo hanno spinto, tardi, a leggere e poi ammirare Trotsky: da un lato la madre, che adorava, era entrata in contatto con il movimento trotskista in Argentina; dall'altro si domandava perché la sua riflessione originale sui limiti dei paesi "socialisti" e del modello economico e politico che dall'Unione sovietica cominciava a essere trapiantato a Cuba venisse bollata a Mosca come trotskista.[6] Già precedentemente era intervenuto per far liberare alcuni trotskisti cubani arrestati arbitrariamente, come Roberto Tejera, Armando Machado e soprattutto Roberto Acosta, che era uno dei suoi più stretti collaboratori al Ministero dell'industria. Intervenne per salvare Angel Fanjul, un posadista argentino inviato a Cuba, su cui pesavano accuse infondate che potevano portare perfino a una condanna a morte. Aveva protestato e denunciato l'azione teppistica degli stalinisti del Psp che avevano distrutto i piombi dell'edizione cubana della *Rivoluzione permanente*.

Tutto ciò nonostante alcuni dei trotskisti cubani che egli conosceva bene, come Juan Leon Ferrera Ramìrez, sua guardia del corpo e massaggiatore personale, figlio di Idalberto Ferrera

---

6   Tra l'altro due fratelli del Che, Roberto e Martin, combatterono poi nell'Erp argentino, che era stato costituito dal Prt, sezione argentina della Quarta internazionale. *Cfr.* Miguel Benasayag, *Il mio Ernesto Che Guevara. Attualità del guevarismo*, Erickson, Gardolo (Trento) 2006, p. 84.

Acosta, segretario del Por, fossero molto dogmatici e sotto l'influenza di Posadas, che aveva organizzato una scissione della maggior parte delle sezioni latinoamericane della Quarta internazionale.[7] Sulla loro storia, rispettabile nonostante i loro limiti politici e gli errori di valutazione fatti in certi casi, sarà opportuno ritornare anche per ricostruire le persecuzioni che subirono dopo la partenza del Che. Molti di loro furono condannati perfino a dodici anni di carcere per «aver calunniato l'Urss affermando che vi era una burocrazia sfruttatrice», o per avere «costituito un partito», nonostante il Por preesistesse al Pcc.[8] A loro onore va detto che erano stati quasi tutti combattenti nella Sierra Maestra nella colonna di Raúl Castro, e i più vecchi di loro avevano combattuto nella rivoluzione del 1933 a fianco di Antonio Guiteras (denunciato dagli stalinisti come il "maggior fascista dell'America latina" e a cui invece il Che e Fidel resero immediatamente onore come loro precursore). I trotskisti cubani avevano continuato incessantemente la lotta contro Fulgencio Batista, mentre il Psp staliniano gli forniva la copertura di due ministri, Juan Marinello e Carlos Rafael Rodríguez.[9]

Ma torniamo a Guevara. Le influenze trotskiste nell'ultimo periodo erano già evidenti anche attraverso i pochi scritti pubblicati, e le avevano rilevate nel 1969 Michel Löwy e, negli anni

---

7   Il successivo corso opportunista e perfino filosovietico (durante la *stagnazione* breznevniana!) della setta di Posadas, negli anni Settanta e Ottanta (in Italia i suoi rappresentanti venivano spesso invitati nelle sezioni del Pci per contrapporli agli "estremisti"), può far dimenticare che la scissione era stata di segno estremistico e dogmatico.

8   La formulazione sulla "calunnia" all'Urss può sembrare incredibile, ma ho nelle mie mani copia della sentenza del tribunale rivoluzionario dell'Avana del 12 dicembre 1973 con queste e altre assurde imputazioni. Sarebbe bene ricordarlo a quanti, cubani e non, ripetono sempre che a Cuba non ci sono mai stati processi politici, e chi è stato imprigionato non è stato colpito per le sue idee, ma ha sempre commesso concreti reati specifici previsti dalla legge. Ai trotskisti cubani ha dedicato molte pagine il libro curato da Yannick Bovy ed Eric Toussaint, *Le pas suspendu de la Révolution. Approche critique de la réalité cubaine*, Cerisier, Mons 2001.

9   Parlare di questo a Cuba è stato per decenni un tabù assoluto, e le giovani generazioni non sapevano nulla di questi trascorsi del partito filosovietico. Solo nel recentissimo discorso del 17 novembre 2005, per ragioni non facilmente spiegabili, Fidel Castro ha inserito un pesante attacco al Psp, riconducendone le ambiguità agli ordini di Mosca.

successivi, Roberto Massari e soprattutto Carlos Tablada, che ha avuto accesso più di ogni altro studioso agli inediti del Che, che ha utilizzato largamente soprattutto nelle nuove edizioni del suo libro sul pensiero economico di Guevara.[10] Per chi ha dedicato una vita allo studio di Guevara le note di lettura recentemente pubblicate offrono solo delle interessanti conferme sull'attenzione dedicata dall'ultimo Che a Trotsky, al punto di portarsi nello zaino i due tomi della fondamentale *Storia della rivoluzione russa.*

Ma il vero problema non è sapere se in seguito a queste letture e all'incontro con Ernest Mandel, che fu al suo fianco contro Bettelheim e gli economisti sovietici nel dibattito economico del 1963-64, la sua adesione alle idee fondamentali di Trotsky sulla burocrazia sia stata del trenta, del settanta o del cento per cento. Non lo sappiamo e importa relativamente. Ma nella sua critica sferzante al *Manuale di economia politica* dell'Accademia delle scienze dell'Urss, completata nel soggiorno forzato a Dar el Salaam dopo il ritiro dal Congo, Guevara denunciava apertamente la coesistenza pacifica, le illusioni sulla «via parlamentare» («non ci credono neppure gli italiani [del Pci, *n.d.a.*], che non hanno altro dio», scriveva), e soprattutto analizzando quel che si teorizza in quel «famoso manuale» osservava più volte che «questo è proprio dell'Urss, non del socialismo».

In quel testo non cita mai Trotsky (il che fa pensare che la lettura sistematica sia cominciata appunto l'anno successivo in Bolivia), ma scrive che l'Unione sovietica (come la Jugoslavia) si stava incamminando verso il capitalismo, e che c'erano «solo poche voci che si oppongano pubblicamente, mostrando così il grande crimine di Stalin: avere disprezzato l'educazione comunista e istituito un culto illimitato dell'autorità».

È poco? È quanto basta per tappare la bocca a chi si aggrappa a Cuba scambiandola per un relitto del naufragio del

---

10 Carlos Tablada, *Economia, etica e politica nel pensiero di Ernesto Che Guevara,* Il Papiro, Sesto San Giovanni 1996.

"socialismo reale" tentando persino di coprirsi con le bandiere del Che (che naturalmente non conoscono bene, perché avevano altro da leggere quaranta e trenta e perfino dieci anni fa). Ma questa piccola traccia dell'itinerario di letture e di riflessioni dell'ultimo Guevara spinga tutti i veri amici di Cuba a battersi per far cessare l'assurda censura che impedisce di conoscere a fondo e integralmente un pensiero originale che trent'anni prima del crollo del sistema sovietico ne aveva intuito la dinamica e le ragioni profonde.[11]

Di quaderni come questi a Cuba ne sono conservati molti. Bisogna pubblicarli in un'edizione critica che ne rispetti la successione cronologica, insieme a tutti gli altri inediti. Ne hanno bisogno i cubani, che hanno un immenso amore per il Che ma non ne conoscono che in parte il pensiero lungimirante, e ne abbiamo bisogno noi, non solo per capire meglio l'itinerario politico di Guevara, ma per capire questo mondo che ha di fronte ancora tutti i problemi che egli aveva tentato di affrontare in corsa contro il tempo. Ce n'è anzi qualcuno di più, perché la sinistra a livello mondiale è passata dalle "oggettive complicità" di cui parlava Guevara alla collaborazione cosciente con l'imperialismo, finendo per autodistruggersi come sinistra.

In tutto il mondo la sinistra ha preso a pretesto per la sua diserzione quel crollo "imprevedibile" che il Che aveva invece previsto e a cui aveva tentato – senza riuscirci – di contrapporre l'alternativa della ricostruzione di un'internazionale degli oppressi, basata sui movimenti e non sugli Stati. Bisogna ripartire da quel nodo cruciale della storia, in quegli anni in cui tutto sembrava possibile, mentre si preparavano invece le condizioni per le sconfitte degli anni successivi. E Guevara ci

---

11   Lo scrivevo nel 1998 e l'avevo sostenuto da molti anni in molte iniziative pubbliche alla presenza di diplomatici o rappresentanti cubani. Oggi devo osservare con piacere che, anche se in Italia i "veri amici di Cuba" che si sono impegnati in questa battaglia non sono stati molti (certo molti meno di quelli che si sono schierati nella difesa incondizionata di una indifendibile censura), alla fine la battaglia di una minoranza tenace ha finito per avere successo.

può accompagnare utilmente in questo percorso. Anche con la sua faticosa riscoperta di Trotsky e di tutto il dibattito degli anni Venti (dopo il quale, disse, «la sorgente teorica si inaridì», e vennero fuori i *Manuali...*).[12]

Guevara è stato banalizzato e mitizzato non solo a Cuba. Anche in Europa, dove la maggioranza degli esponenti del movimento operaio tradizionale non lo ha amato e lo ha esorcizzato variamente ogni volta che è riapparso. Le giovani generazioni, per reazione, lo hanno venerato impoverendone il messaggio, riducendone in definitiva l'immagine a quella del "guerrigliero eroico" (di chi, come diceva una canzone di quarant'anni fa, "invece di parlare, spara").

Guevara, invece, è stato un geniale riscopritore del marxismo. Un uomo che negli anni Sessanta, carichi di speranze ma anche di fumosità che preannunciavano l'abbandono successivo di ogni utilizzo pur rituale del marxismo, ha saputo "ritornare alla fonte". Prima di tutto a Marx, come aveva scritto – lui tanto restio a manifestare i suoi sentimenti – a Orlando Borrego, dedicandogli la sua copia personale de *Il Capitale* su cui avevano studiato insieme e che gli lasciava partendo per il Congo.[13]

Oggi esiste la conferma documentaria che in quel percorso lui, percepito come eretico dai "bigotti" dello stalinismo (non solo cubano), è arrivato alla fine a incontrare il grande eretico, Lev Trotsky. E forse è stato questo a segnarne la sorte, lasciandolo più solo che mai in una selva inospitale che non aveva scelto.

A questo proposito va detto che l'accusa di avere cercato assurdamente di scatenare una rivoluzione prima nel Congo e poi in Bolivia ("contro i contadini"), mossagli da diverse parti, è del tutto infondata. Gli stessi Urbano e "Pombo", i due

---

12   La frase è riportata da molti dei suoi collaboratori. In questa forma è in Orlando Borrego Díaz, "El Che y el socialismo", in Aa. Vv., *Pensar al Che*, Editorial José Martí, L'Avana 1989, t. II, p. 302.

13   Vedi sopra, capitolo due.

sopravvissuti all'impresa boliviana rimasti a Cuba, fonti che i "bigotti" non possono rifiutare perché assolutamente fedeli al regime, hanno confermato in un'intervista televisiva a Minà che l'impresa del Congo era già decisa quando il Che arrivò all'Avana dopo lo "scandalo" del discorso di Algeri.

> Nel marzo del 1965 Che Guevara comparve per l'ultima volta in pubblico accolto all'aeroporto da Fidel. [...] Aveva in mente l'America latina [...] il comandante in capo lo convinse che non c'erano ancora le condizioni migliori per i suoi progetti in America latina, che bisognava aspettare; e così il Che decise di accettare il comando del gruppo che andò ad aiutare i rivoluzionari del Congo.[14]

Ma se il carattere "cubano" dell'impresa congolese era evidente (anche se ignorato dai molti che hanno cercato di screditare Guevara attribuendogli l'impreparazione di una spedizione a cui si era solo aggiunto per "forza maggiore" una volta convinto di dover lasciare Cuba), anche su quella boliviana viene confermato che l'idea non era proprio sua: «il Che voleva ricominciare la lotta in America latina raggiungendo un gruppo di guerriglieri che erano in Perù», dice "il Pombo", che stava al suo fianco a Praga. Il Che a Praga non era molto tranquillo («ci sono paesi comunisti che in economia si comportano con i paesi del terzo mondo allo stesso modo dei paesi capitalisti», diceva ai suoi collaboratori, e forse non pensava solo all'economia, se prendeva tante precauzioni per non farsi localizzare). Fu la sconfitta del gruppo peruviano di Lobatón a convincerlo a soprassedere. «Alla fine accettò di raggiungere un gruppo di compagni, tra i quali Urbano, che si stava addestrando nella Sierra Cristal».[15] Urbano precisa che l'addestramento era cominciato il 18 luglio

---

14   Gianni Minà, *Un continente desaparecido,* Sperling & Kupfer, Milano 1997, p. 82.

15   *Ibid.*, p. 88.

1966, mentre il Che raggiunse il gruppo soltanto in ottobre. Dunque anche l'impresa boliviana, a cui partecipavano d'altra parte diversi membri del Comitato centrale e comandanti delle Far, era cubana e non, come è stato detto troppe volte, "un'idea folle del Che".

Cosa rimane di Guevara?

Il Che a Cuba

A Cuba dell'influenza del Che non rimane molto: tanto amore, naturalmente, tanta nostalgia, soprattutto nella generazione che può avere memoria del suo ruolo e di cos'era l'isola nei primi anni dopo la vittoria della rivoluzione. Ma Guevara non è più al centro dell'attenzione.[1]

La prima ragione è che i problemi di oggi sono molto diversi. Dopo tante esitazioni era iniziato un processo di riforme considerato indispensabile e che contava sull'appoggio di Venezuela e Brasile per sviluppare il polo portuale di Mariel intorno al quale doveva svilupparsi una vasta zona franca per attrarre investimenti di capitalisti collegati al raddoppio del Canale di Panama. Al progetto era interessata anche la Cina, e forse proprio questo aveva spinto Barack Obama ad avviare una graduale normalizzazione dei rapporti diplomatici e in

---

1   Mi è capitato spesso di incontrare casualmente persone aspramente polemiche nei confronti del regime (a Cuba, a differenza di qualsiasi paese dell'ex "socialismo reale", è possibile criticare i dirigenti senza gravi conseguenze) che tuttavia sottraevano al giudizio negativo il Che, a volte esaltandolo come "un santo". Più che di un espediente tattico si tratta di un fenomeno comprensibile: mentre si giudicano negativamente il presente e gli ultimi decenni, si rimpiangono i primi anni dopo la rivoluzione, quando il consenso della popolazione era quasi totale. Comprensibile che sul Che, di cui anche chi non sa molto intuisce che se ne andò perché non si riconosceva più nelle trasformazioni in corso nel paese, si concentri la nostalgia per un passato lontano e ormai mitico, dimenticando che anche il Fidel Castro di quegli anni ne era altrettanto responsabile.

parte di quelli economici. L'arrivo di Donald Trump alla Casa bianca, combinato con le acute crisi dei due governi amici, e più in generale al "cambio di ciclo" in tutta l'America latina, ha creato nuovi problemi di difficile soluzione, mentre è impossibile ritornare al clima di tensione politica internazionalista che aveva caratterizzato i primi anni.

Indubbiamente il Che aveva avuto ragione, nel 1963-64, nel dibattito sull'economia, sull'imitazione dell'Unione sovietica, ecc., ma è trascorso troppo tempo da allora, troppe cose sono cambiate irreversibilmente. Guevara parlava quando erano passati pochi anni dalla conquista del potere: poteva fare leva su forze non trascurabili (anche se, abbiamo visto, non sufficienti) per opporsi all'involuzione burocratica. Dopo la sua morte la burocrazia, come un "vero cancro", si è ulteriormente consolidata ed estesa. Tra l'altro cinquantamila quadri cubani si sono formati in Urss, Cecoslovacchia, Bulgaria, Ddr, assimilando le concezioni dominanti in quei paesi e stabilendo rapporti tanto più forti in quanto vi erano giunti giovanissimi e privi di ogni formazione. Non è la causa principale ma certo un elemento che spiega il rafforzamento della burocrazia e la facilità con cui, negli anni Settanta, è avvenuta l'assimilazione culturale e strutturale all'Unione sovietica. Ed è questo che spiega anche il rapido fallimento della *rectificación* e del tentativo di "riscoperta" e rilancio del Che fatto da Fidel Castro nel 1987.

Rimane naturalmente l'internazionalismo, presente a Cuba ancora oggi più che in qualsiasi altro paese al mondo. Ma anche questo ha in parte un segno diverso ed è filtrato da molte, troppe, considerazioni di realpolitik. Basta confrontare il Congo in cui andò il Che, clandestino e con mezzi scarsissimi, con l'Africa delle diverse spedizioni cubane degli anni Settanta, generose e decise autonomamente, ma poi necessariamente subordinate all'appoggio, e quindi al condizionamento, dell'Urss. Guevara imponeva una dura austerità ai suoi volontari per inserirli nella realtà congolese, mentre alle truppe ben armate ed equipaggiate dai sovietici in Angola o in Etiopia arrivava da fuori perfino l'acqua.[2] Se oggi a Cuba si pensa all'Africa si pensa soprattutto all'"ingratitudine" di Angola e Mozambico.

E l'internazionalismo è anche contraddetto dai criteri con cui il gruppo dirigente cubano stabilisce rapporti con ogni paese in base a contingenti valutazioni tattiche. Penso al silenzio di anni sull'insorgenza zapatista, anzi – peggio – con un'unica fonte di informazione concessa ai cubani: un'intervista del *Granma* sugli avvenimenti del Chiapas a Salinas de Gortari, allora presidente del Messico (poi latitante perché ricercato per corruzione). Come se nel 1958, in Messico, per sapere cosa accadeva sulla Sierra Maestra si fosse intervistato Batista.

Un altro problema che rende lontana da Guevara la Cuba di oggi è che non si è fatto alcun passo verso quella "istituzionalizzazione della rivoluzione" di cui il Che parlava ne *Il socialismo e l'uomo a Cuba*. Come Lenin nel cosiddetto "testamento politico", cioè la lettera al Comitato centrale del dicembre 1922-gennaio 1923, anche Guevara aveva sì individuato il problema, ma aveva formulato una proposta parziale, che andava nella direzione giusta pur essendo ancora insufficiente (l'elezione di delegati revocabili, di cui parla in alcuni dei passi ancora censurati dei suoi inediti).[3] Dopo non si è fatto nulla in questa direzione. Ed è questo che può rendere complessa e imprevedibile la successione a Raúl Castro, dopo decenni in cui il potere della famiglia si è accresciuto senza essere controbilanciato da nessun organismo.[4]

---

2   Ho parlato con tantissimi reduci dall'Africa da cui ho appreso molte cose interessanti, spesso molto positive, ma ho anche percepito la loro inquietudine nel tracciare un bilancio di quell'esperienza non solo dal punto di vista dei risultati. Ad esempio più d'uno mi ha parlato dell'imbarazzo di trovarsi ben nutriti in un paese in cui i bambini lottavano tra loro per ricavare qualcosa dai rifiuti delle truppe cubane.

3   Vedi, in questo volume, "Stralci dagli inediti".

4   Rinvio su questo all'ultima parte della terza edizione della mia *Breve storia di Cuba*, cit.

Il Che nell'America latina di oggi

Dopo decenni di dittature orribili l'America latina aveva iniziato una trasformazione importante, di cui nell'edizione precedente di questo libro scrivevo che «non va mitizzata ma seguita attentamente». In diversi paesi le destre conservatrici avevano subito una sconfitta elettorale, anche se quasi ovunque l'ottimismo sul futuro dei governi "progressisti" non mi sembrava molto fondato. Basti pensare al bilancio dei primi anni di presidenza Lula, in cui era già emerso l'uso della corruzione di deputati, senatori e di interi partiti per assicurarsi una maggioranza parlamentare non garantita dalle urne, utilizzando le briciole degli enormi profitti delle multinazionali del petrolio (Petrobras) e delle costruzioni (Odebrecht), lanciate alla conquista del continente, per distribuire modesti sussidi che attenuavano la povertà assoluta, ma lasciavano intatte le disuguaglianze, agendo come tranquillanti sociali.

Il peso e le ambizioni del Venezuela e soprattutto del Brasile hanno condizionato e frenato il progetto bolivariano, che è rimasto a metà, senza una banca comune e una moneta unica, senza che si percepisca la fragilità delle prime infrastrutture create, come l'Alba (Alianza bolivariana para los pueblos de nuestra América) che hanno retto solo finché i prezzi del petrolio, della soia e di altre materie prime sono rimasti congiunturalmente alti.

La forza trainante era quella del Venezuela e del suo leader Hugo Chávez, generoso autodidatta, capace di dialogare con il suo popolo, ma con una superficialissima formazione politica e culturale, che ha reso più difficile assicurare la continuità del progetto dopo la sua morte. D'altra parte non era stata prevista la possibilità di una nuova brusca riduzione del prezzo del petrolio: così l'enorme disponibilità di dollari negli anni d'oro in cui il petrolio era alle stelle non è stata usata per assicurare una diversificazione dell'economia che garantisse al Venezuela l'autosufficienza alimentare, ed è stata in parte sperperata per assicurarsi l'amicizia e il voto di microscopici Stati caraibici come Dominica o Antigua e Barbuda.

Lo stesso rapporto privilegiato instaurato tra Cuba e Venezuela (sul piano economico, ma anche politico e ideologico, e con un forte legame personale tra i due fratelli Castro e Chávez) è stato utile e prezioso soprattutto per Cuba, ma non è servito ad avvicinare la realizzazione del sogno di un'intesa tra tutti gli Stati latinoamericani "non liberisti"; tra l'altro è difficile perfino dire quali fossero, dato che almeno Brasile e Argentina non potevano essere definiti tali. Il rischio di un'assimilazione a Cuba, che spaventava per la sua rigidità ideologica e il permanere delle pesanti difficoltà economiche della popolazione, ha fornito argomenti alle opposizioni, soprattutto in Venezuela, mentre era stata dimenticata e comunque poco ascoltata un'altra delle indicazioni di Guevara, che pensava già cinquant'anni fa a coordinare i *movimenti*, più che gli *Stati* di un presunto "campo progressista".

Ma Guevara è importante anche per un'altra ragione: in molti paesi dell'America latina è necessario affrontare quel problema della "istituzionalizzazione della rivoluzione" che egli aveva abbozzato ne *Il socialismo e l'uomo a Cuba*. Ciò è tanto più necessario oggi in tutti i paesi che hanno costituito il fronte progressista, che hanno visto una radicalizzazione importante e significativi successi elettorali per molti anni prima delle recenti battute di arresto: un po' in tutti, troppo è affidato al carisma e quindi alle scelte soggettive dei rispettivi leader, senza la possibilità di un controllo dal basso. In Venezuela la popolarità di Chávez ha nascosto per anni la fragilità dello strumento che avrebbe dovuto sostenerlo, il Psuv (Partido socialista unido de Venezuela), senza dibattito franco, e con l'inquietante verifica di avere più iscritti che voti, mentre in Brasile il Pt è stato trascinato nel fango dalla corruzione dei suoi dirigenti e non ha saputo opporre una resistenza adeguata alle manovre parlamentari di Temer e altri ignobili personaggi che pure avevano fatto parte della maggioranza di Lula e Dilma. Regredita bruscamente l'Argentina a un clima in cui ricominciano ad esserci desaparecidos, del fronte progressista restano solo Bolivia ed Ecuador, pur minati da tensioni o veri e propri conflitti per assicurare la successione a un leader unico e insostituibile.

La difficoltà maggiore è che in tutti questi paesi i movimenti dal basso sono stati bloccati o dispersi. Raúl Zibechi ha osservato recentemente[5] che «l'istituzionalizzazione delle sinistre e dei movimenti popolari – sommata alla centralità della partecipazione elettorale – ha finito per disperdere i poteri popolari che *los de abajo* avevano costruito con tanto impegno e che sono stati la chiave di volta delle resistenze». Egli ha ricordato che in «paesi come il Venezuela e la Bolivia [aggiungerei anche e soprattutto l'Ecuador, *n.d.a.*] quando Evo Morales e Hugo Chávez sono andati al governo attraverso la via elettorale esistevano movimenti potenti, organizzati e mobilitati, soprattutto nel primo caso. Tuttavia una volta al governo hanno deciso di rafforzare l'apparato statale e quindi hanno intrapreso azioni per indebolire i movimenti».

Il risultato è che «oggi non esistono, in nessuno dei due paesi, movimenti antisistemici autonomi che sostengano questi governi. Quelle che li appoggiano, salvo eccezioni, sono organizzazioni sociali cooptate o create dall'alto». Per questo Zibechi propone di «distinguere tra movimenti (ancorati alla militanza di base) e organizzazioni (burocrazie finanziate dagli stati)».

Ma questa riflessione fa sentire ancora di più la necessità di riscoprire Guevara partendo da una seria analisi dell'ascesa e declino del "progressismo" dall'alto. Invece la discussione sulle difficoltà del momento si sviluppa – con toni parossistici in Venezuela, ma riscontrabili in misura minore in altri paesi – utilizzando largamente la teoria del complotto esterno e la pratica della criminalizzazione del dissenso interno, entrambe di inequivocabile origine staliniana. Dallo stretto legame tra Cuba e Venezuela, asse ideologico del fronte "progressista", si direbbe che sia rimasta più l'eredità del periodo della lunga assimilazione dell'isola al mondo del "socialismo reale" che l'influenza del Che e della prima fase "eretica" della rivoluzione cubana.

---

5   Raul Zibechi, "Elecciones y poderes de abajo", «La Jornada», 9 giugno 2017.

Il Che in Italia

E a noi oggi cosa può dare Guevara? Moltissimo. Prima di tutto ogni sua riga è in antitesi a gran parte di quel che dice e soprattutto di quel che fa (con impressionante autolesionismo) la sinistra, in tutte le sue varianti. Lo è in primo luogo per il metodo: cercare la verità e dirla senza remore, smettendo di ribattezzare "vittorie" le sconfitte;[6] lo è per l'esempio di un'assunzione diretta di responsabilità invece delle solite "autocritiche" scaricate sui quadri subalterni che "non avrebbero capito".

Ma Guevara ci serve per un'altra questione essenziale. La sinistra, anche quella che si considera tale e non cerca di confondersi con i conservatori non pentiti, deve ancora fare i conti con il crollo dell'Unione sovietica (da cui ha avuto una grande accelerazione l'involuzione socialdemocratica dei partiti comunisti europei che, pure, era iniziata da decenni). E Guevara quel crollo lo aveva intuito e predetto con grande anticipo. È vero che se le sue domande nascevano dall'esperienza diretta delle disfunzioni del sistema che si stava riproducendo a Cuba, le risposte venivano in parte crescente dalla riscoperta di Trotsky e dell'ultimo Lenin, che coincidevano nelle valutazioni fondamentali.

Ma Trotsky veniva rifiutato per consolidato pregiudizio, non del tutto spontaneo. Infatti gli stessi che si affannavano a ripetere che Trotsky era vecchio, inservibile, anzi irreparabilmente morto, continuavano a sfornare pamphlet per denigrarlo. Alcuni personaggi longevi come Dimitri Volkogonov lo hanno fatto nell'Urss di Krusciov, di Breznev, di Gorbaciov, poi in quella di Eltsin e forse – se vive ancora – lo fa con Putin

---

6   Basta un esempio: la conclusione della straordinaria lotta dei trentacinque giorni della Fiat nel 1980 con un accordo che rappresentava una dura sconfitta (e in effetti ha segnato la chiusura di quasi tre lustri di ascesa delle lotte operaie e di radicalizzazione di tutti gli strati sociali) ma che fu presentato dalle confederazioni sindacali e dal Pci come una vittoria. Non era un'eccezione: si pensi alla più recente giravolta in Grecia di Alexis Tsipras e di Syriza, con l'accettazione del diktat della troika immediatamente dopo la chiarissima indicazione, in senso contrario, data dalla popolazione greca nel referendum.

(sempre con la qualifica di "storico ufficiale"). La differenza è che in passato questi storici di regime bollavano Trotsky come "agente dell'imperialismo" e nella "nuova Russia" invece lo additano come pericoloso avventuriero, estremista e insurrezionalista. Tanto accanimento anche dopo lo scioglimento del Pcus e la dissoluzione dell'Unione sovietica si spiega solo con la sopravvivenza e il riciclaggio della burocrazia, dominante prima e dopo il "crollo".

Quindi, di Trotsky c'è bisogno e c'è da sperare che, seguendo l'itinerario di Guevara, sia possibile cominciare a riflettere sulle ragioni di quella crisi preannunciata, cominciando a guardare le cause endogene, anziché cercare sempre un *diabolus ex machina* esterno nelle manovre della Cia o del papa.

E in seno alle formazioni della sinistra, tutte, senza eccezioni, da Guevara si può prendere l'esempio della sua costante attenzione ai criteri della democrazia interna. Sembra poco, ma i criteri veramente e onestamente elettivi sono abbondantemente violati anche nelle sedicenti "sinistre alternative".

A Guevara ci si può riferire anche per rilanciare il concetto di "sinistra critica", in contrapposizione alle tante forme di fideismo. Il recupero del valore della critica è essenziale, qui come a Cuba, dove il simbolo dell'abbandono del riferimento al Che fu, nel 1971, la soppressione della rivista *Pensamiento critico*, che aveva pubblicato quanto possibile di Guevara ma anche del marxismo non dogmatico occidentale e che, quindi, i filosovietici vedevano come il fumo negli occhi.

Guevara ci può servire come guida per leggere o rileggere Marx (davvero!) e, soprattutto, Lenin e Trotsky, con lo stesso spirito con cui il Che parlava di Lenin: bisogna leggerlo tutto – diceva – senza sposarne ogni affermazione, ma per capire a fondo quella prima esperienza fondante. A chi ripropone costantemente di fermarsi a Marx (naturalmente ridotto a mero filosofo) ribadiamo che servono anche Lenin e Trotsky, che non è solo il critico della burocrazia (anche se è per questo che è tanto odiato dagli eredi del "socialismo reale" variamente riciclati), ma anche il sistematizzatore di una strategia rivoluzionaria per il nostro tempo (ignoratissima anche dai sedicenti antistalinisti approdati alla socialdemocrazia).

E Guevara, geniale autodidatta che ha avuto a disposizione pochissimi anni per formarsi e che anche per questo ha mantenuto una semplicità espressiva che lo rende più facilmente comprensibile ai giovani, può aiutarci a riconquistare un linguaggio rigoroso: riscoprire l'insostituibile concetto di imperialismo, che era stato sostituito dalla fumosa e poco utile categoria geografica di "Nord e Sud del mondo"; respingere le ridicole illusioni nell'Onu o nella "comunità internazionale" (termine usato per coprire qualsiasi intervento imperialista non avallabile dall'Onu e gestito da gruppi di Stati); spazzare via la mitologia del "pacifismo non violento" che era già largamente dominante nella "nuova sinistra" pentita dopo le sconfitte degli anni Settanta e Ottanta, ed era stata ripresa dalle frange più moderate della socialdemocrazia degli inizi del Novecento. Tutt'altro che una novità, quindi!

È poco? Forse, rispetto a quel che sarebbe necessario. Ma è moltissimo rispetto a quel che alimenta oggi la sinistra e ne riempie i giornali. Ed è un buon punto per ripartire, insieme a quello oggettivamente fornito dalle esperienze di questi anni in America latina, che continuano ad essere un punto di riferimento importante. Le prime parziali sconfitte non cancellano le dinamiche di fondo, anche perché il timore di ritornare a venti e trenta anni fa impedisce la rassegnazione e la passività, e soprattutto perché permangono le condizioni che hanno provocato il "risveglio dell'America latina". Purché si sappia riflettere sulle cause delle recenti sconfitte, senza cercare spiegazioni consolatorie.

Cosa leggere (e cosa non leggere) per conoscere il Che

Sugli ultimi due anni di Guevara comincia a essere disponibile una documentazione piuttosto ampia, di varia provenienza. Sono apparsi anche in Italia i diari boliviani di due dei sopravvissuti, "Pombo" e "Benigno", di valore e significato diverso, ma che è ovviamente utile confrontare.[1] Sono inoltre stati pubblicati alcuni dei diari di coloro che combatterono al fianco del Che in Bolivia, tra cui quelli rinvenuti all'epoca dall'esercito (che non sono stati quindi rimaneggiati dagli autori) che forniscono elementi importanti per spazzare via i luoghi comuni con cui è stata liquidata quell'impresa.[2] Si tratta in genere di testimonianze fresche e ingenue, che spesso contrastano anche con la ricostruzione a posteriori fatta da Dariel Alarcón Benítez, "Benigno", dopo essere uscito da Cuba e avere chiesto asilo in Francia.[3]

I testi di "Benigno" sono stati accolti inizialmente con interesse, per le vicende di cui egli è stato protagonista, ma risultano purtroppo pressoché inutilizzabili come fonti per la continua

---

1   Dariel Alarcón Ramírez (il comandante "Benigno"), Mariano Rodríguez, *I sopravvissuti del Che*, Pratiche editrice, Parma 1996; Harry Villegas, *Pombo, un uomo della guerriglia del Che. Diario e testimonianze 1966-1968*, Erre emme, Roma 1996.

2   Aa. Vv., *In Bolivia con il Che. Gli altri diari*, Massari, Bolsena 1998 (l'"Introduzione" di Antonio Moscato, di un centinaio di pagine, affronta la questione dei rapporti Guevara-Castro e vari problemi dell'economia cubana).

3   Il secondo libro, inquietante e contraddittorio, è apparso nel novembre del 1996, pochi giorni dopo la visita di Fidel in Italia: Benigno (Dariel Alarcón Ramírez), *La rivoluzione interrotta. Memorie di un guerrigliero cubano*, Editori Riuniti, Roma 1996, e ha suscitato subito ovviamente molte polemiche.

sovrapposizione di possibili ricordi e di proiezioni retrospettive delle sue attuali opinioni. Egli stesso spiega candidamente che nel primo libro (pubblicato in Francia e non a Cuba, ma con il consenso delle autorità cubane) aveva in diversi punti dissimulato il suo pensiero pur di avere un'occasione per uscire dal paese.

Verosimilmente continua ancora a mentire, questa volta per compiacere i suoi nuovi protettori in Francia. Ad esempio è prodigo di dichiarazioni entusiastiche su Debray, che assolve da ogni sospetto sull'eccessiva loquacità con gli inquirenti boliviani durante il processo di Camiri. Eppure erano ben noti gli accenni infastiditi del Che su Debray nel *Diario di Bolivia*. Anche una fonte insospettabile come il libro del generale Gary Prado, l'ufficiale che guidò i rangers alla cattura del Che, aveva fornito dati inequivocabili sulle responsabilità di Debray e Bustos: in particolare aveva spiegato che quando i due primi disertori avevano accennato alla presenza del Che in Bolivia non erano stati creduti, soprattutto per le loro caratteristiche personali. I due infatti erano stati reclutati in fretta e furia da Moises Guevara per gonfiare le sue scarse forze prima di presentarsi dal Che e uno di essi, Vicente Rocabado Terrazas, era addirittura un ex poliziotto, espulso dal corpo per essersi appropriato individualmente di una partita di droga sequestrata. D'altra parte la Cia, agli inizi del 1967, era veramente convinta che il Che fosse morto a Cuba; furono dunque proprio le testimonianze di Debray e Bustos a fornire le prove irrefutabili della presenza del Che in Bolivia, provocando una svolta nell'organizzazione delle forze repressive.[4]

4 Solo a partire dal 25 agosto 1967, un mese e mezzo prima dell'assassinio del Che, l'ambasciatore statunitense Henderson si era convinto che Guevara fosse effettivamente presente nel paese, alla testa della piccola formazione braccata da cinque mesi in una zona inospitale. Tutte le precedenti informazioni erano state scartate per una profonda sfiducia nel presidente Barrientos e nel governo boliviano in genere, che ingigantivano effettivamente i dati sulla guerriglia (parlando ad esempio di trecento e non di venti uomini) per ottenere armi e finanziamenti. Così per molto tempo Henderson ha spedito messaggi cifrati al Dipartimento di Stato in cui parlava di "presunti guerriglieri" e definiva "presunti incidenti" le prime dure sconfitte dei militari boliviani. Anche il direttore della Cia (Helms) d'altra parte era rimasto convinto che ogni voce sulla presenza di Guevara (comprese le dichiarazioni di Debray e Bustos) corrispondesse a un tentativo di "depistaggio": per lui il Che era definitivamente morto e sepolto a Cuba! *Cfr.* Vincenzo Vasile, Mario Cereghino, *Dossier Che Guevara. Come lo spiavano gli americani*, L'Unità, Roma 2005, pp. 73-97.

Il nuovo libro di "Benigno" dà l'impressione che l'autore abbia una memoria particolarmente labile: nel testo originale francese (ma il passo è stato ora tagliato nella versione italiana, dopo che questo anacronismo era stato denunciato) sosteneva ad esempio che la guerriglia boliviana si sarebbe dovuta ricongiungere alla fine del 1967 con quella peruviana di Hugo Blanco, cosa del tutto inverosimile perché Blanco era detenuto nel carcere del Frontón fin dal 1963 e anzi in quel periodo era costantemente minacciato di morte. Quanto a Debray secondo "Benigno" già nel 1967 sarebbe stato malvisto a Cuba, tanto che il suo libro *Revolución en la revolución?* sarebbe stato introvabile nelle librerie dell'Avana in quanto "trotskista" (in realtà fu stampato dalla Casa de las Americas e diffuso in gran numero di copie da Cuba in tutta l'America latina).[5]

Anche nella stessa ricostruzione della straordinaria fuga attraverso la Bolivia dei sopravvissuti dopo la morte del Che non pochi particolari sembrano fantasiosi e in parecchi punti risultano in contraddizione con la versione di "Pombo" e con quella fornita dallo stesso "Benigno" un anno prima nel libro scritto in collaborazione con Mariano Rodríguez.[6]

Il testo di "Pombo", ben più organico, ha il pregio di ricalcare abbastanza fedelmente nella prima parte il testo del diario originale trovato dalle forze repressive e pubblicato subito in Bolivia, negli Stati Uniti e anche in Italia, ma non riconosciuto allora dall'autore e da Cuba. Solo nel 1996 è apparso ufficialmente a Cuba, anche se con qualche taglio marginale dovuto soprattutto alla preoccupazione di minimizzare le polemiche tra i cubani che prepararono la spedizione, e in particolare tra lo stesso "Pombo" e José María Martínez Tamayo, detto "Papi" o "Mbili" o "Ricardo", più legato al Pcb

---

5   Inutile aggiungere che Debray non è mai stato trotskista.

6   Oltre ai casi in cui ci sono evidenti cadute di memoria, "Benigno" appare poco convincente per il grande spazio riservato a pettegolezzi sulle abitudini sessuali di dirigenti cubani e di guerriglieri boliviani.

e inquieto per le scelte di Guevara ma disciplinato fino in fondo (morirà in combattimento presso il fiume Rosita il 30 luglio 1967).[7]

Il confronto tra questi testi, entrambi disponibili in italiano, è già di per sé utilissimo per la ricostruzione dell'esperienza boliviana, tanto più se integrato con la documentazione che arricchisce il *Diario di Bolivia illustrato*, che comprende anche la prima descrizione della loro epopea fornita dai tre sopravvissuti sulle pagine del *Granma* del 12 ottobre 1969.[8]

La pubblicazione degli altri diari è importante, anche se i problemi politici fondamentali potevano essere colti anche prima che questi testi fossero disponibili, sulla base di materiali già editi: chi li ha ignorati, lo ha fatto per colpevole ignoranza o per deliberata volontà di banalizzare o ridimensionare la reale portata dell'ultima impresa del Che. Ora però tutto appare più chiaro. Alcuni elementi vengono da questi diari, altri – soprattutto le motivazioni che spinsero Guevara a lasciare Cuba – dagli scritti inediti di Guevara. Pur con molta prudenza mi sono servito di questi materiali in maniera crescente, senza venir mai meno agli impegni presi.[9]

---

7   Se il testo di "Benigno" affonda il coltello nella piaga dei risentimenti personali, quello di "Pombo" appare al contrario perfino reticente nell'esprimere le sue opinioni, in particolare sulle sue divergenze con "Papi" o altri guerriglieri, che trasparivano di più nell'edizione non riconosciuta fatta a cura delle forze repressive nel 1969 e pubblicata in Italia sotto il titolo *Guevara. L'altro diario*, con un'ampia "Introduzione" di Saverio Tutino. Il libro di "Pombo" emerge comunque come un testo di notevole valore letterario oltre che documentario.

8   *Diario di Bolivia illustrato*, a cura di Roberto Massari, sulla base dell'edizione cubana di Adys Cupull e Froilán González, Erre emme, Roma 1996.

9   Gli inediti di Guevara contenuti soprattutto nel grosso tomo VI della più ampia raccolta di scritti del Che, *El Che en la revolución cubana*, erano già stati utilizzati per il mio *Guevara* apparso dapprima (con qualche taglio da me non condiviso) come monografia de *il Calendario del popolo* presso le edizioni Teti, poi senza tagli ma con un discutibile titolo e una bizzarra copertina presso le edizioni Demetra (Giunti) nella collana "L'espresso della storia". Tuttavia i primi saggi in cui ho utilizzato più ampiamente quegli scritti sono "L'influenza di Lenin sul pensiero di Guevara" e "Guevara e il suo tempo", entrambi apparsi in Antonio Moscato, *Il filo spezzato. Appunti per una storia del movimento operaio*, Adriatica, Lecce 1996.

Il pericolo di un'informazione
sovrabbondante e intossicata

Ripartire per l'esperienza boliviana da una lettura diretta dei testi è comunque essenziale per rispondere alla vera e propria valanga di sciocchezze o di banalità che editori cinici stanno offrendo a un mercato a quanto pare tutt'altro che saturo. Si moltiplicano edizioni che riciclano vecchie traduzioni spacciandole per nuovi inediti (magari trovando giornalisti compiacenti che definiscono "edizioni pirata" quelle fatte controcorrente per anni da chi si proponeva di mantenere viva la memoria e la conoscenza del Che prima dell'esplosione della moda e della scoperta delle possibilità di fare buoni affari con i suoi scritti). Alcuni libri sono anche sostanzialmente corretti, e non contengono falsificazioni, ma sono insopportabilmente venduti presentandoli come straordinaria novità.

Ad esempio il libro di Jean Cormier è una buona riscrittura di taglio leggero (giornalistico-brillante) di altri libri e di materiale tutt'altro che inedito. Non ci sono errori significativi ma il libro non aggiunge una parola a quanto già noto, mentre viene venduto incartando il prodotto con un'insolita copertina, con il titolo bizzarro e inverosimile (tratto da una poesia dedicata al Che, ma non è una buona ragione) *Le battaglie non si perdono, si vincono sempre* (magari fosse così!) e soprattutto vantando una speciale «collaborazione di Hilda Guevara e Alberto Granado», che lascia pensare siano praticamente coautori mentre Cormier, come chiunque a Cuba abbia ricercato le tracce del Che, ha semplicemente incontrato la figlia primogenita e il vecchio amico dei viaggi giovanili. Inutile dire che chi ha avuto gli stessi incontri si accorge subito che nel libro non c'è assolutamente nulla che sia frutto di questa presunta "collaborazione" particolare.[10]

---

10   Jean Cormier (con la collaborazione di Hilda Guevara Gadea e Alberto Granado), *Le battaglie non si perdono, si vincono sempre*, Rizzoli, Milano 1996. Il libro è stato venduto benissimo e poi subito rilanciato in varie collane di best sellers venduti per corrispondenza.

Un caso limite è quello di una giornalista di buona volontà e perfino di sinistra ma priva della più modesta conoscenza di Cuba (e dello spagnolo!), che ha fornito su commissione un prodotto scadente e pieno di banalità e di sviste, venduto moltissimo grazie a un grande battage pubblicitario e a un titolo stuzzicante. Contemporaneamente venivano lanciati in edicola con lo stesso titolo e immagine di copertina un video e un cd interattivo.[11]

Tra i prodotti di bassa cucina sfornati va segnalato anche un *Ideario* di Guevara che altro non è che uno dei libretti di citazioni che a Cuba hanno confezionato il Che in pillole per gli studenti come a Mosca si spacciava Lenin ad uso di Stalin (e di tutti i suoi eredi, da Chrusciov a Gorbaciov) e da Pechino si lanciava in tutto il mondo il "Maotsetungpensiero" con il famigerato *Libretto rosso*. Purtroppo grazie al prezzo modesto, una copertina vistosa (la classica foto di Korda su fondo rosso e nero con titoli in rilievo in argento e oro) e l'avallo di un'introduzione firmata da uno dei maggiori ispanisti italiani, Dario Puccini, l'*Ideario* si è venduto parecchio, senza meritarlo oltre che per l'impostazione del testo originale anche per la sciatteria redazionale, che ha scopiazzato alcuni degli errori che rimbalzano da un'edizione all'altra: ad esempio si fa nascere Guevara il 4 luglio come in tutte le edizioni Baldini e Castoldi, che hanno evidentemente creduto in questo modo di "correggere" l'errore (14 luglio invece che 14 giugno) apparso inizialmente nella cronologia di Laura Gonsalez della Einaudi e che era passato poi a tante altre edizioni improvvisate in questi ultimi tempi per approfittare del momento favorevole.

Un libro molto discutibile è invece quello di Jon Lee Anderson, lanciato con un grande battage propagandistico da Baldini e Castoldi (non solo con la pubblicità diretta ma con

---

11   Liliana Bucellini, *Il Che: l'amore, la politica, la rivolta*, Zelig, Milano 1995. Il video spacciato sotto lo stesso titolo non aveva fortunatamente nulla a che vedere con il libro ed era stato prodotto a Cuba con una parte dei materiali originali contenuti nel più ampio e complesso documentario di Massari, *Il Che: uomo, compagno, amico*. Il video è dunque un prodotto modesto ma corretto, a differenza del libro della Bucellini.

recensioni molto favorevoli che si spiegano sia con la fretta di recensirlo senza leggerne le 1.051 pagine, sia con la generosità della casa editrice nel pubblicare libri di giornalisti di diverse testate).[12] Il libro si qualifica subito con un capitolo dedicato alla questione dell'oroscopo del Che (sarebbe un Toro e non un Gemelli...) che all'autore pare evidentemente fondamentale. Devo dire che avendo conosciuto a Cuba l'autore (che vi ha soggiornato per tre anni grazie a un cospicuo acconto – secondo le sue dichiarazioni di ben centoventimila dollari – concessogli dall'editore statunitense) non mi aspettavo gran che, ma non immaginavo che si potesse scendere così in basso.

Lee Anderson fruga tra le carte concessegli con generosità dalla vedova dedicando particolare attenzione alle attività amatorie del Che, insistendo sul fatto che non sarebbe stato molto interessato a Hilda Gadea, la prima moglie, che anzi lo avrebbe infastidito con le sue profferte amorose, mentre lui preferiva una bella «scopata con l'infermiera». Anche successivamente raccoglie pettegolezzi su altri gesti di fastidio verso Hilda. Meno male che la povera Hildita, la figlia primogenita, è morta senza leggere simili bassezze, del tutto inutili alla comprensione di Guevara...

Qualcuno a Cuba aveva sospettato che Jon Lee Anderson potesse essere un agente della Cia. In realtà dal libro emerge semplicemente un uomo incapace di capire il Che e soprattutto il suo complesso rapporto con Castro. A proposito di Castro, infatti, si insiste con acidità su una sua presunta «doppiezza» e «ipocrisia» e su un rapporto autoritario e contraddittorio con Guevara, che è smentito da ogni testimonianza. Anche il dibattito tra "sierra" e "llano" viene ricostruito con notevole incapacità di comprensione. Ben diversamente era stato trattato da Roberto Massari, che aveva tra l'altro pubblicato il complesso carteggio con "Daniel", René Ramos Latour, a cui Anderson ha attinto senza capire molto.

---

12   Jon Lee Anderson, *Che Guevara. Una vita rivoluzionaria*, Baldini e Castoldi, Milano 1997.

Può essere che l'impressione negativa sia provocata anche dalla pessima traduzione, piena di sviste dovute alla fretta imposta dalla casa editrice, dall'incomprensione totale di ogni parola spagnola citata dall'autore, e dall'ignoranza dei termini politici. Ma la bizzarra scelta di chiamare ogni dirigente politico un "ufficiale" o, viceversa, di considerare "Marshal" un nome proprio anziché la carica di maresciallo dell'Unione sovietica (errore ripetuto molte volte e con persone diverse) fa pensare che anche con l'inglese la traduttrice non se la cavi troppo bene. Tuttavia questa può essere al massimo un'attenuante generica per un libro che ha potuto beneficiare di un enorme numero di documenti e testimonianze: grazie alla generosità della casa editrice statunitense, infatti, Anderson ha trascorso altri due anni tra Urss, Argentina, Bolivia e altri paesi latinoamericani, ma non ha saputo quasi mai interpretare quel che aveva raccolto e non ha dato mai conto delle fonti.

Soprattutto è inquietante l'insistenza sull'uso di ogni tipo di spazzatura, dall'autodifesa di Mario Monje alle bassezze di Bustos (quello che appena catturato fece gli identikit di Guevara e degli altri guerriglieri) contro la guerriglia argentina di Masetti. Inoltre Anderson sottolinea che il Che ebbe «un'amante negra» sulla Sierra, che la famiglia di Aleida era «razzista e snob» (anche se raccoglie poi l'insinuazione che lei forse non era figlia di sua madre ma di una giovane maestra...), che Fidel chiese a Celia Sánchez («la sua amante») di restare sulla Sierra non perché fosse una straordinaria organizzatrice del 26 luglio ma perché aveva bisogno di una «presenza femminile» al suo fianco. Anche dai diari personali inediti di Guevara che Anderson, grazie alla benevolenza di Aleida March, ha potuto frugare, ricava una minuziosa descrizione di varie fucilazioni di spioni, insistendo sul fatto che il Che non li avrebbe descritti tutti nei *Passaggi della guerra rivoluzionaria* e non avrebbe precisato che era stato lui in persona a sparare al primo condannato, quell'Eutimio Guerra che aveva fatto morire con il suo tradimento tanti contadini: tutti particolari che all'autore sembrano essenziali e che invece rivelano la sua passione per l'immondizia e la sua incapacità di cogliere gli aspetti essenziali.

Fastidiosa è anche l'insistenza sulla presenza di sbandati e coltivatori di marijuana tra i guerriglieri (che non veniva negata dal Che e da altre fonti cubane, ma che fu contrastata e punita quando alterava le caratteristiche dell'Esercito ribelle, e su cui invece Anderson ritorna più volte), e ancora più grave è il riprendere continuamente sia le voci di una collusione di Castro con la Cia, che l'avrebbe protetto e finanziato, sia quelle di contatti significativi con l'Unione sovietica prima di quelli del 1960. In questo caso significa semplicemente riprendere le insinuazioni della propaganda anticastrista degli Stati Uniti, aggravata dall'incomprensione totale del ruolo del Psp, descritto più volte con rara incapacità dialettica: Anderson confonde il fatto che singoli militanti del Psp avevano già nel 1957 raggiunto la guerriglia, indipendentemente dall'ostilità del loro partito per gli "avventurieri" del 26 luglio, con un rapporto organico con il Psp e con l'Urss che sarebbe stato nascosto alle masse. Anche il fatto che Guevara e Raúl Castro (ma anche l'antisovietico René Ramos Latour!) credessero in una prospettiva socialista della rivoluzione gli sembra una prova del loro legame con l'Unione sovietica. Assenza di dialettica e incomprensione del ruolo conservatore dell'Urss concorrono a questi incredibili fraintendimenti. Evidentemente avere a disposizione grandi somme di dollari e la benevolenza della vedova non è sufficiente a scrivere una buona biografia di una figura così grande e complessa come il Che.

Ma – come abbiamo accennato – grazie alle risorse di cui disponeva Anderson ha potuto raccogliere molte notizie e testimonianze in sé utili. Un analogo discorso può essere fatto per un altro dei biografi di Guevara, attento e intelligente ma malevolo, Jorge Castañeda (un "pentito" della sinistra messicana divenuto poi per qualche anno ministro degli esteri con il presidente Fox, esponente della destra del paese), che arriva ad attribuire a un «errore tattico» della Cia l'allestimento della camera mortuaria con un Che ripulito e modellato come il Cristo deposto del Mantegna, che lo avrebbe trasformato in oggetto di culto.[13] Tuttavia alcune ricostruzioni di quegli anni dei dibattiti interni cubani e del contesto latinoamericano non sono inutili a chi già conosce i fatti essenziali (anche se possono essere molto insidiose se prese come fonte primaria).

Un'eccezione: la seconda edizione di
Senza perdere la tenerezza

Un'eccezione in questo quadro deprimente dell'editoria affrettata e speculativa è il monumentale libro di Paco Ignacio Taibo II uscito a Città del Messico nell'ottobre del 1996 e di cui era apparsa tempestivamente la traduzione italiana presso il Saggiatore.[14] Pur essendo di livello discontinuo, forse per diversi apporti redazionali che hanno contribuito a incorporare nel testo scritti precedenti dello stesso autore, ed essendo in alcune parti prolisso e meno avvincente (ad esempio quando parafrasa in un centinaio di pagine il *Diario di Bolivia*, apportandovi solo poche modifiche per giunta non necessarie, come la sostituzione – non sempre corretta – degli pseudonimi con i veri nomi), il libro si basa su una mole documentaria notevole, raccolta a Cuba e altrove, che lo rende uno strumento molto utile.

Paco Ignacio Taibo II per giunta è da tempo di casa a Cuba, dove ha stretto amicizie preziose che gli hanno permesso di lanciare per primo lo scoop del diario congolese del Che, di cui parliamo altrove, ma anche di ricostruire con moltissime testimonianze dirette la straordinaria impresa della battaglia

---

13   Ma che ne potevano sapere del Mantegna gli indios che hanno ribattezzato San Ernesto de la Higuera il paese in cui Guevara fu ucciso? *Cfr*. Jorge Castañeda, *Compañero. Vita e morte di Ernesto Che Guevara*, Mondadori, Milano 1997, p. 406.

14   Paco Ignacio Taibo II, *Ernesto Guevara también conocido como el Che*, Planeta-Joaquín Mortiz, Città del Messico 1996 (traduzione italiana: *Senza perdere la tenerezza. Vita e morte di Ernesto Che Guevara*, Il Saggiatore, Milano 1997).

di Santa Clara.[15] Taibo II maneggia con notevole capacità ed equilibrio materiali di valore diverso utilizzando con qualche prudenza, ma anche con grande rispetto per il loro paziente lavoro, i libri dei due più popolari biografi cubani del Che, Adys Cupull e Froilán González, mossi da una grande venerazione per Guevara e infaticabili nel ricercarne le tracce ma non sempre caratterizzati da un ineccepibile rigore filologico.[16] Ogni critica mossa al libro, comunque, non ne inficia la sostanziale validità, dovuta non solo all'abbondanza della documentazione (in gran parte coincidente con quella inedita di cui ho potuto disporre anch'io a partire dal 1993), ma anche all'uso intelligente delle più diverse fonti scritte e orali.

Una nuova edizione di un libro raramente fa notizia ma, dopo anni di libri superficiali e inutili, la nuova edizione di *Senza perdere la tenerezza*[17] rappresenta un'eccezione che merita di essere segnalata. La prima edizione era apparsa in un periodo in cui, in vista del 1997, trentesimo anniversario della morte di Ernesto Guevara, c'era stata una vera inflazione di biografie del Che. Guevara era stato praticamente dimenticato per vent'anni dall'industria editoriale ma era stato poi "riscoperto" a Cuba e nel mondo. Già nel 1992 c'era una vera e propria ondata di pubblicazioni che si copiavano l'un l'altra senza aggiungere nulla di nuovo. Naturalmente non tutti i prodotti erano così scadenti, commerciali e fatti in serie. Il libro di Paco Ignacio Taibo II ha dovuto affrontare anche la concorrenza di altre biografie monumentali, ricche di dati e frutto di ricerche indipendenti.

15   Paco Ignacio Taibo II, *La batalla de Santa Clara*, Editorial política, L'Avana 1989.

16   Adys Cupull e Froilán González, di cui i lettori italiani conoscono il *Diario di Bolivia illustrato* pubblicato dalla Erre emme nel 1996, hanno curato molte pubblicazioni su Guevara, in particolare sul periodo boliviano. Recentemente sono stati oggetto di una vera e propria grossolana denigrazione nel primo libro scritto da "Benigno" in esilio, che li ha accusati di sperperare denaro cubano per acquistare dubbi cimeli del Che o di Tania. L'attacco è volgare e insinua un intento di frode che nessuno di coloro che conoscono questa coppia, che da anni si dedica esclusivamente a ricostruire ogni istante della vita del Che, può accettare.

17   Paco Ignacio Taibo II, *Senza perdere la tenerezza, Vita e morte di Ernesto Che Guevara*, Il Saggiatore, Milano 2004.

Paco Ignacio Taibo II, nella corsa per pubblicare la biografia del Che in tempo per il presumibile boom del trentesimo anniversario, era comunque arrivato primo, dato che di Guevara si era occupato per anni. Il primo merito di questa nuova edizione è la rigorosa disamina di quanto è stato pubblicato sull'argomento dopo l'apparizione della prima. A volte Taibo II è molto severo, soprattutto con autori che si basano su illazioni prive di qualsiasi riscontro; altre volte passa al di sopra del fastidio per la metodologia impressionistica, apprezzando ugualmente alcune scoperte (è il caso di Anderson che, pure, lo irrita per le assurde analisi dedicate all'oroscopo del Che...); nel caso di Castañeda, da cui è sempre più lontano politicamente e di cui contesta parecchie conclusioni affrettate, apprezza tuttavia la correttezza e la disponibilità al confronto.

Se si trattasse solo di questo, il libro non meriterebbe di essere segnalato. In realtà Paco Ignacio Taibo II, nel corso di otto anni, ha esaminato non solo le grandi biografie dei suoi "concorrenti" ma una mole enorme di memorialistica, di testimonianze di stretti collaboratori di Guevara come Orlando Borrego, Papito Serguera o Juan Valdés Gravalosa, il cui prezioso testo sul Che ministro dell'industria (che comprende anche diversi inediti di Guevara) non è ancora stato pubblicato. Ho lavorato per anni sullo stesso terreno, esplorando gli stessi testi, incontrando in genere le stesse persone (oltre ai già accennati, penso a Pablo Rivalta, che era ambasciatore a Dar es Salam, o a William Gálvez, che per primo mi consentì di leggere, molto prima dell'apparizione ufficiale, il testo dei *Passaggi della guerra rivoluzionaria: Congo*). Per questo ho un giudizio tanto positivo sul lavoro di Taibo II, che pure non è uno storico di professione ma un brillante scrittore di gialli, spinto però a cercare di migliorare ancora il suo libro da un reale interesse per Guevara.

Le tracce di questo lavoro non sono facili da individuare perché sono sparse in quasi ogni capitolo e soprattutto nell'apparato critico, notevolmente accresciuto. A volte – e l'autore lo dichiara – una conclusione affrettata è stata corretta o integrata, a volte invece un'ipotesi è stata corroborata da fonti prima sconosciute.

Per capire lo spirito dell'autore, vale la pena di riportare una parte della nuova "Introduzione":

> Durante la lettura di tutti questi nuovi materiali mi sono imbattuto spesso in una polemica sotterranea, che deforma malamente la vicenda: le profonde divergenze di giudizio di molti storici e testimoni sulla direzione attuale della rivoluzione cubana, in particolare su Fidel. A partire da queste divergenze si viaggia nel passato per trovarne conferma, anche a costo di falsificare i fatti. E si rivedono la storia del Che e le sue relazioni con Fidel [...] alla luce di vicende che sono avvenute vent'anni dopo, o di fenomeni che Guevara non visse. D'altro canto, la tentazione tipicamente cubana di presentare un Che perfetto, modello indiscutibile che incarna la rivoluzione, permea centinaia di testi, con censure, autocensure e omissioni. Ho cercato di non cadere nelle trappole dei mitografi, degli evangelizzatori dell'immagine del Che e di non farmi contaminare dagli anti-Fidel con le loro omissioni extrastoriche.

Questo spirito consente di mettere a fuoco molti aspetti della vicenda del Che che di solito sfuggono tanto agli agiografi che ai detrattori; senza mai nascondere le contraddizioni e i limiti della sua formazione Taibo II coglie le tappe dell'evoluzione del pensiero critico del Che attraverso i conflitti con la resistenza sorda della burocrazia, che aveva radici cubane ma si rafforzava attraverso il contatto con il modello sovietico: «la burocrazia nel nostro paese è solida e [...] nel suo immenso seno inghiotte i documenti», scrive Guevara a un giornalista canadese; ma poi precisa in un discorso pubblico ad Algeri l'origine del fenomeno:

> abbiamo copiato meccanicamente le esperienze dei paesi fratelli, e questo è stato un errore [...] che ha frenato lo sviluppo libero delle nostre forze, e ha pericolosamente contribuito a uno

dei fenomeni che è più necessario combattere in una rivoluzione socialista, il burocratismo.

Ma, senza dilungarsi nei particolari, merita di essere segnalata una lunga nota metodologica di Taibo II dal significativo titolo di *Marxismo da divulgazione*:

> La mia opinione e quella di Massari sulla povertà degli interventi del Che – gli atti dell'anniversario della rivista *Hoy* e l'introduzione a *El partido marxista-leninista* – per la divulgazione del marxismo, in contrasto con la complessità della polemica di quegli anni, ha provocato l'accesa reazione della nuova ortodossia: Carlos Jesús Delgado [...] dice che la mia posizione ha un «velato significato ideologico», che quello che critichiamo è «l'identificazione del Che con il comunismo e le sue esperienze», e che il Che «sapeva apprezzare al di là degli errori le novità che le società socialiste come quella sovietica portavano con sé, e le enfatizzava». Né la mia critica è «velata», né si può continuare a parlare di «errori» per definire la serie di vicende autoritarie e repressive [...] che furono esportate dall'Internazionale comunista.

E qui Taibo II fa un lungo elenco: dai processi di Mosca e dai Gulag alle carceri in cui erano eliminati gli antistalinisti durante la guerra civile spagnola, dalla soppressione dei consigli operai all'abolizione di ogni vero dibattito ideologico, la censura, il regime di polizia, ecc. Ma, soprattutto, egli ribadisce che in tutto il libro si è limitato a

> [...] seguire Ernesto Guevara, la sua formazione e la sua esperienza politica, raccontando come prendono corpo le sue idee, spesso contraddittorie e conflittuali, come acquisisce informazioni e come a volte ne sia privo. Il lettore giudichi se nei due interventi che hanno originato la polemica (e non in altri precedenti o successivi) il Che fosse o meno prigioniero di una visione del marxismo semplicistica e molto poco informata degli avvenimenti storici. Da quegli scritti emerge la sua scarsa conoscenza

delle esperienze vissute durante la costruzione del socialismo nella prima metà del XX secolo.

E Taibo II conclude seccamente: «Infine, non si tratta né di criticare, né di elogiare il Che, ma di raccontarlo». Inutile dire che a mio parere questo metodo costituisce il principale merito del libro, che può essere definito senza dubbio il più importante contributo alla conoscenza di Guevara e di Cuba.

I primi libri della Mondadori dopo l'acquisto dei diritti

Sono usciti i primi due volumi della Mondadori dedicati a Guevara, intorno a cui sono divampate tante polemiche, avviate dal *Corriere della sera* e da *il manifesto* e poi dilagate su *l'Unità* e perfino su *il Secolo d'Italia*: una operazione da un milione e mezzo di dollari che appare però molto deludente. Uno dei libri è un'ennesima riedizione di *Guerra de guerrillas*, con il titolo un po' antiquato di *Guerra per bande* (uno degli scritti meno attuali del Che, almeno in Italia); l'altro è una specie di elegante e costosa "strenna natalizia" fuori stagione, ricca di bellissime foto e praticamente priva di contenuti, e anzi quasi di testi.[18] Poche decine di cartelle di cose conosciute, prive di note esplicative, precedute da brevissime introduzioni piuttosto retoriche.

L'uscita di questi volumi comunque smentisce le polemiche di Gianni Minà contro chi aveva sollevato dubbi sull'attribuzione di un'esclusiva assoluta a un simile editore. Questi libri non hanno contribuito alla conoscenza del Che, invece hanno fatto bloccare con cavilli ogni altra pubblicazione curata con criteri più rigorosi.

In uno dei suoi interventi su *il manifesto* Minà ha detto che coloro che criticavano questa operazione avrebbero dovuto invece essere «soddisfatti ideologicamente che il mercato abbia

---

18   Ernesto Che Guevara, *La storia sta per cominciare. Una biografia per immagini*, Oscar Mondadori, Milano 2005.

imposto alla casa editrice del più viscerale anticomunista di casa nostra, il cavalier Silvio Berlusconi, di sborsare una cifra enorme per far circolare le idee sovversive del Che». Vediamo dunque se e come il lettore italiano oggi può conoscere meglio queste idee.

La maggior parte delle pagine del libro sono occupate da grandi fotografie e anche i testi sono quasi tutti brevi frammenti di cui pochissimi inediti in italiano: in tutto sei o sette pagine (due brevi racconti "letterari" scritti in Africa e un paio di lettere, di cui una sola interessante). Sull'Africa ci sono soprattutto "cartoline" (in senso letterale: quelle con foto di coccodrilli e aironi mandate ai figli...), sulla Bolivia notazioni retoriche e falsanti che la riducono a una ricerca di avventura paragonata insistentemente a quella dei primi viaggi di adolescente, cui è dedicato invece grande spazio.

L'unica lettera significativa e poco conosciuta (ma non inedita, la riportava già Tablada) è quella scritta il 4 dicembre 1965 (appena arrivato dal Congo a Dar es Salaam) ad Armando Hart, allora segretario del Partito comunista cubano, con la proposta di un piano di pubblicazioni filosofiche: «A Cuba non è stato pubblicato nulla, se si escludono quei mattoni sovietici che presentano l'inconveniente di non farti pensare; il partito lo ha già fatto al posto tuo, e il tuo compito è digerirlo». Guevara propone invece una serie di raccolte di testi originali dei "classici" (a cui aggiunge Rosa Luxemburg, sia pure con un vago accenno ai «suoi errori» che conferma che non la conosceva direttamente, e «il tuo amico Trotsky che, a quanto sembra, è esistito e ha scritto», dice ironicamente a Hart). In tutto una paginetta e mezzo. Un po' poco per far conoscere il pensiero del Che della maturità.

Ultimo tocco, come nella maggior parte delle pubblicazioni che commercializzano il Che, non c'è nessuna cura editoriale: mancano note esplicative e perfino la data di nascita viene come al solito sbagliata (24 giugno invece di 14).

Insomma questo libro, perfettamente "digeribile" dalla casa editrice di Silvio Berlusconi, si inserisce nella politica di utilizzare gli scritti del Che con criteri fortemente selettivi, puntando a curarne l'immagine personale, riproponendo soprattutto scritti giovanili privi di implicazioni politiche e mantenendo occultati gli scritti della maturità.

Che Guevara visto da un cristiano, di Giulio Girardi[19]

L'autore, impegnato dall'interno per anni nel sostegno alla rivoluzione sandinista a cui ha dedicato diversi libri, e attentissimo al movimento zapatista, trascorre una parte notevole del suo tempo a Cuba, dove ha stabilito rapporti preziosi con alcuni dei più stretti collaboratori del Che, come Orlando Borrego, che ha scritto un'interessante postilla al libro.

La ricostruzione del pensiero di Guevara fatta da Girardi è del tutto condivisibile, e la potrei firmare senza problemi. Ma... c'è un ma! Il problema di fondo è che una volta identificate le due anime della rivoluzione cubana, una libertaria e una dogmatica e autoritaria, occorrerebbe capire da dove sia venuta e come si sia rafforzata la seconda, oggi largamente prevalente a Cuba. Per Girardi, che risente ovviamente della sua formazione filosofica (anzi, per decenni teologica), si tratta di confrontare due opzioni intellettuali. L'altro marxismo, quello definito «sovietico», è frutto di un errore, è «economicista», si basa sul «materialismo dialettico, ossia una metafisica materialista e atea».

Nulla sulla sua origine, sulle sue profonde radici sociali, sulle ragioni per cui ha stravolto le caratteristiche originali della rivoluzione e lo stesso pensiero di Lenin, mummificato in senso proprio e metaforico, e sistematizzato in "canone" marxista-leninista. Il processo storico non interessa molto Girardi: lo dico per esperienza avendo discusso con lui più volte, ad esempio sul ruolo dei soviet nella Rivoluzione russa, che lui vedeva solo così come erano diventati dopo decenni di dominazione burocratica, ignorandone le caratteristiche originarie.

---

19   Giulio Girardi, *Che Guevara visto da un cristiano. Il significato etico della sua scelta rivoluzionaria*, Sperling & Kupfer, Roma 2005.

Il libro rimane interessante per la sincera ammirazione per il pensiero di Guevara, anche se c'è qualche eccesso "ideologico"; ad esempio Girardi considera aberrante l'interpretazione della religione come "oppio del popolo", di cui evidentemente non afferra a pieno il significato in Marx e in altri pensatori materialisti, e che non aveva nulla a che vedere con la «repressione della libertà religiosa» o con la «discriminazione dei credenti nel partito e nella società».

Girardi vorrebbe "attualizzare" il pensiero del Che e questo per lui significa «valorizzare l'enorme contenuto strategico della tradizione non violenta». Egli soprattutto, come in suoi precedenti saggi sulla "confluenza" tra marxismo e cristianesimo, sorvola sulle forze sociali che hanno determinato l'involuzione di entrambi.

L'altro problema è che, accettando la vulgata cubana a cui non possono sfuggire anche marxisti e "guevaristi" cubani come Borrego (che ne dà esempio nella "Postfazione") o Fernando Martínez, che Girardi cita spesso con sincera stima, la collocazione di Fidel viene in ogni periodo posta all'interno della corrente del marxismo "euristico" contrapposto a quello dogmatico. Eppure negli anni 1963-64, quelli della battaglia controcorrente di Guevara sull'economia (ma la posta in gioco era l'applicazione di *tutto* il modello dell'Unione sovietica stalinizzata), Castro non parlò mai, e poi fece scelte opposte a quelle del Che per quasi venti anni; compresa quell'assurda discriminazione antireligiosa che Girardi condanna.

Il discorso dell'8 ottobre 1987, che Girardi giustamente elogia, sembrava una svolta, ma è stato poi dimenticato. Soprattutto, Fidel Castro è antitetico a Guevara su un punto essenziale: non ha lo stesso culto della verità, ritiene di potere decidere lui ogni volta cosa dire e cosa tacere. Lo ha detto chiaramente nell'ultimo discorso importante, quello del 17 novembre 2005:

> Dobbiamo avere il coraggio di dire le verità, e non tutte, perché non sei obbligato a dirle tutte in una volta, le battaglie politiche hanno la loro tattica, l'informazione adeguata, e seguono

anche la loro strada. Io non sto dicendovi tutto, vi sto dicendo quello che è indispensabile.[20]

Girardi non nasconde le ingenuità del primo Guevara, non solo nelle lettere in cui si firma "Stalin II" nei giorni successivi alla morte del dittatore georgiano, ma in alcuni scritti schematici e scolastici del 1960 (*Note per lo studio della Rivoluzione cubana*) e anche successivi. Tuttavia egli coglie solo in parte la dinamica che portò il Che alla maturazione del suo pensiero a partire dall'esperienza diretta di organizzatore dell'economia e dalla riflessione sulle contraddizioni dei paesi socialisti.

Bella e appassionata l'ultima parte del libro, dedicata a un confronto tra il Che e Camilo Torres, forse un po' forzata nella ricerca di una convergenza filosofica, ma che conclude con una nota di ottimismo: «Le figure del Che e di Camilo ci si impongono non come miti del passato ma come germi di un futuro in gestazione».

Il numero speciale di *Latinoamerica* su Guevara

Annunciato con grande battage come un "numero davvero speciale" dedicato al Che, il n. 93 di *Latinoamerica*, uscito nel febbraio del 2006, è stato quanto mai deludente. Praticamente vengono riciclati materiali già più volte usati (almeno cinque volte nel caso della famosa intervista a Fidel), o brani tratti da libri sponsorizzati da Minà (come quello di Girardi) o dai suoi articoli apparsi su *il manifesto* in difesa dei "sacrosanti diritti" di vendere il Che in esclusiva a Berlusconi; articoli che Minà ha selezionato con il suo consueto stile: riportando cioè le sue esternazioni e le repliche a chi gli rispondeva, guardandosi bene dal pubblicarne gli interventi.

---

20   Un'analisi dettagliata del discorso di Fidel del novembre 2005 si trova nell'ultima parte della terza edizione della mia *Breve storia di Cuba*, cit.

C'è poi un tributo a uno degli argomenti centrali della propaganda cubana in questa fase: la liquidazione di Reporter senza frontiere come strumento della Cia dedito esclusivamente a combattere Cuba. Eppure basterebbe andare sul sito di questa organizzazione per vedere che si occupa di *tutti* i paesi in cui viene colpita la libertà di stampa, compresi Stati Uniti e Israele, di cui si dice che se la caverebbero per il regime interno, ma che sono colpevoli per le violazioni perpetrate in Palestina, Iraq, ecc.

Di interessante nel fascicolo (in vendita a 13 euro) c'è quasi soltanto il bel discorso di Harold Pinter in occasione del conferimento del Premio Nobel per la letteratura. Ma non c'entra molto con Guevara.

Come sempre, questa nuova serie della rivista, caratterizzata dalla foto ridente di Gianni Minà in copertina, è ridotta a puro contenitore di materiali, a volte pregevoli, apparsi qua e la per il mondo.[21]

A Cuba escono gli inediti, ma non si perde il vizio di tagliarli

Finalmente a Cuba è uscito un primo libro che raccoglie diversi inediti di Guevara.[22] Finalmente si può verificare quanto fosse infondato l'argomento che giustificava la mancata pubblicazione con esigenze di sicurezza dello Stato cubano. Negli inediti infatti non c'è una sola frase che possa danneggiarlo (a parte il discredito di chi ha occultato per oltre quarant'anni materiali preziosi).

Sul modo con cui il libro è stato confezionato in fretta e furia c'è però parecchio da dire. Prima di tutto, la "Nota

---

21   Ben altra era la caratteristica di elaborazione culturale che ebbe la rivista finché fu diretta da Enzo Santarelli e dall'infaticabile Bruna Gobbi.

22   Ernesto Che Guevara, *Apuntes críticos a la Economía Política*, Centro de estudios Che Guevara, Ocean Press, Editorial de Ciencias sociales, L'Avana 2006.

editoriale" che introduce il libro è piatta e reticente. Nel testo, di poche pagine, si riportano tre citazioni di periodi diversi del Che, tra cui una piuttosto banale dei primi anni di apprendistato, che al massimo serve a farci sapere che Guevara nel 1961 usava ancora la parola "teorico" in senso dispregiativo come sinonimo di "astratto". L'ultima è invece una frase che elogia Paul Baran, presumibilmente dopo la sua morte avvenuta nel 1964, osservando che al suo libro su *L'economia politica dello sviluppo* mancava un'analisi critica delle relazioni tra i paesi socialisti e quelli sottosviluppati. Ma, aggiungeva il Che, questo «è un libro ancora da scrivere e deve farlo un comunista». Tuttavia la curatrice, Maria del Carmen Ariet García, che dirige il Centro de estudios Che Guevara, non ci dice quando questo passo sia stato scritto e dove si trovi. Nella nota dice solo «Commento inedito preso da uno dei suoi quaderni di annotazioni». Quale quaderno? Quanti sono? La stessa Maria del Carmen, anni fa, aveva accennato a una quarantina...

Nella "Nota editoriale" introduttiva si utilizza seriamente il concetto di "applicazione del marxismo-leninismo" come se questo esistesse. Insomma, c'è da preoccuparsi per i criteri con cui gli inediti del Che vengono pubblicati, anche a Cuba. Figuriamoci in Italia, se saranno ancora affidati a persone sprovviste di un minimo di cultura storica e di rigorosi criteri filologici.

Si pensi a quanto lavoro è stato necessario per ricostruire il pensiero di Gramsci attraverso l'edizione critica dei *Quaderni* curata da Valentino Gerratana, che consente di seguire l'evoluzione della riflessione di Gramsci leggendo i *Quaderni* nell'ordine in cui erano stati scritti e non suddivisi in antologie tematiche.

Questa raccolta comprende in primo luogo alcuni testi che erano già stati parzialmente anticipati da Carlos Tablada e, soprattutto, da Orlando Borrego, e ha come pezzo forte le *Note sul Manuale di economia politica* dell'Accademia delle scienze dell'Urss, essenziali per capire che per il Guevara degli ultimi anni l'Unione sovietica non era socialista e la sua ideologia non era marxista.[23]

Queste sono finalmente riportate integralmente e all'interno di esse ci sono le argomentazioni che potranno suscitare maggiore sensazione a Cuba, se il libro verrà stampato in alta tiratura e messo in vendita a pochi pesos (cosa possibilissima, altrimenti a che dovrebbe servire il milione e mezzo di dollari pagato da Mondadori per i diritti?).

Speriamo che questi testi arrivino presto anche al lettore italiano. Il quale però conosceva già un'altra parte del libro, il cosiddetto "Plan tentativo", che era apparso nel bel libretto curato da Carlo Feltrinelli nel 1998 utilizzando i tre quaderni conservati negli archivi militari boliviani e fatti pervenire a Milano da chi li aveva scoperti e copiati.[24] Il "Plan" (tradotto "Progetto") che apriva il libro presentava, rispetto a quello pubblicato ora, alcune varianti interessanti per capire l'evoluzione del pensiero del Che (quella che fu trovata nello zaino del Che era l'ultima versione). Ad esempio dalla lista di "personalità del socialismo" era sparito Mao. Frutto dell'ultimo viaggio in Cina nel febbraio 1965? Sarebbe un elemento da approfondire.

Tra gli "Annessi" ci sono alcune delle "note di lettura" che il Che fin da ragazzo faceva, annotando su quaderni i passi salienti dei libri che leggeva e aggiungendo suoi commenti. Sono analoghe a quelle pubblicate da Carlo Feltrinelli, ma non sono databili: si dice solo che si tratta di «appunti critici redatti dal Che in quaderni indipendenti, intitolati Marx-Engels-Lenin, e che erano complementari agli studi di filosofia ed economia che stava realizzando» (p. 201). Non si è pensato di metterli a confronto con le "ultime note" scritte in Bolivia e tanto meno di dare una numerazione ai quaderni e tentarne una datazione.

---

23   "X preguntas sobre la enseñanza de un libro famoso (Manual de Economía Política, Accademia de Ciencias de la Urss)". "X" non sta per "dieci" ma rivela che il titolo era stato apposto dal Che prima di sapere quante sarebbero state nella versione definitiva le "domande" (che sono ben 225, non tutte della stessa rilevanza).

24   Ernesto Che Guevara, *Prima di morire. Appunti e note di lettura*, Feltrinelli, Milano 1996.

Comunque, questa è una delle poche parti che viene presentata come inedita. Come si è detto, a Cuba si considera infatti come "edita" la grande raccolta in sette volumi degli scritti del Che curata da Borrego, nonostante sia stata stampata solo in poche copie per i dirigenti, sia sempre stata assolutamente fuori commercio e perfino non consultabile nella stessa Biblioteca centrale José Martí.[25]

Viene valorizzata molto anche una lettera del Che a Fidel di cui si dice che sarebbe stata scritta nell'aprile del 1965, prima della partenza per il Congo. Qualche dubbio sulla data è legittimo, dato che il Che è partito da Cuba all'alba del primo aprile, ma non è questo il problema principale. Cos'è stato tagliato e perché? Non si capisce qual è la logica di una presentazione mutilata, dato che questa lettera espone semplicemente le ultime posizioni di Guevara sull'economia che, infatti, ritroviamo espresse quasi con le stesse parole negli ultimi tre dibattiti bimestrali al Ministero dell'industria. La lettera è interessante, ma il metodo è inaccettabile.

Il terzo inedito è il resoconto della penultima riunione al Minind, quella del 2 ottobre 1964. È una delle riunioni in cui Guevara espone più francamente i suoi dubbi sull'Unione sovietica, e si capisce quindi perché non fu inserita a suo tempo nella raccolta curata da Borrego. Impossibile sapere cosa sia stato tagliato e perché. Ci sono ogni tanto tre puntini tra parentesi, ma che cosa vogliono dire? Negli altri resoconti di riunioni riportati da Borrego e ripubblicati in questo libro il segno "[...]" a volte indica la soppressione di una frase insignificante, a volte invece la cancellazione di due o tre pagine di notevole interesse.

Pubblicare a pezzi e bocconi gli scritti del Che rivela un metodo inaccettabile, che forse non fa molto scandalo a Cuba,

---

25   Ho impiegato anni di paziente lavoro prima di poterli consultare e trascrivere nella casa che fu del Che, e alla fine anche copiare con una fotocopiatrice donata al Centro. Senza di questo il riscontro, e quindi la verifica del permanere di censure al pensiero del Che, sarebbe stato impossibile.

dove a partire dall'inizio degli anni Settanta un'intera generazione è stata educata sotto l'influenza ideologica sovietica.[26] Ma
il Che è patrimonio dei rivoluzionari di tutto il mondo e continuare a presentarlo in questo modo rende ancora una volta
difficile conoscerlo e studiarlo.

Brevi segnalazioni aggiuntive

Scritti di Guevara

L'unica antologia ampia e rigorosa oggi in circolazione in
Italia è: Ernesto Che Guevara, *Scritti scelti*, a cura di Roberto
Massari, Erre emme, Pomezia 1993. Naturalmente era ottima la grande raccolta di *Opere*, pubblicata da Feltrinelli in
quattro tomi nel 1969, e anche, nonostante alcune sviste clamorose e qualche errore di traduzione, quella della Einaudi:
Ernesto Che Guevara, *Scritti, discorsi e diari di guerriglia*, a
cura di Laura Gonsalez, Einaudi, Torino 1969. Ma sono entrambe introvabili.

Non particolarmente utili le due antologie che la Feltrinelli
aveva acquistato dalla Ocean Press poco prima che quest'ultima vendesse i diritti su tutte le opere di Guevara alla Mondadori. L'una (in inglese) era destinata al pubblico australiano,
l'altra all'America latina, dove il pensiero del Che era in genere ugualmente poco conosciuto dopo anni di dittature. Erano
state acquistate perché era l'unico modo per ottenere i diritti
su una serie di scritti contenuti nelle due antologie, allo scopo
di farne una più organica in due volumi in ordine cronologico.
Una clausola trabocchetto contenuta nel contratto ha impedito

---

26   Ad esempio anche quando la *rectificación* ha indicato la volontà cubana di allontanarsi dall'influenza sovietica gli scritti di Fidel Castro hanno continuato a essere pubblicati sotto forma di *compilación de textos* oppure di *selección temática*, cioè
come scelta di frasi da studiare staccate dal contesto (Fidel Castro, *Por el camino cor-
recto*, Editora Política, L'Avana 1989; o Fidel Castro, *Rectificación*, Editora Política,
L'Avana 1990).

qualsiasi modifica o aggiunta di note esplicative. Per non perdere tutto sono state pubblicate in fretta e furia così com'erano, con sovrapposizioni e lacune e con un apparato di note del tutto inadeguato. Infatti c'era un'altra trappola: la perdita di ogni diritto se non pubblicate entro l'ottobre del 2005. Evidentemente i diritti erano stati venduti alla Feltrinelli mentre era già in corso la trattativa della Ocean con la Mondadori, ed era stato predisposto il meccanismo per mandare a monte il primo contratto. Un comportamento a dir poco scorretto.[27]

I titoli delle due raccolte sono: Ernesto Che Guevara, *America latina. Il risveglio di un continente*, Feltrinelli, fuori collana, Milano 2005; Ernesto Che Guevara, *Scritti su politica e rivoluzione*, Feltrinelli, fuori collana, Milano 2005.

Per un'esauriente bibliografia rinvio alle minuziosissime bibliografie curate in ogni numero dei *Quaderni* della Fondazione Ernesto Che Guevara da Roberto Porfiri. Per informazioni scrivere a: che.guevara@enjoy.it.

Altri scritti su Guevara e su Cuba

Dalla rassegna sono rimasti fuori alcuni libri pregevoli. Alcuni sono ormai introvabili ma è sempre disponibile un testo che ha avuto una funzione pionieristica (la prima edizione era uscita nel 1987) e a cui devo molto: Roberto Massari, *Che Guevara. Pensiero e politica dell'utopia*, Erre emme, Roma 1997. Meno facilmente reperibile, per le dimensioni della meritoria casa editrice, ma sempre importantissimo è: Carlos Tablada, *Economia, etica e politica nel pensiero di Ernesto Che Guevara*, Il Papiro, Sesto San Giovanni 1996.

Su Cuba non posso che rinviare alla terza edizione ampliata della mia *Breve storia di Cuba*, DataNews, Roma 2006.

---

27   Amareggia che i dirigenti della Ocean Press, che in un tempo lontano erano militanti rivoluzionari, siano diventati i rappresentanti esclusivi di quegli eredi di Guevara che hanno dimenticato che egli non aveva mai accettato diritti d'autore, e aveva chiesto che i suoi figli non ottenessero nulla in più di qualsiasi altro cubano.

David Deutschmann (a cura di), *Ernesto Che Guevara raccontato da Fidel Castro*, Grandi tascabili economici Newton, Roma 1997, è interessante per ricostruire tempi e modi della riscoperta del Che a Cuba.

Vanno segnalati inoltre alcuni libri su Fidel Castro, che inevitabilmente parlano anche di Guevara:

Ted Szulc, *Fidel, il caudillo rosso*, SugarCo, Milano 1989 (un classico).

Claudia Furiati, *La storia mi assolverà. Vita di Fidel Castro. Una biografia consentita*, il Saggiatore, Milano 2002.

Volker Skierka, *Fidel*, Fandango, Roma 2003.

Santiago Aroca, *Fidel Castro. El final del camino*, Planeta, Barcellona 1992.

Aldo Garzia, *Cuba, dove vai?*, Edizioni Alegre, Roma 2005.

Angelo Trento, *Castro e Cuba dalla rivoluzione a oggi*, Giunti Casteman, Firenze 1998.

Maurizio Chierici (a cura di), *Cuba Fidel?*, L'Unità, Roma 2005.

Maurizio Chierici (a cura di), *Cuba. 45 anni dopo*, L'Unità, Roma 2005.

Franco Cacucci, *La solitudine di Fidel. Telecamera su Cuba*, Nuova Eri, Torino 1992.

Carlo Feltrinelli, Aldo Garzia, *Fidel revisited*, inserito nel cofanetto con i dvd dei film di Oliver Stone, *Comandante* e *Looking for Fidel*, Feltrinelli-Real Cinema, Milano 2005.

Jean Paul Sartre, *Visita a Cuba (1960). Reportage sulla rivoluzione cubana e sull'incontro con Che Guevara*, Massari, Bolsena 2005.

Stralci dagli inediti

La selezione dagli "atti" delle riunioni bimestrali del Ministero dell'industria operata nel nuovo libro di scritti inediti del Che appena uscito a Cuba lascia fuori molte pagine importanti.[1] Non discutiamo ovviamente la necessità di scegliere solo una parte degli undici resoconti. Ci si potrebbe giustamente obiettare che anche l'unica selezione di questi preziosi resoconti pubblicata fuori da Cuba, quella inserita negli *Scritti scelti* curati da Roberto Massari, lasciava fuori molte parti. Tuttavia in quel caso si trattava di una breve sezione all'interno di un'antologia complessiva.[2] E – soprattutto – quando erano state lasciate cadere alcune parti, lo si era segnalato riassumendo il periodo omesso (e si trattava solo di riferimenti contingenti ad alcuni interventi nel dibattito).

In questo caso invece sono stati esclusi interamente i resoconti di dibattiti di grande rilevanza. Ad esempio quello del 14 luglio 1962 in cui Guevara esprimeva severi giudizi sui guasti provocati da Aníbal Escalante promuovendo ovunque funzionari incapaci provenienti dal Psp, selezionati per la loro fedeltà personale al capo, e anche i primi dubbi sull'Unione sovietica. C'era poi una severissima valutazione del ruolo dei sindacati,

---

1   Ci si riferisce a: Ernesto Che Guevara, *Apuntes críticos a la Economía Política*, Centro de estudios Che Guevara, Ocean Press, Editorial de Ciencias sociales, L'Avana 2006, recensito nella rassegna bibliografia di questo volume.

2   C'era un'altra attenuante: le intimazioni fatte periodicamente dalla vedova del Che e dalla figlia maggiore contro ogni pubblicazione integrale di inediti.

considerati inutili e dannosi e soprattutto «ricalcati con la carta carbone» su quelli sovietici.

Quel che è più grave è che all'interno di tutti gli otto resoconti pubblicati sono stati effettuati dei tagli, anche pesanti. In un caso, quello della penultima riunione al Ministero dell'industria del 2 ottobre 1964, uno dei testi veramente nuovi perché non inseriti nella raccolta curata da Borrego, è stato impossibile controllare a cosa corrispondessero i tre puntini tra parentesi. Il testo è molto interessante ma restano forti dubbi sulle ragioni delle omissioni.

Abbiamo scelto di riportare di seguito alcuni dei passi chiaramente tagliati per scopi censori, e non i quattro resoconti completamente omessi che, pure, ci riserviamo in un secondo momento di pubblicare.[3] Prima però crediamo utile fornire al lettore la testimonianza di Borrego sulle circostanze in cui Guevara esaminò e approvò la raccolta dei suoi scritti (da Borrego non è facile capire se il Che sapesse che la diffusione sarebbe stata tanto limitata).

La testimonianza di Orlando Borrego

Borrego aveva portato a Guevara, appena rientrato a Cuba dal Congo e dall'intermezzo praghese, i sette tomi che raccoglievano parte notevole della sua produzione sotto il titolo

---

3   Non lo abbiamo fatto finora solo perché ce lo aveva chiesto Aleida March mentre concedeva l'accesso a quei documenti, e non per timore di ripercussioni legali; il modo arbitrario con cui quei testi sono stati "desecretati" e messi in circolazione a rate e senza alcuna cura filologica, quaranta anni dopo essere stati scritti, ci scioglie tuttavia dall'impegno preso all'inizio degli anni Novanta. Tra l'altro le pretese della vedova e della figlia maggiore del Che sui diritti di questi testi ci sembrano assai discutibili, dato che sappiamo dalla testimonianza di Borrego che il Che aveva fatto in tempo a vedere quest'opera e l'aveva approvata. Il Che aveva d'altra parte detto chiaramente a Haidée Santamaria, compagna e amica – ma soprattutto direttrice della Casa de las Américas, che aveva pubblicato un suo libro – che non voleva diritti d'autore, e analogamente aveva detto alle Edizioni Avanti: «comunico che per quanto riguarda i miei diritti d'autore potete procedere come ritenete necessario, però mi piacerebbe che andassero a ingrossare il fondo del Movimento dei partigiani della pace». Il Che non sapeva che di quel movimento in Italia era rimasto ben poco, ma l'intenzione di destinare a fini politici i diritti sui suoi scritti era inequivocabile.

El Che en la Revolución cubana e glieli aveva stesi su un letto. Sembrava che il Che non capisse bene di cosa si trattasse, ma dopo avere letto il titolo e il prologo si rese conto di cos'erano.

Si trattenne alcuni momenti a fare una revisione un po' più attenta e poi, rivolgendosi a me, che lo osservavo nel più assoluto silenzio, mi disse: «Pare che hai fatto un buon *popurrí*,[4] ma lasciameli qui che voglio vederli con più calma».[5]

Quando Borrego dopo qualche giorno ritornò nella fattoria San Andrés, in una località della provincia di Pinar del Río dove Guevara soggiornava in incognito prima della partenza per la Bolivia, verificò che il Che aveva esaminato dettagliatamente i sette tomi:

Mi espresse le sue considerazioni su quello che aveva qualificato come un *popurrí*. Le sue parole furono queste: «Sai una cosa, quando uno legge tutto quello che ha detto e scritto durante tanti anni gli vengono ansie immense, sente la necessità di aggiungere nuove cose, ed è logico perché uno ha imparato ed è maturato.[6] Rivedendo tutto questo, mi sembra che il lavoro più maturo [letteralmente *terminado, n.d.a.*] sia *Il socialismo e l'uomo a Cuba*».[7]

Borrego gli rispose osservando che era inevitabile, dato che era stato scritto «in una fase di maggiore maturità», ma il Che non gli prestò molta attenzione.

In quel momento aveva fissato lo sguardo in un punto del tetto e parlando come se fosse solo disse: «Il tomo sei è interessante,

---

4 Termine cubano derivato dal francese *pot-pourri.*

5 Orlando Borrego, *Che. El camino del fuego*, Imagen contemporanea, L'Avana 2001, p. 377.

6 Questa frase del Che ridicolizza coloro che si indignano se si distinguono fasi diverse nel pensiero guevariano.

7 *Ibid.*, p. 378.

soprattutto per quelli che non conoscono bene le cose che abbiamo fatto a Cuba dopo la vittoria della rivoluzione». Il tomo sei raccoglieva tutto quello che era stato discusso nelle riunioni interne al Ministero dell'industria. L'osservazione mi sorprese, perché per me il tomo più interessante era il primo, di scritti e lettere, ma non gli dissi niente e lasciai che continuasse la sua valutazione.[8]

Borrego fu anche colpito da un'altra osservazione del Che. Prendendo in mano uno dei volumi disse: «Sai a chi può essere utile tutto questo? Per esempio a Turcios Lima. Così potrà rendersi conto delle cose buone e cattive che i rivoluzionari fanno dopo avere preso il potere». Borrego non chiese conto del perché di quel riferimento a Luis Turcios Lima ma pensò che fosse perché dirigeva il movimento guerrigliero guatemalteco, che si pensava potesse essere uno dei primi a trionfare in America latina, e che quindi avrebbe potuto approfittare più rapidamente dell'esperienza cubana.[9]

D'altra parte il Che diceva che «quando noi vinceremo» (senza precisare a quale paese si riferisse, e Borrego pensava allora che fosse l'Argentina) sarebbe stata utile tutta la parte dedicata al sistema del "finanziamento di bilancio" per non lasciare sola Cuba (in cui peraltro, dopo il dibattito del 1963-64, soltanto una parte delle imprese applicavano il metodo proposto da Guevara).[10]

8   *Ivi*. È molto apprezzabile la modestia e l'onestà con cui Borrego riferisce questa discordanza di valutazione con il Che. Grazie a lui ho conosciuto questo giudizio del Che sulla sua opera, che mi ha fortemente confortato, non solo perché avevo apprezzato subito dopo la sua prima pubblicazione *Il socialismo e l'uomo a Cuba* come uno degli scritti fondamentali del Che maturo, ma perché avevo dato la stessa importanza al tomo sei.

9   *Ibid.*, pp. 378-79. In quella stessa conversazione il Che si preoccupava anche delle persone, tra cui Fidel, alle quali far arrivare quella raccolta.

10   Nel corso di diversi convegni, a Cuba e in Italia, dedicati a Guevara dopo la "riscoperta" del 1987, alcuni economisti e militanti socialisti e comunisti cileni hanno espresso l'amarezza per non aver conosciuto tutta una parte, la più importante, del pensiero economico e politico del Che al momento dell'esperienza di Unidad popular.

Alcuni dei passi mancanti nel resoconto della riunione bimestrale del 5 dicembre 1964 al Ministero dell'industria

A. I burocrati cubani competono tra loro all'estero[11]

Per esempio, poco fa, avevamo chiesto tutta una serie di dati in Francia per uno studio su una fabbrica di pasta di carta e altri problemi. Si era presa una decisione; a me era arrivata la decisione, ma arriva di nuovo il contratto e si rivede il contratto. Incaricai di fare un controllo del contratto, per la parte giuridica, ma quello che mi arriva è una revisione di tutto, non della parte giuridica, ma delle quantità di pasta necessaria, e se sono necessarie tante migliaia di tonnellate di questo, e se sono necessarie tante migliaia di tonnellate di quest'altro. Il tecnico A dice questo, il tecnico B dice quest'altro. E costantemente ci troviamo con il rischio che, se un tecnico cambia posizione tra due momenti di tutto il processo di investimento, cambia la prospettiva e non si sa più che succede. Allora si riuniscono tre tecnici e si mettono d'accordo, diciamo, per 60mila tonnellate di pasta di un certo tipo. Si cominciano i lavori, arriva il progetto di contratto e si scopre che non sono più 60mila tonnellate, ma 45mila e poi 25mila di un altro tipo, e poi ancora 40mila di un altro tipo ancora, che poi risultano 60mila. La ragione è che è arrivato un nuovo tecnico, ha preso la cosa nelle sue mani, ha dimostrato che il precedente era un animale e quindi ha dato una nuova versione dell'ordine. Ma se passano quattro mesi e questo tecnico se ne va a Miami o passa al Ministero di Borrego (non è la stessa cosa, sono cose ben diverse, ma l'effetto è lo stesso) e viene sostituito, quello che prende il suo posto dimostrerà ancora una volta tutto il contrario, o almeno fornirà una nuova versione modificata e aumentata.

11 Da Orlando Borrego (a cura di), *El Che en la revolución cubana*, Minazucar, L'Avana 1966, tomo VI, pp 555-57. Negli *Apuntes críticos* il taglio è stato effettuato a pagina 362. A pagina 364 era stato tagliato un altro passo piuttosto lungo che nell'edizione di Borrego si trovava alle pagine 559-61, meno interessante per il lettore italiano perché centrato sui criteri di funzionamento del Ministero e di intervento nelle imprese per migliorarne i criteri di funzionamento e che, quindi, non abbiamo tradotto.

Questo è il problema della mancanza di maturità e di senso della responsabilità di questa gente. E realmente uno si sente molto male a discutere con tutta una serie di persone, di cui si rende conto che ti guardano come un "sovrano imbecille". E in realtà uno si sente davvero imbecille, perché ogni cinque giorni bisogna cambiare quello che si era detto solennemente poco prima. E quando questo succede tra paesi socialisti, tutto rimane più o meno tra fratelli, e tra fratelli si può perfino "nominare" la madre senza problemi maggiori. Ma questo succede anche in conversazioni con paesi capitalisti, e il nome di Cuba, il prestigio di Cuba, il prestigio della rivoluzione cade in basso per tutti questi problemi. E questo si ripete sistematicamente, non c'è modo che si mettano d'accordo.

Recentemente, in una discussione di questo genere, Borrego ha dovuto fare da arbitro in una lotta in cui i francesi facevano da spettatori, perché lo scontro era qui, tra i nostri. Davvero si danno spettacoli che non depongono per niente bene sulla nostra maturità.[12]

B. Il giudizio sull'Unione sovietica[13]

Gran parte della riunione del 5 dicembre 1964, l'ultima tenuta da Guevara, affrontava la questione dell'Unione sovietica informando sul suo ultimo viaggio a Mosca, dove era stato attaccato apertamente come trotskista (con suo grande stupore, perché del trotskismo conosceva poco). Una parte notevole è stata riportata nell'antologia curata da Massari.[14] Per ragioni di

---

12   Le ragioni per tagliare questo pezzo possono essere state diverse, ma è probabile che il curatore del libro temesse che questo episodio che faceva tanto indignare il Che facesse venire in mente ai lettori il modo disastroso con cui oggi certi rappresentanti cubani trattano con gli investitori stranieri nelle società miste, dividendosi tra loro perché sottoposti a diverse pressioni materiali (come si poteva pensare anche nei casi denunciati dal Che).

13   *Ibid.*, pp. 567-69. Negli *Apuntes críticos* il taglio è stato effettuato a pagina 370.

14   Ernesto Che Guevara, *Scritti scelti*, a cura di Roberto Massari, Erre emme, Pomezia 1993, vol. II. Le parti sull'Unione sovietica sono alle pagine 564-71.

spazio non la riportiamo tutta, ma solo le pagine significativamente omesse dal curatore degli *Apuntes críticos*. Infatti, anche se non sono completamente inedite in italiano, lo sono ancora per Cuba.

Dopo avere riferito sugli attacchi dei sovietici Guevara risponde a un compagno che gli aveva chiesto se in quei dibattiti a Mosca si fosse discusso anche del "sistema di finanziamento di bilancio", cioè il metodo proposto di valutazione dei costi e di gestione delle imprese che era attaccato a Cuba sempre più duramente dai filosovietici.

No, non abbiamo discusso del sistema di finanziamento di bilancio. Del resto, quando viaggio io rappresento il governo e quindi sono disciplinato e mi limito a esporre strettamente la posizione ufficiale: altrimenti dovrebbero qualificare come "trotskista" il governo, e questo è impossibile.

Vorrei parlarvi ora di altre cosette che ho osservato, varie cose che sono importanti per far meditare un po' ciascuno, visto che il problema qui è che siamo tutti troppo ignoranti, individualmente, perché qualcuno di noi riesca a elaborare da solo una teoria solida. Inoltre va detto che in generale la gente intelligente e colta non elabora teorie solide, e meno che mai in questo momento della storia del mondo. Ma il nostro gruppo bene o male studia, si dà da fare. E quindi bisogna che ci aiutiamo, che voi mi aiutate di più, pensando, collaborando, leggendo tutte le cose fondamentali, tutte quelle che sono alla vostra portata.

Per esempio c'è un articolo che si sarebbe dovuto distribuire tra voi: chiederemo a Riera che lo distribuisca. *Non possiamo pubblicarlo per la linea che manteniamo di neutralità assoluta, di non farci coinvolgere minimamente nella polemica cino-sovietica.*[15]

---

15   Il corsivo è mio e vuole evidenziare un'affermazione importante per capire perché Guevara allora accettò di non rendere pubbliche le sue critiche all'Unione sovietica. La neutralità tuttavia fu rotta poco dopo da Fidel Castro che attaccò pesantemente la Cina con gravi conseguenze per il futuro dell'isola e per la sorte stessa del Che, che fu costretto ad appoggiarsi in Bolivia ad un partito comunista piccolo e ben poco rivoluzionario, anziché ai più forti gruppi maoisti e trotskisti.

È un articolo di Sweezy, nel quale analizza una delle lettere in cui i cinesi cercano di dimostrare che la Jugoslavia è un paese capitalistico. Ebbene, Sweezy mostra il dogmatismo dei cinesi, in questa lettera, cioè nell'articolo, e dopo averlo dimostrato a sazietà afferma che la Jugoslavia è un paese che va verso il capitalismo. Perché?

Perché in Jugoslavia funziona la legge del valore e tende a funzionare ogni giorno di più. E per esempio c'è quella cosa tanto interessante (non so se voi seguite bene la politica estera), quella cosa tanto interessante che il compagno Krusciov aveva detto in Jugoslavia, dove aveva mandato anche gente a studiare o a fare non so che. Ebbene, ciò che vide in Jugoslavia e gli parve così interessante, negli Stati Uniti era più sviluppato perché era capitalistico. E quindi, cosa accade? Vi è una serie di problemi di questo genere che sono sommamente interessanti, e che bisogna studiare a fondo, e leggere anche molte cose per familiarizzarci con i problemi.

Vedete, quando sono stato a Mosca ho avuto varie discussioni, discussioni diciamo di tipo scientifico, in un istituto di matematica applicata all'economia che ha dato vita a una serie di sudi interessantissimi. Lavorava lì tutta gente seria, molto profonda, come sono in genere i sovietici, che hanno una forza, una capacità tecnica straordinaria. La discussione la cominciammo ovviamente sulla questione dei prezzi; ma poi dovemmo lasciare il problema dei prezzi giacché per quel lato non si arrivava da nessuna parte. Continuiamo a discutere e a un certo punto mi chiedono se io conosco un sistema che si sta sperimentando in una fabbrica dell'Unione sovietica, in un'impresa che lavora a stretto contatto con il suo pubblico. Ha un suo assortimento di prodotti basato sulle esigenze della gente, che è anche... [incomprensibile nella registrazione] quando la qualità è cattiva e la redditività è calcolata in rapporto alle vendite che vengono fatte, e alla fine anche alla qualità del prodotto, che è poi un assortimento per il pubblico. Allora mi chiedono: "lei conosce questo sistema?", e io, che stavo per dirglielo già da un po', rispondo: "questo sistema non lo conosco qui in Unione sovietica, ma mi è ben noto. A Cuba era molto sviluppato, come lo è nel capitalismo: è capitalismo puro. Infatti abbiamo semplicemente un'azienda che fa entrare o uscire il proprio assortimento a seconda di ciò che il pubblico chiede, o a una redditività calcolata in rapporto alla gestione che viene fatta a contatto con il pubblico: non c'è niente di misterioso, è quello che fa il capitalismo. L'unico problema è che quando questo sistema si trasferisce da una fabbrica all'insieme della società, si crea l'anarchia della produzione, giunge la crisi e dopo si dovrà nuovamente tornare al socialismo".

C. Sui sindacati[16]

Il testo tagliato è importante e per capire meglio il suo senso e la ragione della censura preferisco riportare tra parentesi quadre anche alcune parti immediatamente precedenti, che sono state pubblicate finalmente a Cuba ma che erano già comprese nell'antologia guevariana curata da Massari.

[Dunque si parla in generale dei sindacati e di altri strumenti. Si parla di scuola di comunismo, ecc. L'unico problema è che non si sa perché deve essere il sindacato, un'associazione di operai, a fare questo; deve essere la soluzione della contraddizione, la sintesi della contraddizione che si può realizzare, per esempio, in questo sistema che stiamo sviluppando delle "commissioni di giustizia del lavoro", come primo passo, come prova o esperienza, in cui sono rappresentati sia gli operai sia la parte amministrativa. Dobbiamo vedere come si sviluppano, come reagiscono. Intanto si è vista una cosa fondamentale, che era elementare, l'importanza che ha, l'entusiasmo che si crea nella gente quando sa che può eleggere i propri rappresentanti.

Qui la democrazia sindacale è un mito, lo si può dire o non dire, ma è un perfetto mito. Si riunisce il partito e allora propone alla massa "Tizietto tal dei tali", candidatura unica, e da quel

---

16 Borrego (a cura di), *El Che en la revolución,* cit., t. VI, pp. 578-80; Massari, *Scritti scelti,* cit., pp. 576-77. Negli *Apuntes críticos* il taglio è stato effettuato a pagina 380.

momento esce quell'eletto, a volte con una certa partecipazione, a volte con scarsa presenza, ma in realtà non c'è stato nessun processo di selezione da parte della massa. Invece col nuovo sistema la gente può scegliere realmente il proprio candidato, e da quel che ho saputo c'è stato un grande entusiasmo.

E deve attirare la nostra attenzione anche dal punto di vista istituzionale questo fatto che la gente ha bisogno di esprimersi, ha la necessità di un veicolo per esprimersi. Su questo dobbiamo riflettere, e al tempo stesso, se queste commissioni sono capaci di agire, di conquistarsi la fiducia della gente, sono un veicolo molto più adatto di quanto non sia il sindacato, per la sua natura, a rappresentare gli interessi generali dei lavoratori dell'amministrazione, che sono anch'essi dei lavoratori, cioè i problemi generali dell'unità produttiva.

E per questa via potrebbero avere un bel compito, eliminare i sindacati, con il loro nome e la loro impostazione ereditata dall'antagonismo di classe, e al tempo stesso si creerebbe un veicolo di democrazia, necessario per le nuove istituzioni che bisogna creare, ossia ci sarebbe una base da cui partire. Perciò, al momento attuale, direi addirittura che i sindacati potrebbero smettere di esistere e trasferire le loro funzioni ai "Consigli di giustizia del lavoro": si aggiungerebbero a questi alcune funzioni concrete e la gente potrebbe essere eletta.][17]

Ed ecco la frase tagliata subito dopo, breve, ma estremamente significativa:

Se facessimo un'inchiesta tutti sarebbero d'accordo con noi. Gli unici che non sarebbero d'accordo – e la cosa è certa,

---

17   Le "Comisiones de justicia laboral" (o "Consejos", come Guevara li chiama in altra parte) erano in fase sperimentale e non hanno avuto un grande futuro. Ma Guevara le segnalava evidentemente per valorizzare l'importanza del metodo di eleggere liberamente delegati, non per la loro funzione specifica, abbastanza limitata. Il passo va capito nel contesto del giudizio severo sui sindacati espresso in molti altri scritti dell'ultimo periodo, ma anche alla luce delle inquietudini di Guevara sui meccanismi che avrebbero dovuto assicurare un legame organico e permanente con le masse, espresse soprattutto ne *Il socialismo e l'uomo a Cuba*.

umanamente comprensibile, ma non bella – sarebbero quelli della burocrazia sindacale che si è venuta costituendo. Costoro sanno che toccherebbe loro tornare a lavorare con le manine, e quindi dicono: "Senti, sono diciotto anni che faccio il dirigente sindacale, dovrei ricominciare da capo?". Ma al di fuori di questo gruppo di compagni, è certo che la maggioranza della gente è d'accordo.

Le ragioni della censura sono più che evidenti. Nel corso degli anni i sindacati sono rimasti a Cuba quelli «ricalcati con carta carbone» su quelli sovietici e non hanno alcuna funzione reale di difesa degli interessi dei lavoratori (sono invece dispensatori di soggiorni premio in alberghi o colonie, ecc.). Tutto questo li rende non particolarmente amati in un momento in cui, per giunta, un certo numero di cubani lavora senza protezione adeguata in imprese gestite da capitalisti stranieri.

La parte successiva, non censurata, del resoconto della riunione del 2 dicembre 1964 è relativamente meno interessante per i cubani di oggi, e anche per noi. Infatti Guevara, che detestava i sindacati e li voleva sopprimere (o almeno auspicava che si estinguessero, «come deve estinguersi lo Stato»), si impelaga in una serie di considerazioni sul perché Lenin li difendeva nel dibattito del 1920, immaginando che lo facesse come concessione a Trotsky.[18]

L'interpretazione è fantasiosa: era casomai Trotsky allora ad avere una posizione analoga a quella di Guevara contro i sindacati. In ogni caso si tratta di un dibattito che ai cubani di oggi non può dire molto.

---

18   Guevara sosteneva che bisognasse leggere tutto il ricco dibattito dei primi anni della Rivoluzione russa ma non aveva avuto tempo di studiare il russo e si doveva basare su quello che gli fornivano i suoi consiglieri russi o cechi, che gli erano stati messi al fianco per influenzarlo e condizionarlo. Ma un giovane diplomatico sovietico – come Oleg Daruscenko – non era certo esperto dei dibattiti degli anni Venti e difficilmente aveva accesso ai fondi segreti delle biblioteche in cui erano conservati gli scritti di Trotsky. Mentre erano disponibili in grande quantità scritti contro Trotsky, pieni di vecchie e nuove falsificazioni.

Il Che e il suo inedito.
Il temerario tentativo del Che

*di Celia Hart**

> *El sueño se hace a mano y sin permiso*
> *Arando el porvenir con viejos bueyes*
> (Il sogno si fa a mano, e senza permesso,
> arando l'avvenire con vecchi buoi)
> Silvio Rodríguez

È apparso per fortuna su *La Haine y Rebelión* un articolo del compagno Jesús Arboleya Cervera[1] che spiega minuziosamente la struttura del libro *Apuntes críticos a la Economía política* ("Note critiche all'economia politica" [al *Manuale di economia politica* dell'Accademia delle scienze dell'Urss]) del nostro autore, Che Guevara. Questo mi consente perciò di passare direttamente al commento di alcuni dei temi di fondo della riflessione di Guevara sulle vie per la costruzione del socialismo.

Sono stati davvero pochi i marxisti che si sono assunti la responsabilità di elaborare teoria rivoluzionaria mentre erano essi stessi protagonisti della trasformazione. Naturalmente questo non attribuisce loro una maggiore credibilità degli altri, anche se è importante tenerne conto nel momento dell'analisi: l'oggetto "osservato" è al tempo stesso "osservatore", e questo gli conferisce una sfumatura differente rispetto a chi ha teorizzato sul socialismo senza avere avuto la possibilità di costruirlo.

---

* Figlia di due dirigenti storici della rivoluzione cubana, Armando Hart e Haydée Santamaria. Fisica e scrittrice, si definisce "trotskista sciolta". La traduzione del testo è di Maria Novella Pierini per la prima edizione di questo libro nel 2006.

1 "Reflexiones del Che sobra el Socialismo", in «La Haine y Rebelión», 24 febbraio 2006.

Attenzione! Né migliore né peggiore, soltanto differente. È il caso, ad esempio, di Lenin, Trotsky, Mao, Fidel, il Che, e pochi altri.

Nella meccanica quantistica c'è un assioma che dice più o meno che la misurazione influenza la misura. Il fatto di misurare è un evento fisico che cambia inevitabilmente il risultato di ciò che vogliamo misurare. Sto volgarizzando, so bene che non si tratta di particelle elementari e che non ci muoviamo nel micromondo, ma voglio soltanto sottolineare come un'analisi teorica condotta da chi sta al contempo trasformando ciò che vuole capire, ha un valore, un significato che muta e modifica l'oggetto nel momento stesso in cui lo si sta indagando. Teniamone conto.

Nel caso del Che tutto ciò acquista la lucentezza del diamante in pieno sole; per nessun'altro come per lui. In pochissimo tempo egli ha scambiato la valigetta di medico con un fucile, è stato il soldato migliore della rivoluzione cubana, ha di nuovo scambiato il fucile con la penna e con gli impegni amministrativi, per poi tornare con gesto coerente a imbracciare il fucile. Ciò che ha da dirci il Che è di suprema importanza, maggiore (molto maggiore!) di quello di qualunque grande sapiente.

È di questo che si tratta nel libro in questione, che ha un'importanza fondamentale, poiché l'impazienza dell'autore di capire le categorie, le misure che avrebbero determinato il passaggio a una nuova società, impregna chi legge della stessa impazienza, degli stessi timori.

Va chiarita una cosa, e cioè che le *Note* del Che al *Manuale di economia* non sono totalmente inedite. Le opinioni del Che sono riprese in forma insuperabile nei due lavori di Borrego[2] e di Tablada.[3] Il mio più grande stupore di fronte a tutto questo

---

2   Orlando Borrego, *Che, el Camino del Fuego*, Imagen Contemporánea, L'Avana 2001.

3   Carlos Tablada, *El Pensamiento económico del Che Guevara*, Ed. Nuestra América, 2005 [1987].

l'ho espresso nella mia "Introduzione"[4] alla trentesima edizione del libro di Tablada. E continuo a pensare che il merito di Carlos sia quello di essere stato il primo ad avere salvato dalla tempesta stalinista le concezioni economiche del Che. Chi leggerà il libro di Tablada, che si sta avviando alla trentunesima edizione, si accorgerà che l'autore riporta i rimandi al *Manuale* come "inediti". Nelle prossime edizioni per fortuna non sarà più costretto a farlo.

Tuttavia anche così il fatto di avere in mano un libro di questa natura, il cui autore è Guevara, che si presenta come era stato previsto, ci sconvolge: è come se arrivassimo in un'oscura biblioteca e trovassimo alla fine la dimostrazione del "teorema di Fermat" che una qualche accademia scientifica aveva deciso che non fosse opportuno si conoscesse, o uno spartito ignoto e fondamentale di Mozart che non era opportuno si eseguisse.

Mi sono allora messa ad approfittarne fino in fondo. Pur avendo goduto della lettura dei libri dei miei compagni Borrego e Tablada questo, se non altro per la valenza simbolica, era ormai l'estasi, l'apprensione, l'impegno.

Propongo allora al lettore di concentrarci soltanto sulla lettera che il Che aveva inviato a Fidel, che gli editori riportano come "Introduzione",[5] su ciò che il Che ha intitolato "Necessità di questo libro"[6] e su qualche altro aspetto meno analizzato. Poi si vedrà, quando anche gli altri avranno in mano come me i famosi *Quaderni di Praga*. Accadrà presto e ho fiducia che questa volta la pubblicazione sarà rapida, economica e in mille lingue (come è avvenuto per noi cubani, che abbiamo avuto la fortuna di acquistarlo alla Fiera del libro dell'Avana a un ottimo prezzo).

4   Celia Hart, "Un libro salvado del mar", introduzione a Carlos Tablada, *Pensamiento económico del Che Guevara*, Casa Editorial Ruth, L'Avana 2006 (trentesima edizione).

5   Ernesto Che Guevara, "Algunas reflexiones sobre la transición socialista", in *Apuntes críticos a la Economia Política*, Centro de estudios Che Guevara y Ciencias Sociales, L'Avana 2006, p. 7.

6   Ernesto Che Guevara, "Necesidad de este libro", *ibid.*, p. 25.

Vi invito inoltre a dimenticare per un attimo che chi ha scritto quelle lettere è il modello dei rivoluzionari; è colui che riempie le nostre piazze, che sigla le nostre bandiere, per la cui immagine – la sola immagine – siamo disposti a versare il nostro sangue. Ve lo dico perché il Che, in queste righe, vive come uno di noi, pieno di interrogativi e di proposte, con quel suo sorriso, quel sigaro consumato a metà, quella lunga falcata, che lo hanno trasformato, non senza motivo, in uno degli attori più irresistibili di fronte alle macchine fotografiche. Non è una statua, né un manifesto, né una bandiera. In queste *Note* il Che è un uomo in carne ed ossa. Sarà difficile, ma sarà inevitabile toccarlo con mano, discutere con lui. Il Che si interrogava su tutto e su tutti... e noi dobbiamo chiedere tutto e a tutti, lui compreso, per vedere se una buona volta ricaveremo la verità che tutti quei grandi hanno cercato di trasmetterci o se dovremo continuare a ripetere litanie ecclesiastiche per il resto delle nostre patetiche esistenze.

Questa abitudine deve essergli derivata dalla medicina. O forse, come per il nostro barbuto, il suo motto era "dubita di tutto", come scrisse Karl Marx alla figlia Jenny nel famoso questionario.

Proviamo a parlare con il Che come se fossimo tutti seduti al Ministero dell'industria, occupando un immeritato incarico in quella fase breve e luminosa: là, in una serata di marzo, mentre fiorisce lo stalinismo kruscioviano, nonostante il xx congresso, agli albori della guerra del Vietnam, con l'Africa che trema, con i conflitti del campo socialista in Jugoslavia, ecc.

Siamo convocati tutti! Che non rimanga fuori un solo rivoluzionario che aspiri al socialismo da questa chiacchierata con il Che, che vi propongo di fare quando avrete il libro.

Dubitare di tutto

Anche noi abbiamo il diritto di dubitare di tutto, non soltanto Karl Marx e Che Guevara, e se per caso ci sono problemi con qualche autorità accademica o politica... abbiamo l'autoriz-zazione del Che! In uno degli "Anexos" [Allegati] del libro di cui stiamo parlando il Che, in una di quelle riunioni bimestrali di cui era protagonista, dice a proposito di quella volta che lo "accusarono" di essere trotskista (accusa precisa, certamente):

> Il troskismo proviene da due parti: una, che è quella che mi interessa di meno, è quella dei trotskisti, che dicono che c'è tutta una serie di cose che ha già detto Trotsky.

E Trotsky effettivamente aveva detto "molte cose". E il Che prosegue:

> La sola cosa che credo è che dobbiamo conservare la capa-cità necessaria di discutere tutte le opinioni contrarie sul tema, o altrimenti consentire che tutte le opinioni si esprimano. Un'opi-nione che si debba distruggere a legnate è un'opinione che non ci è utile.[7] Non serve aggiungere che questo vale tra rivoluzionari. Con il nemico di classe, si discute... con il "compagno Mauser".

Tra l'altro, perché non ci si accusi di irriverenza, aggiungo qualcosa di insolito a cui il Che accenna nel libro:

> Durante la nostra pratica e la nostra ricerca teorica siamo ar-rivati a scoprire il principale colpevole, con nome e cognome: Vla-dimir Ilic Lenin. È questo il nostro grande ardire. Ma chi abbia la pazienza di arrivare agli ultimi capitoli della presente opera potrà apprezzare il rispetto e l'ammirazione che proviamo per questo colpevole e per gli obiettivi rivoluzionari di atti i cui risultati oggi sorprenderebbero anche chi li ha compiuti (v. nota 6).

---

7   [Ernesto Che Guevara, "(Anexos) Reunión bimestral 1964" in *Apuntes críticos a la Economía Política*, cit., p. 369. Letteralmente: "*Opinión que haya que destruir a palos es opinión que* nos *lleva ventaja a nosotros*". Il senso generale del periodo fa pensare che nella trascrizione (molto lacunosa anche poche righe dopo) probabilmente sia sta-to scritto *nos* invece di un *no*. Così lo aveva inteso anche Massari in *Scritti scelti*, cit., p. 566, n.d.a.]

Se il Che ha sostenuto questo dell'uomo del quale ha anche detto «*Stato e Rivoluzione* è la fonte teorica e pratica più limpida e feconda della letteratura marxista»[8] allora siamo tutti liberi di pensare, di fare domande, di criticare... sempre naturalmente nella chiave dell'impegno rivoluzionario e senza che nessuno dei nostri morti si tramuti in santo. Dio ci assista nell'impegno di evitare che siano canonizzati! Santificare il Che, trasformarlo in un martire, significherebbe infatti fare il più grosso favore all'imperialismo e ai "coesistenti", collaboratori esemplari del nemico... Sono loro, in genere, che "non editano", nascondono, bruciano, setacciano la verità, quelli che non l'hanno lasciata apertamente fluire. Non so fino a che punto sia arrivato il Che nella scoperta delle atrocità staliniane. Ma non importa, ha fatto a pezzi ugualmente quel *Manuale* nelle poche ore che aveva a disposizione per scrivere e, nel tempo che gli restava, nella pratica rivoluzionaria ha fatto a pezzi anche le tesi dello stalinismo: il gradualismo, la coesistenza pacifica, il socialismo in un paese solo... Tutte queste cose il Che le ha rifiutate, in una pratica rivoluzionaria più antistalinista di qualsiasi partito trotskista dell'epoca.

Ma basta parlare di Stalin! Il compagno Guillermo Almeyra, la settimana scorsa, ha tracciato il suo bel profilo di questa figura su *La Jornada*,[9] per cui, come lo stesso Che aveva detto nella sua lettera postuma a Fidel, «non vale la pena di scarabocchiare altre cartelle».

E il Che non ne ha scarabocchiata neanche una. Propongo che, quando tutti lo avremo in mano, apriamo con questo libro una conversazione atemporale, sapendo quello che già sappiamo; e che la nostra sola bandiera sia che vogliamo realmente costruire il socialismo nel mondo, quanti di noi non solo credano sia possibile realmente, ma anche indispensabile. Quanto al resto, coloro che sono rispuntati dalle ceneri degli anni

---

8   Ernesto Che Guevara, "(Anexos) Reunión bimestral 1964"..., cit., p. 205.

9   Guillermo Almeyra, "Stalin", in «La Jornada», 26 febbraio 2006.

Novanta con indosso le nuove casacche liberiste, non sono della partita. Queste persone le invito a continuare a bersi il loro tè e a contemplare con sguardo meravigliato la mela di Newton cadere dal classico albero inglese. Perché il Che appartiene a noi e non a loro. Perché un solo errore teorico del Che, un suo solo dubbio, ha più valore, chiarisce di più, è più utile di qualsiasi verità dimostrata... bevendosi una tazzina di tè.

Uomo nuovo e burocrazia

Nella lettera che fa da "Introduzione" a questa edizione vi è un'altra analisi di spaventosa attualità. Qualcosa che risponderebbe in larga misura all'emblematico discorso del Comandante Fidel – più che discorso, appello! – del 17 novembre [2005] all'Università dell'Avana. Dice il Che:

> L'interesse materiale individuale era l'arma capitalistica per eccellenza e oggi si pretende di elevarlo a categoria dello sviluppo, ma è limitato dall'esistenza di una società in cui non è ammesso lo sfruttamento. In queste condizioni l'uomo non sviluppa tutte le sue straordinarie capacità produttive, né egli stesso si sviluppa come costruttore cosciente della nuova società.
>
> E per essere coerenti con l'interesse materiale questo si insinua nella sfera improduttiva e in quella dei servizi. [...]
>
> Questa probabilmente è la spiegazione dell'interesse materiale da parte dei dirigenti, origine della corruzione (v. nota 5).

A questo mi riferivo nel mio articolo su quello che chiamo il "paradosso del convento".[10] Non ho potuto, in dicembre, riferirmi a questi criteri del Che, semplicemente perché erano

10 [Celia Hart immagina che una madre superiora, per superare le difficoltà economiche del convento, convochi le suore più giovani e belle e le convinca a prostituirsi a fin di bene. Ma il convento diventa un bordello... La metafora allude agli sforzi dei paesi "socialisti" per risanare la loro economia con un'iniezione di capitalismo. *Cfr.* Celia Hart, *Apuntes Revolucionarios*, Fundación Federico Engels, dicembre 2005, n.*d.a.*]

inediti. La lettera del Che era inesistente! Mi avrebbe risparmiato tante fatiche e congetture in quel lavoro.

Nella suddetta lettera (che è solo un frammento, e vedremo quando avremo il piacere di leggere l'altro) c'è un passo che costituisce per me l'essenza delle aspirazioni del Che a costruire il socialismo, che ha sempre costituito la sua perenne ricerca:

Abbiamo una grande lacuna nel nostro sistema, come inserire l'uomo nel suo lavoro in modo tale che non sia necessario quello che chiamiamo il disincentivo materiale, come far sì che ogni operaio senta l'esigenza vitale di sostenere la sua rivoluzione e al tempo stesso che il lavoro costituisca un piacere, che provi quello che tutti quanti noi qui in alto proviamo (v. nota 6).

L'indescrivibile felicità che si prova quando si intraprende un progetto nel quale si è gestore e protagonista *non* si estende a coloro che, a meno che non capiscano perfettamente l'importanza del progetto stesso, non ne sono responsabili. Non sto parlando di alzare banderuole o di disquisire su frasi fatte! Sto parlando del sentirsi creatore di qualcosa che delineerà il futuro. Il Che lo ha detto in questo modo:

Se si tratta di una questione di campo visivo, e se è dato interessarsi al lavoro solo a chi ha il compito, la capacità del grande costruttore, saremmo condannati al fatto che un tornitore o una segretaria non lavorerebbero mai con entusiasmo. Se la soluzione fosse quella della possibilità di sviluppo di questo stesso operaio in senso materiale, staremmo molto male. [...] La cosa certa è che oggi non esiste un'identificazione piena con il lavoro e credo che parte delle critiche che ci fanno siano ragionevoli, anche se non lo è il contenuto ideologico. Ci si critica, cioè, per il fatto che i lavoratori non partecipano all'elaborazione dei piani, all'amministrazione delle unità statali, ecc., ed è un dato certo. Ma ne ricavano la conclusione che lo si deve al fatto che non sono interessati materialmente a questo, sono emarginati dalla produzione (*ivi*).

Indiscutibilmente questa forza psicologica del sentirsi responsabile dell'esito di ciò che si ha progettato direttamente ci viene dal regno animale. Non serve Freud, né c'è bisogno di tesi sofisticate per capire che si ama ciò che si crea e lo si protegge. Il fervore dei genitori nell'educazione dei figli rientra appunto in questo concetto: come trasformare l'impegno specifico in un sistema cooperativo? Governando, certamente, governando dal basso, con il potere materiale per farlo. Qualcuno una volta mi ha detto che amiamo di più i nostri figli che i nostri genitori, e che questo è paradossale, perché i genitori ci hanno dato la vita, il sostentamento, ecc. Per i figli, è piuttosto il contrario. Ma ho la sensazione che il Che intendesse dire questo: che amiamo la costruzione di un progetto non per ciò che ci offre, ma perché abbiamo il diritto di esserne responsabili. Per questo dobbiamo tutti poter governare.

La partecipazione dei lavoratori e del popolo in genere alla formazione dei piani produttivi di beni e servizi non deve necessariamente essere collegata a un interesse materiale diretto (a mio avviso, anzi, è l'unico modo per raggiungerla).

Il Che stesso deve avere sentito qualcosa del genere al riguardo e lo dice a Fidel nella lettera:

> Il rimedio che si cerca per questo è che gli operai dirigano le fabbriche e ne siano finanziariamente responsabili, che abbiano i loro incentivi e disincentivi secondo la gestione. Credo che qui stia il nocciolo della questione, per noi è sbagliato pretendere che gli operai dirigano le unità; qualche operaio deve dirigere l'unità..., ma come rappresentante di tutti rispetto alla funzione che gli si assegna... non come rappresentante dell'unità di fronte alla grande unità dello Stato, in forma contrapposta (*ivi*).

Ecco i dubbi su come amministrare il potere nella fase di transizione. Ecco ciò su cui doveva riflettere di più chi ha avuto per farlo il tempo che il Che non ha avuto.

Che fare perché questo operaio, eletto dalle stesse masse, non finisca per cadere nella burocrazia (nelle ragnatele invischianti), nella quale nessuno, assolutamente nessuno, è esente dal cadere?

Lenin ha analizzato questo a partire dalla prima esperienza comunista, la più limpida e da tutti prediletta, quella che ancora oggi ci tramanda alcune piste che sembrano essere state dimenticate: la Comune di Parigi. «La Comune», ha detto Marx, «non doveva essere un *organismo parlamentare* [il corsivo è dell'autrice, *n.d.r.*], ma di lavoro, esecutivo e legislativo allo stesso tempo».[11]

Sicuramente una delle misure più singolari decretate dalla Comune e che Marx sottolinea è l'abolizione delle spese di rappresentanza, di tutte le spese pecuniarie dei funzionari, la riduzione di tutti gli stipendi dei funzionari statali al livello del «salario di un operaio». Lenin lo ha detto assai meglio in *Stato e rivoluzione*, che tutti conosciamo, ma la sostanza è la stessa. Così garantiremmo che ognuno sia... "in alto", come ha indicato il Che in questa lettera inedita al Comandante Fidel, o meglio: che tutti stiamo "in basso".

Quello che posso dire è che quanto ho potuto leggere di rivoluzionario nel merito ha posto lo stesso problema del Comandante Guevara come uno dei nodi più ardui da affrontare nella costruzione del socialismo, quando ancora i beni materiali non bastano a soddisfare equamente le esigenze di tutti i cittadini, quando non basta l'incentivo materiale, e neppure quello morale, e quando il peggiore di tutti i fantasmi ha finito per annientare l'esperienza dei soviet: la burocrazia. Livellare quelli che stanno sopra e quelli che stanno sotto è stata la disperazione di tutti... non solo del Che, aggiungo; anche se il Che non lo ha potuto sapere, lo aveva detto anche Antonio Gramsci:

> La creazione dello Stato proletario non è, insomma, un atto taumaturgico, è anch'essa un farsi, è un processo di sviluppo [...].
> Bisogna dare maggior sviluppo e maggiori poteri alle istituzioni proletarie di fabbrica già esistenti, farne sorgere di simili nei

11 Karl Marx, cit. in Lenin, *Stato e rivoluzione*, La Città del Sole, Napoli 2001, p. 58.

villaggi, ottenere che gli uomini che le compongono siano dei comunisti coscienti della missione rivoluzionaria che l'istituzione deve assolvere. Altrimenti tutto il nostro entusiasmo, tutta la fede delle masse lavoratrici non riuscirà a impedire che la rivoluzione si componga miseramente in un nuovo Parlamento di imbroglioni, di fatui e di irresponsabili, e che nuovi e più spaventosi sacrifizi siano resi necessari per l'avvento dello Stato dei proletari.[12]

Mio Dio! Questo Gramsci lo ha detto nel 1919, e non sapeva allora che anni dopo centinaia di migliaia di comunisti avrebbero sofferto conseguenze peggiori di quelle affrontate per la presa del potere. E lo ha detto anche Rosa Luxemburg, la più tagliente di tutti i marxisti:

> Tramite i consigli di operai e soldati [il proletariato] dovrà allora occupare tutti gli incarichi, sorvegliare tutte le funzioni, considerare tutte le esigenze dal punto di vista dei propri interessi di classe e dell'obiettivo socialista. Solo la reciproca influenza, costantemente viva, tra le masse popolari e i suoi organismi, i consigli degli operai e dei soldati, può garantire il comportamento della società in uno spirito comunista.[13]

Che è esattamente ciò che ci segnala il Che in "La necessità di questo libro". "Spirito comunista", niente di più simile alla teoria dell'"Uomo nuovo". Quello spirito comunista senza il quale difficilmente potremmo costruire il socialismo senza classi. Non si tratta della questione dell'uovo e della gallina. Tutti e due insieme, entrambi in continuo, perenne interscambio.

---

12 Antonio Gramsci, "La conquista dello Stato", in *L'ordine nuovo. 1918-1920*, Einaudi, Torino 1955, pp. 18-19.

13 Rosa Luxemburg, "Was will der Spartakusbund?" ("Che cosa vuole la Lega Comunista"), in *Politische Schriften*, vol. III, Europeische Verlaganstalt, Francoforte 1968. [Nell'edizione italiana degli *Scritti politici* della Luxemburg (a cura di Lelio Basso, Editori Riuniti, Roma 1967) non c'è questo testo (uscito inizialmente come opuscolo anonimo), ma il "Discorso sul programma", che lo presenta parafrasandolo, *n.d.a.*]

Si sa da un pezzo – ha detto il Che – che è l'essere sociale che determina la coscienza [...]. La nostra tesi è che i cambiamenti prodotti dalla Nep sono penetrati così a fondo nella vita dell'Urss da marcare del proprio segno questa fase. E si tratta di segni scoraggianti: la sovrastruttura capitalista ha progressivamente influenzato, sempre più marcatamente, i rapporti di produzione e i conflitti provocati dall'ibridazione rappresentata dalla Nep oggi si stanno risolvendo a favore della sovrastruttura; si sta ritornando al capitalismo (v. nota 6).

Il Che come tutti gli altri voleva infatti il socialismo. E la teoria dell'"uomo nuovo" non è la soluzione caricaturale del fabbricare uomini in provetta nelle accademie perché poi questi trasformino la società. L'"uomo nuovo" è esattamente lo "spirito comunista" al quale si riferisce Rosa Luxemburg. Egli "sapeva da tempo" che l'ordine dei concreti rapporti di produzione avrebbe in ultima istanza determinato la coscienza, MA (un ma gigantesco) in perfetto rapporto dialettico con essa.

Costruzione del socialismo

Di una cosa, in effetti, dovremmo convincerci noi rivoluzionari, se siamo marxisti, e cioè aspirare a una società senza classi che conquisti l'estinzione dello Stato come risultato finale, relegando in un museo questo "vecchio arnese". Lo Stato è un'istituzione repressiva, monarchica, borghese o proletario che sia. La dittatura del proletariato (l'appropriazione dei mezzi di produzione in nome della società) è il suo ultimo atto indipendente come Stato, stando a Engels quando ha richiamato quello che è uno dei miei paradigmi: «Il governo sulle persone verrà sostituito dall'amministrazione delle cose».

Una chiarificazione: l'estinzione dello Stato, che Marx ha dimostrato possibile e di cui stiamo parlando, non ha niente a che vedere con l'attuale cosiddetto "neoliberismo", in cui si va sottraendo potere agli Stati nazionali per consegnarlo al capitale internazionale. Non siamo mai stati tanto dominati: "inclusi" nel sistema, non abbiamo il diritto di decidere, ci scelgono la misura del tacco delle scarpe, il colore dei capelli, decidono che cosa fare dei nostri figli... e ci uccidono con il terrore e la solitudine; dopo averci esclusi, ci uccidono fisicamente. A dire il vero, non saprei quale delle due parti scegliere.

L'estinzione dello Stato è quando le priorità dell'uomo sono guardare il cielo, scrutare quale sarà il futuro dell'universo, discernere i misteri della morte e pensare che cosa faremo se il sole collasserà. Perché avere un tetto e qualcosa da mangiare sarà altrettanto naturale e scontato del battito cardiaco.

No! Non sono un'idealista, lo possiamo ottenere, anzi: è la sola cosa che potremo fare per non scomparire come i dinosauri.

Nella convinzione della progressiva abolizione dello Stato sono diventati marxisti e hanno dato la vita milioni di compagni... per cui definire questo "idealismo" equivale a tradire i nostri morti.

Dobbiamo prendere il potere, però. È indispensabile per questo sogno e per l'aspirazione di tutti i rivoluzionari, inclusi i miei compagni anarchici, libertari, sindacalisti, così come lo è rullare prima in pista perché l'aereo possa raggiungere le nuvole. Attenzione, però: con l'intenzione costante da parte del pilota di decollare, perché quanto più veloci riusciremo ad andare tanto prima raggiungeremo il cielo. È questo la dittatura del proletariato... niente di più del rullare di un aereo in pista. La confusione c'è stata per il fatto che, durante il socialismo reale, il pilota procedeva sulla pista placidamente e a velocità costante e comoda, mentre i passeggeri se ne stavano imprigionati nei loro sedili per ore in attesa che l'aereo si staccasse da terra. Lui sì, il pilota, se ne stava a bere di sicuro quella gradevole tazzina di tè di cui abbiamo parlato.

Abbiamo bisogno della dittatura del proletariato per raggiungere l'obiettivo.

La Comune – ha detto Lenin – poté in poche settimane incominciare a costruire una nuova macchina statale proletaria; ed ecco i provvedimenti da essa presi per realizzare una democrazia più perfetta e sradicare la burocrazia.[14]

Non furono però solo i comunardi del XIX secolo a non riuscirci. Non ci sono riusciti neanche i boliviani nel 2003, gli ecuadoriani nel 2004, gli argentini nel 2001... Arriviamo sempre a metà strada. Cacciamo i presidenti, scendiamo in piazza con tutta la forza che si crea tra le masse, ma ci manca il goal. Strappiamo il pallone alla squadra avversaria, facciamo mosse bellissime, ci gridano "Urrà!" dalle tribune, ma la partita si vince solo se si segna il goal; il pareggio è la vittoria dell'avversario. E dobbiamo fare goal in tempo, prima che l'arbitro fischi. Né le grida di gioia per avere rovesciato un governo borghese, né i discorsi antimperialisti significano aver fatto goal. Il nostro goal è la dittatura del proletariato, semplice, limpida e autentica.

Si tratti di socialismo del XXI secolo, o di socialismo andino, o del Polo nord, accidenti, prima facciamo le rispettive rivoluzioni socialiste del secolo XXI, quella delle Ande e quella degli orsi bianchi del Polo nord, e il proletariato prenda il potere.

Conoscenza della storia e censura

Non abbiate paura! Più problemi di quelli che ha avuto l'isola solitaria di Cuba, quando siamo stati sul punto dell'esplosione nucleare, non li avrete. In quegli anni c'era molto più anticomunismo di adesso, eppure siamo andati a Playa Girón con un paio di aerei sconquassati a difendere la bandiera rossa del proletariato. Siamo diventati comunisti malgrado il tradimento dei sovietici nella crisi dei missili. E non conoscevamo neanche la metà della storia che ormai conosciamo... Gli stalinisti non

---

14   Vladimir I. Lenin, *Stato e rivoluzione*, cit., p. 132. [Il passo proseguiva così: «Impariamo dunque dai comunardi l'audacia rivoluzionaria [...] e arriveremo allora, *seguendo questa strada*, alla completa distruzione della burocrazia», *n.d.a.*]

ci hanno permesso di conoscere troppo, hanno scritto questo manualetto. Oggi abbiamo molto di più. Tra tante rivelazioni... abbiamo gli inediti del Che sul *Manuale* con cui Stalin ha cercato di paralizzare ideologicamente il mondo.

Se il primo passo verso la felicità è la dittatura del proletariato, come farlo? Quale diplomazia per una dittatura del proletariato verso il resto dei paesi che non hanno fatto la rivoluzione? Quale democrazia tra i rivoluzionari? Servono o non servono i sindacati? Lo Stato dovrà essere un grande sindacato operaio e non un governo? Cogestione, autogestione? A tali domande non si è risposto appieno nella prassi concreta, perché i libri affrontano quello che gli si pone. Sappiamo bene che non sono domande passate di moda, non hanno ancora i capelli bianchi: sono ancora domande di attualità. Sono le domande di Cuba e i pericoli della restaurazione del capitalismo evocata da Fidel, sono i dubbi dei compagni della Unt in Venezuela.[15] Sono le domande di Chavez, che ha il terrore della corruzione e della burocrazia.

Visto che ora ci è consentito di leggere apertamente queste cose, corriamo a studiare tutti insieme, ancora una volta. Così come la "Missione Miracolo" restituisce la vista,[16] seguiamo noi venezuelani, cubani e tutti i rivoluzionari un'altra missione in nome del Che, per studiare, dubitare, riflettere sui suoi interrogativi, la sua coerenza, i suoi errori... e smettiamola di fare altre celebrazioni.

Non mi interessa che alcuni cubani conoscessero tutta la verità, che ci fossero quelli che hanno censurato il Che e si dicono rivoluzionari. Non ho più fiducia in loro.

Il Che diceva che il campo socialista stava cadendo a pezzi... e ci hanno spedito in massa, intere generazioni, anche

15   Si veda l'intervista di Orlando Chirino e Stalin Pérez, in «Aporrea», 15 febbraio 2006. [Orlando Chirino e Stalin Pérez, sono due dirigenti della Unión nacional de trabajadores, e del Partido revolución y socialismo, di tendenza trotskista, *n.d.a.*]

16   ["Missione Miracolo" è il nome del progetto di cooperazione tra Cuba e Venezuela che ha assicurato a migliaia di venezuelani cure oftalmiche e interventi chirurgici, a Caracas o all'Avana, *n.d.a.*]

stando così le cose, nei paesi "socialisti", dicendoci che quello sarebbe stato il futuro di Cuba, per cui non mi interessa che questi inediti fossero al sicuro nelle mani "di chi di dovere". Qualsiasi fossero quelle mani, hanno potuto fare ben poco per salvarci dalla disperazione ideologica degli anni Novanta. È lo stalinismo latente, abbarbicato, anonimo. È la mediocrità organizzata. Se cerchiamo il responsabile di aver censurato il Che... non troveremo nomi, perché la ragnatela purtroppo è anonima. Sicuramente il Che ha dedicato il libro (anche se non completato) a tutti quanti noi, dicendo esattamente:

> Molti saranno disorientati di fronte a questo cumulo di motivazioni nuove e diverse, altri si sentiranno feriti e vi sarà chi scorgerà in tutto il libro soltanto una rabbiosa posizione anticomunista mascherata da argomentazione teorica. Molti però (lo speriamo sinceramente) sentiranno il respiro di nuove idee e vedranno espresse le proprie convinzioni finora sconnesse, disorganiche, in un tutto più o meno strutturato. A questo gruppo è fondamentalmente rivolto il libro e anche ai tanti studenti cubani che devono passare per il doloroso percorso dell'apprendimento di "verità eterne", provenienti soprattutto dall'Unione sovietica (v. nota 6).

Nessuno può immaginare quanto siano mancate queste riflessioni del Che... soprattutto a quelli di noi, studenti e lavoratori cubani, che abbiamo visto passare, dalla notte al mattino, dalle parole d'ordine staliniste al più volgare dei capitalismi in Europa dell'Est.

Per altro verso... vergogna, solo vergogna di fronte a quello che resta delle centinaia di migliaia di fratelli che hanno dovuto immaginare più che sapere tante cose, in nome di stupidaggini ribattezzate come consegne da rispettare, o in nome di una presunta discrezione. Non solamente noi cubani, presi tra la *perestrojka* e lo stalinismo, senza sapere dove mettere la testa, ma i Tupamaros (quelli veri), i guerriglieri centroamericani, quelli che sono morti nello stadio cileno con la parola del Che sulle labbra, dopo il governo dell'Unidad popular...

Fra poco sarà il trentesimo anniversario del golpe militare in Argentina (culla del Che): quanti di quegli indimenticabili trentamila desaparecidos hanno potuto avere accesso a questa visione socialista sostenuta dal Che? Robi Santucho avrà letto i *Quaderni di Praga* prima di dare la sua vita alla rivoluzione? E Silvio Frondizi, il capo del Movimiento izquierda revolucionaria (Mir Praxis), al quale il Che propose addirittura di rimanere nell'isola a lavorare in campo ideologico e che elaborò le interpretazioni più brillanti sulla rivoluzione cubana, anche a lui, li hanno forniti i *Quaderni*? Mi dicano: per chi erano i *Quaderni di Praga*? Per quando ci saremmo tutti ritrovati ben bene emozionati e smarriti dopo il crollo del campo socialista, che il Che aveva previsto? In Argentina i sovietici erano troppo occupati a ricevere medaglie dalla giunta militare per potersi ricordare del Che. Ma si dovrà ancora parlare molto di quelle collaborazioni: immagino che in quei momenti le riflessioni del Che, che diceva che l'Unione sovietica sarebbe regredita al capitalismo, erano ciò di cui meno avevano bisogno gli stalinisti. E mi domando poi quanti membri del Partito comunista argentino, che ha fornito tanti desaparecidos sotto la dittatura, sapessero di queste *Note*. Avrebbero continuato ad appoggiare l'Urss? Sono convinta che sarebbe rimasta solo l'Unione sovietica ad appoggiare velatamente la dittatura militare in Argentina...

Chi conosceva questi *Quaderni*, che ci rivelano a quasi quaranta anni di distanza? Dice Orlando Borrego: «Ma, aprendo una parentesi sui materiali di Praga, debbo chiarire che sono stati conservati fino ad ora (2001) da me e dalle altre persone che per logico diritto debbono farlo».[17] Non capisco, in questo, il mio carissimo fratello: di quale diritto parla, visto che apre il suo bel libro sul Che dicendo: «Qualsiasi lettore avvertito potrà notare che questo libro si doveva scrivere prima. Di fronte a un'osservazione del genere, forse la cosa più onesta è

---

17 Orlando Borrego, *Che, el Camino del Fuego*, cit., p. 380.

rispondere che non vi sono giustificazioni credibili»?[18] Ottima critica. Mi attengo a questa... per il momento.

Carlos Tablada ha atteso vari lustri prima di scrivere il suo libro. Quello di Tablada è uscito per primo. Nessuno dei due me lo ha detto, ma so perché non è stato possibile scrivere prima questi due libri e perché i *Quaderni di Praga* oggi risultano un quasi ridicolo "inedito" del Che. Per lo stesso motivo per cui il "Testamento di Lenin" è stato conosciuto molto più tardi. Per quella ragnatela impersonale e appiccicosa che abbiamo già caratterizzata. Mi risulta anche che l'edizione delle *Opere* del Che del 1977[19] sia stata vilmente censurata rispetto ai testi integrali della raccolta di Orlando Borrego. Credo anche che sia ancora quella la versione che circola su internet. Lo abbiamo già detto e dimostrato in modo inconfutabile.

Il Che non è scampato alla censura. Esattamente come Trotsky, Rosa Luxemburg, Lukács e tutti gli eretici marxisti sono stati censurati, in tempi e luoghi diversi. Perché tutti loro si ponevano le stesse domande, avevano le stesse aspirazioni e soprattutto la stessa predilezione per la ragione, la critica, i dubbi, l'autenticità...

Certo, saremmo andati molto più avanti se per il Che non fossero stati "inediti" tanti rivoluzionari marxisti successivi a Lenin e a lui contemporanei, che si criticavano reciprocamente, pubblicamente e ardentemente, con la massima naturalezza: Rosa nei confronti di Lenin, Lukács in quelli di Rosa, e così via. Qualcosa di analogo troviamo negli anni Sessanta con il Che, Carlos Rafael Rodríguez, Alberto Moras, Ernest Mandel, ecc., nel grande dibattito economico. Non so, ma sembra che tutto... sia accaduto negli anni Sessanta.

Ci sono cose cui mi piacerebbe che il Che rispondesse, ma sono priva di qualsiasi misticismo, per cui questi dubbi ce li terremo per rispondere noi stessi, prima o poi, imbastendo dati.

---

18 *Ibid.*, p. VII.

19 Ernesto Che Guevara, *Obras Completas*, Ed. Ciencias Sociales, L'Avana 1977.

Il Che dice nel suo nuovo libro:

L'enorme quantità di scritti che ha lasciato [Lenin] alla sua morte hanno rappresentato il completamento dell'opera dei fondatori. Dopo, la sorgente si è affievolita e sono rimaste in piedi solo opere isolate di Stalin e alcuni scritti di Mao Tse Tung, come testimoni dell'immenso potere creativo del marxismo. Nei suoi ultimi anni Stalin ha temuto i risultati di tale carenza teorica e ha ordinato la redazione di un manuale che fosse accessibile alle masse e trattasse i temi dell'economia politica fino ai giorni nostri (v. nota 6).

Il colmo! Stalin si proponeva tutto il contrario: occultare l'armamentario teorico prodotto dai rivoluzionari migliori contemporanei e successivi a Lenin!

D'altro canto, nel *Plan tentativo*[20] di studi, esposto anche nel suo progetto di libro, nella sua parte IV il Che segnala come personalità del socialismo Lenin, Stalin, Krusciov, Tito e Fidel. Secondo gli editori questi appunti sarebbero stati scritti tra il 1965 e il 1966. Allora, la lettera che ha mandato ad Armando Hart il 4 dicembre del 1965 era "sovversiva"? Sarebbe molto importante che il lettore cubano potesse accedere a quella lettera, perché è un vero e proprio enigma, in cui a volte non si sa se il Che ignori tante cose od ostenti la sua squisita ironia *porteña* (sta in rete nel sito di *Rebelión, Cátedra del Che Guevara*). Da sola quella lettera meriterebbe un'analisi a sé e, a mio avviso, avrebbe dovuto essere compresa in questo libro.[21]

Il Che dice nel suo *Plan de estudios para los cubanos* della lettera ad Hart, nella Parte V ("Marx e il pensiero marxista"):

20   Ernesto Che Guevara, *Plan tentativo. Apuntes críticos a la Economía Política*, Centro de Estudios Che Guevara y Ciencias Sociales, prima edizione, p. 17.

21   [I lettori italiani invece possono conoscerla, perché la lettera a Hart è l'unico "inedito" inserito nel già citato volume fotografico pubblicato da Mondadori nel 2005, Ernesto Che Guevara, *La storia sta per cominciare*, cit., pp. 212-213, *n.d.a.*]

Bisognerebbe pubblicare le opere complete di Marx, Engels, Lenin, Stalin[22] e altri grandi marxisti. Per esempio, nessuno ha mai letto niente di Rosa Luxemburg, che commette degli errori nelle sue critiche a Marx (tomo III), ma che morì assassinata; l'istinto dell'imperialismo in questi casi è superiore al nostro.

E al punto VII dice:

Qui dovrebbero essere ben analizzati i grandi revisionisti (se volete potete includere Kruscev); e dovrebbe comparire, approfondito più degli altri, il tuo amico Trotsky che, a quanto sembra, è esistito e ha scritto.[23]

Secondo Orlando Borrego, in un'intervista da lui rilasciata a Néstor Kohan, il Che aveva letto Preobraženskij, «così come ha studiato Trotsky, lo ha letto tutto, il Che e tutto un nostro gruppo».[24]

Allora, come è possibile che Trotsky «sembra che sia esistito e abbia scritto», se il Che aveva letto tutto su di lui e all'epoca erano disponibili già una ventina di buoni testi?

---

22   [Perché sottolineare il solo nome di Stalin, mi sono domandato quando ho trovato questa lettera nel volume Ernesto Guevara, *Apuntes críticos*, cit. Ma ho poi ricordato che la stessa lettera era apparsa in altre raccolte, e per la prima volta era stata riportata nel libro di Carlos Tablada, *op. cit.*, alle pp. 40-42, *senza sottolineare il nome di Stalin*. Mi è nato quindi il dubbio che la sottolineatura non fosse di Guevara, ma sia stata fatta dallo stesso Hart nel momento in cui ha ricevuto la lettera (non immaginando che potesse essere un giorno pubblicata), per evidenziare un punto su cui chiedere chiarimenti al Che (che cominciava proprio in quel 1965 ad approfondire la conoscenza del problema Stalin e ad avvicinarsi alla lettura di Trotsky). Credo sia da escludere che la sottolineatura sia stata fatta deliberatamente da qualche redattore in una delle edizioni successive. L'interpretazione di Celia è che sia stato il Che stesso, per ribadire che anche dopo la condanna del XX congresso si dovesse ugualmente leggere Stalin e non solo quello che dicevano di lui i dirigenti sovietici. Poteva trattarsi in tal caso, aggiungo, anche di un residuo delle polemiche maoiste con l'Unione sovietica kruscioviana. In definitiva, la questione potrà essere risolta solo il giorno in cui si farà un'edizione critica degli scritti di Guevara basata sui documenti originali, *n.d.a.*]

23   *Ivi*, p. 213.

24   Néstor Kohan, *Ernesto Che Guevara. Otro mundo es posible*, Ed. Nuestra América, Buenos Aires 2003, p. 243.

Questo cruciverba mi dimostra che due più due non mi danno quattro.

Altrettanto mi capita con Rosa Luxemburg. Rosa ha criticato i bolscevichi sulla questione agraria, con gli stessi criteri con cui il Che ha criticato la Nep:

> Il pericolo comincia là dove essi fanno di necessità virtù, fissano ormai teoricamente in tutto e per tutto la loro tattica forzata da queste fatali condizioni e pretendono di raccomandarla all'imitazione del proletariato internazionale come il modello della tattica socialista.[25]

Parole quasi identiche le ha dette il Che a proposito della Nep, eppure per consigliare di leggere Rosa ricorre al fatto che è stata assassinata dal nemico. Su questo aveva certamente ragione, molti di loro sono stati assassinati dal nemico... Lev Trotsky, che è sicuramente vissuto, è stato *assassinato dal nemico*. Il Che ha letto o no Rosa?

Sollevare i veli

Sono passati ormai quarant'anni dall'assassinio del Che e appaiono oggi i suoi inediti che ci impegneranno tutti. Discutiamo nelle fabbriche, nelle università, nelle comunità questi dubbi del Che. Questo ci porterà a rileggere ancora una volta *Stato e Rivoluzione* di Lenin. Ci riporterà a Karl Marx e Marx ci porterà di nuovo a precisare il termine socialismo, che a mio avviso è andato smarrito tra i mutamenti semantici del XXI secolo.

Finalmente, dunque, abbiamo ottimi insegnanti per aiutarci in questo compito, gli inediti del Che. Chiediamo loro di aiutarci a recuperare il tempo perduto. Che li si pubblichino in edizione economica! Che si organizzino seminari e dibattiti.

---

25 Rosa Luxemburg, "La Rivoluzione russa", in Rosa Luxemburg, *Scritti scelti,* Einaudi, Torino 1976, p. 606.

Borrego ci dice tra l'altro che il Che rivide la raccolta dei suoi testi, messi insieme in fretta e stampati in bella veste. Però, in certo senso, anche questi sono inediti! Io li conosco perché i miei genitori ebbero il privilegio di averne una copia. Il fatto però che solo un centinaio di cubani abbiano queste opere del Che fa di questi libri ugualmente degli inediti.

Molti compagni trotskisti di varia tendenza mi hanno confessato che per loro il Che era un grande uomo d'azione e un rivoluzionario coerente e nient'altro. Che ha scritto poco, si ricordano solo del *Diario del Che in Bolivia*... Non sarà, allora... che il Che è inedito completamente?

Ma non importa, il tempo ci si allunga se viaggiamo alla velocità della luce. Affrettiamoci perciò. Non sarà forse questo il momento buono per pubblicare tutti questi "eretici" qui nel mio paese, qui, al calore della "Battaglia delle Idee"? La bella Fiera del libro ha dimostrato che la carta non scarseggia.

Io inoltre aspiro a che non restino inediti del Che nascosti per oscure ragioni nebulose, anche se ho motivo di nutrire qualche sospetto. Se fosse così, a quarant'anni quasi dal suo assassinio, sarebbe una presa in giro grottesca...

Intanto abbiamo i *Quaderni di Praga*. Intanto ci sono gli scritti raccolti in sette tomi dal compagno Borrego, che sono certa sarebbe disposto a pubblicarli non in duecento copie ma a "migliaia di milioni": una copia per ogni stella che brilla in cielo. Il Che glielo aveva detto che quell'opera avrebbe potuto interessare Turcios Lima (capo rivoluzionario latinoamericano, importante all'epoca) che, secondo il Che: «così potrà rendersi conto delle cose buone e cattive che fanno i rivoluzionari dopo la presa del potere».[26]

Ebbene, oggi tutta la rivoluzione in America latina ha bisogno di quei sette volumi compilati da Borrego e di cui il Che disse che erano un "buon *popurrì*". Pubblichiamolo questo *pot-pourri* del Che! Se non c'è un editore disponibile allo scopo, per le più disparate ragioni... ebbene, potrei magari passarli in Internet. Ci sono molti compagni che forniscono pagine

---

26   Orlando Borrego, *Che, el Camino del Fuego*, cit., p. 378.

digitali marxiste, che hanno fatto un sorprendente lavoro di "scannerizzare" opere dei classici senza guadagnarci neanche un centesimo. E se mancasse una copia, c'è la mia! Quella che è stata di Haydée Santamaría. Entrambi, mia madre e il Che, sarebbero lieti che lo facessi.

Compagni, il Che sta finendo di nascere in una pienezza sorprendente, polemico, iracondo, dubbioso e allegro... Dietro di lui vengono gli altri che abbiamo anche loro rinchiuso nelle accademie. Soltanto là, il dibattito non serve. La discussione degli anni Sessanta di cui il Comandante Guevara è stato protagonista è stata pubblica e nota a tutti. La militanza politica non è compito esclusivo di qualche facoltà universitaria. Domandatelo ad Antonio Mella! Quelli che "sanno" devono scendere in lizza per vedere di aiutarci un po', in un momento come questo che sembra l'ultima occasione che Dio ci dà per strapparci le catene di dosso, altrimenti dovremo ricominciare a scoprire "l'acqua calda" e credo stia per fischiare l'ipotetico arbitro della nostra partita di calcio.

Il Che rappresenta l'"anello mancante" tra la teoria marxista, il bolscevismo più radicale e le lotte di emancipazione del terzo mondo. Per questo nasce e rinasce e continua a nascere, fino a risultare quasi molesto; per questo ci sono ancora inediti del Che... per questo ci sono ancora misteri da chiarire...

Chiaro! Lo ha detto in un modo insuperabile Eduardo Galeano:

> Come mai il Che ha questa pericolosa abitudine di continuare a rinascere? Più lo insultano, lo deformano, lo tradiscono, più rinasce. È quello che nasce più di tutti. Non sarà perché il Che diceva quello che pensava? E che faceva quello che diceva? Non sarà per questo che continua a essere straordinario, in un mondo in cui le parole e i fatti molto raramente si incontrano, e se lo fanno raramente si salutano, perché non si riconoscono?[27]

27   Eduardo Galeano, *El nacedor,* intervista dell'8 ottobre 2004, riportata da diversi siti come www.lahaine.org, www.rebelion .org, ecc.

Ernesto Guevara conclude "La necessità di questo libro" dicendo:

> Molti sconvolgimenti attendono l'umanità prima della sua definitiva liberazione [...] questa non potrà arrivare senza un radicale cambiamento strategico nelle principali potenze socialiste [...] noi portiamo il nostro granello di sabbia, con il timore che l'impresa sia molto al di sopra delle nostre forze. In ogni caso, resta la testimonianza del nostro tentativo (v. nota 6).

Conosciamo ormai gli sconvolgimenti, superiori a qualsiasi precedente pronostico... Non importa! Risciacquiamo le lacrime di impotenza di questa fase e, insieme, facciamo come se quel tentativo guevarista di salvare il socialismo sia ancora vivo e si sia appena finito di enunciarlo, anche se dobbiamo rifare tutto daccapo.

Il Che, questa volta, conta su di noi... per continuare a nascere... *hasta la victoria siempre!*

La lotta alla burocrazia, al tempo di Guevara

Per capire la profondità dei mutamenti intercorsi a Cuba tra l'inizio degli anni Settanta (quando il fallimento della grande zafra dei dieci milioni di tonnellate di canna impose un più forte legame – non solo economico – con l'Unione sovietica e gli altri paesi "socialisti") e l'inizio della *rectificación*, sono molto utili questi testi del 1967 che rappresentano per molti aspetti uno dei punti più alti della riflessione sulle deformazioni burocratiche delle società post-rivoluzionarie, tanto più importanti in quanto nati dall'interno di un partito comunista al potere. Rispetto alla produzione politica e teorica cubana degli ultimi decenni non si può non cogliere la diversità di stile e la forza di una riflessione autocritica senza precedenti. In questi editoriali, apparsi nel marzo del 1967,[1] mentre Guevara stava già combattendo in Bolivia, si sente non solo l'influenza del suo pensiero, ma si ritrovano anche evidenti citazioni dai suoi ultimi discorsi a Cuba, in gran parte non ancora pubblicati. Indubbiamente si tratta del prodotto di un'elaborazione collettiva il cui merito va accreditato non solo al Che ma a tutto il gruppo dirigente della rivoluzione cubana. Rimane ovviamente il problema delle ragioni del lungo accantonamento di una così ricca elaborazione teorica.[2]

---

1   Pubblicati in «Granma (Resumen semanal)», 5 e 13 marzo 1967. La traduzione è di Maria Novella Pierini.

2   Questi testi, e anche altri relativamente più recenti, sono praticamente sconosciuti alle nuove generazioni cubane: mi è capitato spesso di fornire a giovani compagni fotocopie di materiali prodotti nel loro stesso paese, non solo negli anni Sessanta, e che non erano riusciti a procurarsi e di cui avevano avuto solo notizie indirette e vaghe, ma che li interessavano notevolmente.

Un'istituzione puramente ed esclusivamente borghese

La lotta al burocratismo è decisiva per l'avanzata della rivoluzione. Anche Fidel l'ha presentata in questi termini: «La battaglia contro lo spirito burocratico è una battaglia difficile quasi quanto quella antimperialista. Ed è certamente più difficile della battaglia contro i proprietari terrieri, perché i grandi proprietari erano di meno, mentre sono molti di più in questo paese quelli che hanno una mentalità burocratica».

Si tratta di una lotta di lunga durata e complessa, che non si può vincere da un giorno all'altro; né bastano misure e leggi rivoluzionarie: occorre anche l'iniziativa delle masse e del partito ed è necessario applicare con continuità una politica basata sul principio della riduzione al minimo indispensabile dell'apparato amministrativo e del massimo potenziamento della sua efficienza. Come ha dichiarato Fidel, «[...] L'unico modo di nobilitare il lavoro amministrativo è quello di liberarlo dell'impostazione e dell'appesantimento burocratici [...]».

Il burocratismo è un retaggio del sistema capitalistico. Per riuscire ad ottenere che la rivoluzione trionfi è assolutamente necessario sradicarlo completamente. Soltanto se avremo chiaramente coscienza del pericolo rappresentato dalla concezione piccolo borghese in seno all'apparato statale potremo cogliere appieno, in tutta la sua portata, l'importanza di questa battaglia fondamentale in un paese come il nostro, che si propone di portare fino in fondo, fino al comunismo, la rivoluzione.

Non possiamo perciò attardarci esclusivamente nella lotta contro gli aspetti più clamorosi, gli aspetti quantitativi, di questo male. Potremo anche riuscire ad eliminare in un determinato posto tutto il personale superfluo ma, anche lasciando solo un minimo di impiegati e funzionari, continuerebbero a sopravvivere il lavoro burocratico, l'intralcio all'iniziativa, il distacco dal popolo e dai problemi reali. È una cosa che conoscono bene tutti quelli che hanno cercato di affrontare il problema. Che cosa significa? Significa che è un problema che ha radici ideologiche, che si tratta di un'impostazione e di una mentalità e non soltanto di eccedenza di personale amministrativo. Lo denuncia chiaramente il nostro comandante in capo allorché avverte: «[...] la causa principale è la mentalità piccolo borghese, la mancanza di consapevolezza di quel che significano le risorse umane di un paese, la mancanza di consapevolezza di quel che significano le risorse materiali di un paese».

Stando così le cose dobbiamo affrontare, insieme alla lotta alle manifestazioni esteriori della burocrazia – che consistono, tra le altre cose, nel proliferare di personale amministrativo, nell'inerzia, nelle pratiche interminabili, nel continuo rinvio da un ufficio all'altro, ecc. – la battaglia ideologica contro la mentalità che la determina: la mentalità piccolo borghese all'interno dello Stato rivoluzionario.

Un contributo in questo senso vogliono essere appunto questo scritto e gli altri che seguiranno nei prossimi numeri del giornale.

Un'istituzione puramente ed esclusivamente borghese

Dove e quando è comparsa la burocrazia? Da quale sistema sociale ha avuto origine? È la prima cosa da analizzare, poiché il burocratismo non è frutto della nostra società ma uno dei peggiori retaggi del passato con cui dobbiamo fare i conti. Il sorgere della burocrazia è strettamente connesso al sistema capitalistico. *Il suo sviluppo è andato di pari passo con l'ascesa della borghesia*, finché non è diventata classe dominante degli Stati capitalisti contemporanei. Anche se nelle precedenti società sono esistite certe forme incipienti di lavoro burocratico – ad esempio quello rappresentato da funzionari, scrivani e sacerdoti – non si può dire che nella società schiavistica o feudale esistesse il fenomeno della burocrazia in forma pienamente sviluppata. Perché lo sosteniamo? Perché in quelle società l'attività burocratica non ha determinato la nascita e il consolidamento di uno strato sociale stabile in grado di esercitare il potere in nome della classe dominante, mentre nella società borghese troviamo questo settore parassitario. Esso è spiegabile con la maggiore complessità che comportano l'amministrazione e il governo di uno Stato accentrato, in cui esistono molteplici forme di rapporti monetari e mercantili determinati dall'esistenza di un attivo scambio interno e internazionale, che richiedono numerose operazioni di controllo, un governo che implica un sistema fiscale complesso, infine un apparato statuale che assume forme sempre più complicate di organizzazione, conformi alla natura velata che presentano in questo sistema i rapporti di sfruttamento fra le classi.

Possiamo d'altro canto considerare la burocrazia come il peggiore degli effetti della divisione tra lavoro manuale e lavoro intellettuale.

Ai primi albori della società divisa in classi si è prodotta appunto la separazione tra il lavoro dei produttori e i membri della classe dominante dediti alle funzioni politiche o culturali. I padroni, detentori di grandi estensioni di terre e di schiavi, sotto il sistema schiavistico erano esentati da qualsiasi tipo di lavoro fisico, produttivo, che era riservato alle masse produttrici ed era disdegnato in quanto attività sconveniente "per i veri uomini". Altrettanto è accaduto nel regime feudale in cui l'aristocrazia proprietaria della terra considerava disonorevole il lavoro agricolo svolto dai contadini servi.

Nel capitalismo la borghesia sviluppa e accresce sempre più questa separazione. La burocrazia da essa creata è profondamente imbevuta di questa concezione del lavoro manuale. Educata nell'ideologia piccolo borghese, considera spregevole l'attività produttiva e si considera uno strato intellettuale collocato accanto alla borghesia e al di sopra del popolo lavoratore.

Naturalmente, pur azzardandoci a qualificare come intellettuale il lavoro burocratico, dobbiamo segnalare che, se lo è, ne costituisce la forma più elementare e mediocre. Non vi può essere il minimo dubbio su questo. È un lavoro che manca di qualsiasi creatività, un lavoro in cui discostarsi dalla routine può costare il posto a qualsiasi impiegato o funzionario.

Altri effetti della divisione tra lavoro fisico e lavoro intellettuale si possono considerare storicamente necessari e hanno svolto nella società divisa in classi un ruolo molto importante per lo sviluppo scientifico, artistico e letterario; la burocrazia, viceversa, è un prodotto sterile, che non può rivendicare alcun valore di rilievo nella storia della civiltà umana.

Supporto sociale e arma della borghesia

Dov'è riuscita la borghesia a trovare la base sociale da usare per dare vita allo strato burocratico?

Occupata com'era a dirigere i suoi affari privati, la borghesia non aveva interesse a occupare le posizioni intermedie nella direzione e nell'amministrazione delle imprese. Si riservava le massime cariche dello Stato e degli affari. Aveva quindi bisogno di egemonizzare un determinato settore sociale come strumento per svolgere le funzioni di governo e amministrare le sue proprietà, onde organizzare, controllare e riuscire a sfruttare il lavoro salariato. La borghesia inoltre, pur dominando l'economia del paese, era numericamente piuttosto ridotta per cui aveva bisogno del sostegno di una base sociale più ampia, ideologicamente affine ad essa, da utilizzare nell'esercizio della propria dittatura di classe come strumento diretto contro le classi lavoratrici. Dar vita a uno strato burocratico è stata una delle risposte a queste esigenze. Accanto alla burocrazia, e con analogo intento di estendere la propria base e influenza sociale, ecco allora l'aristocrazia operaia.

Burocrazia ed aristocrazia operaia insieme hanno costituito, nel sistema borghese, proiezioni della classe capitalistica in seno ai ceti intermedi e allo stesso proletariato. Entrambi hanno svolto la funzione di supporto al suo dominio, fornendo appoggio alle manovre politiche, alla divisione del movimento operaio e fungendo da freno ad ogni mobilitazione popolare. Nella prima fase del capitalismo lo strato burocratico è stato alimentato da elementi dei ceti medi urbani, non appartenenti né all'aristocrazia feudale né agli operai ed artigiani poveri. La borghesia ha incoraggiato questi elementi imbevendoli di una particolare ideologia e di un particolare atteggiamento di fronte alla vita e ha sviluppato in essi la mentalità piccolo borghese. Ciò è avvenuto mediante la creazione di una gerarchia articolata di funzionari e impiegati, ognuno responsabile di fronte a un superiore, educati ad essere ligi alla routine, rispettosi di norme più o meno inflessibili, ostili all'introduzione di novità, e sempre alla ricerca di sicurezza e riconoscimento sociali che diano loro una certa "rispettabilità" e li collochino al di sopra delle classi lavoratrici.

È nato così il criterio dell'*incarico burocratico come professione* e si è radicata la concezione che rivestire l'incarico implichi il dovere di accettare ciecamente le disposizioni della gerarchia superiore. Il burocrate otteneva la garanzia di un'esistenza sicura in cambio dell'assoluta subordinazione ai disegni della borghesia. Per tutte queste ragioni la burocrazia è sorta ed è vissuta in piena identificazione con l'ideologia della classe capitalistica, in misura se possibile superiore a qualsiasi altro settore della piccola borghesia.

I burocrati sono stati formati a partire dalla separazione tra lavoro manuale e lavoro intellettuale. Sono stati educati al distacco completo e al disprezzo nei confronti della produzione e degli artefici di questa.

Che cos'è dunque la burocrazia? Secondo l'affermazione di Lenin è «lo specifico strato che detiene il potere [...]». È un intermediario incaricato dalla classe dominante di condurre gli affari dello Stato e il lavoro amministrativo nelle imprese capitalistiche; un intermediario al cui interno vivono il modo di pensare e le concezioni proprie della classe capitalistica. In altri termini la burocrazia costituisce, in regime borghese, uno strato sociale che svolge un ruolo di subordinazione politica e amministrativa alla classe dominante. È uno strato intermedio che esegue le decisioni della dittatura borghese. È l'amministrazione del potere ad opera di impiegati e funzionari collocati tra i capitalisti e le masse lavoratrici. Questo strato ha in mano

potere e governo ma lo ha per delega della classe sfruttatrice...
ed è asservito agli interessi di questa.

Perciò definiamo che cosa sia la burocrazia in base ai suoi
rapporti con la classe capitalista e alla sua partecipazione al governo di quest'ultima, piuttosto che in base alla concreta funzione amministrativa che svolge.

Abbiamo preso in esame in che modo sorge lo strato burocratico, in quale momento storico, e su quale classe sociale si
fondi. Si conferma così che, come sosteneva Lenin, «[...] qualsiasi burocrazia, sia per la sua origine storica, sia per le sue radici contemporanee e per la sua missione, è un'istituzione puramente ed esclusivamente borghese».

Imperialismo e sottosviluppo

Nata ad opera e in funzione della borghesia, la burocrazia
raggiunge sotto l'imperialismo gli apici della sua natura reazionaria e antipopolare.

L'imperialismo porta lo sviluppo di questo strato alla sua
massima espressione; la spersonificazione specifica dei ruoli
burocratici raggiunge il grado di disumanizzazione più alto. Si
consolida un vero e proprio esercito di impiegati e di uffici che
opera come un vero e proprio apparato di oppressione internazionale.

Il fenomeno, avviato nella prima fase del capitalismo, si
approfondisce: nell'industria e nel commercio, nei sindacati,
nelle infrastrutture sociali, dovunque si afferma e mette radici
la burocrazia. E dappertutto il suo scopo è lo stesso: *alienare
il lavoratore, trasformarlo in un oggetto*, in un numero, in una
merce in più, lasciando via libera allo sfruttamento dell'uomo
da parte dell'uomo.

Nei paesi sottosviluppati il problema della burocrazia assume caratteristiche del tutto peculiari. Essa è strettamente
collegata e asservita allo sfruttamento dei monopoli stranieri,
è imbevuta dell'ideologia imperialista e in molti casi arriva a

muoversi contro i propri specifici interessi nazionali. Serva di governi neocoloniali, la burocrazia è collegata alla corruzione amministrativa e alle prebende tipiche dei paesi internamente dominati dai "gorilla" e dai proprietari terrieri.

Né funge soltanto da base sociale per la borghesia, ma arriva a trasformarsi in base sociale internazionale della politica e dello sfruttamento imperialisti.

Se una simile realtà non riguarda l'intera burocrazia, certamente concerne il grosso dello strato burocratico all'interno dei paesi sottosviluppati.

La burocrazia negli eserciti borghesi

Gli Stati borghesi costruiscono i loro eserciti secondo le loro peculiari concezioni organizzative. La struttura burocratica è stata assimilata dagli eserciti degli Stati capitalistici.

L'impiego crescente dell'artiglieria, i vasti movimenti di truppe, la formazione di enormi eserciti hanno richiesto la presenza di un apparato di ufficiali molto grande, di collegamenti e quadri di comando verticalmente diretti da una gerarchia.

Nell'epoca delle rivoluzioni borghesi questi eserciti hanno costituito una forza organizzata di gran lunga superiore a quelle feudali. Naturalmente i metodi adottati non sono stati la sola forza determinante: la superiorità degli eserciti borghesi rispetto alle forze feudali è stata determinata anche da molti altri fattori. In ogni caso il radicamento dei sistemi burocratici negli eserciti moderni è abbastanza importante da costringere ad alcune considerazioni al riguardo.

Via via che è andato espandendo le sue sfere di intervento e si è andato sviluppando nella suprema fase dell'imperialismo, il capitalismo ha avuto bisogno di accrescere l'intero suo apparato militare, di creare una grande industria bellica e di organizzare trasporti per spostare ovunque i propri eserciti. Di pari passo è andata sviluppandosi la struttura burocratica degli eserciti. Le forze militari di qualsiasi paese imperialista annoverano migliaia di quadri militari, cosicché ci sono eserciti moderni che se hanno al fronte tre uomini che combattono, ne richiedono altri sette nelle retrovie.

Oltre a quella amministrativa o di comando che svolge tutta la burocrazia insediata nell'esercito, svolge anche la funzione di strato strettamente legato alla casta militare e ai borghesi del sistema monopolistico, il che significa che l'esercito è asservito agli interessi politici della classe più reazionaria.

Gli ideologi borghesi sostengono che oggi non esiste un'organizzazione tecnicamente superiore a quella di un esercito imperialista, e forniscono come esempio dell'efficienza e della superiorità dei metodi burocratici la struttura degli eserciti moderni.

La storia però ci insegna un'altra cosa: i popoli che lottano per la propria liberazione organizzano le proprie forze armate senza ricorrere alla tecnica burocratica.

Qui non ci soffermiamo ad analizzare tutti i fattori che spingono alla lotta né tutti gli elementi che determinano la vittoria di una guerra di liberazione: cerchiamo semplicemente di mettere in luce che esistono organizzazioni non burocraticamente strutturate in grado di imporsi nella lotta contro gli eserciti strutturati secondo la più avanzata delle tecniche organizzative borghesi.

Per citare solo qualche esempio, si pensi alla lotta di liberazione del popolo algerino contro gli eserciti francesi e all'attuale lotta dei guerriglieri vietnamiti contro le forze gerarchicamente superorganizzate degli imperialisti.

Gli eserciti dei paesi sottosviluppati sono contraddistinti dall'ipertrofia di personale. In un articolo della rivista canadese *Toronto Star* del 5 novembre 1966 intitolato "Il Vietcong latinoamericano" si sostiene: «I funzionari statunitensi di Città del Guatemala sono stupiti dalla rapidità con cui gli ufficiali guatemaltechi, al rientro da vari mesi di duro addestramento negli Stati Uniti, mettono su imponenti pance e si sistemano in tranquilli e sicuri lavori d'ufficio che non sembrano aver voglia di lasciare». E più oltre soggiunge, sempre riferendosi all'esercito guatemalteco: «un ipernutrito corpo di ufficiali superiori con quattrocento dei mille ufficiali che detengono il grado di colonnello».

Più volte questo esercito ha fallito nell'intento di distruggere le forze popolari inserite nella guerriglia. È chiaro che questa burocratizzazione ricorrente in qualsiasi settore dei paesi sottosviluppati non rappresenta la sostanza del fenomeno, pur costituendone una delle manifestazioni più deleterie. Si tratta comunque di un elemento che finisce per essere determinante nella decomposizione di questi regimi.

Noi cubani conosciamo bene una situazione del genere. L'esercito filoimperialista della dittatura era anchilosato fino al midollo. La decomposizione del sistema capitalista subordinato allo sfruttamento del capitale yankee aveva comportato tra l'altro la burocratizzazione dell'esercito, la sua fossilizzazione, l'incapacità di scontrarsi con una nuova forma di lotta. Il nostro Esercito ribelle – le forze popolari – fece a meno di qualsiasi apparato superfluo, conducendo la guerra direttamente, in forma ben concreta, mettendo in campo una nuova organizzazione non burocratica, che dimostrò la propria superiorità organizzativa rispetto all'apparato militare burocratico.

Possiamo ricavare il seguente insegnamento dallo scontro tra le forze di liberazione basate sull'inserimento delle masse popolari e gli eserciti tradizionali: è possibile battere l'organizzazione burocratica. Esistono forme organizzative molto più efficienti di quelle burocratiche.

Nel socialismo, l'inserimento dei lavoratori tramite le milizie, l'origine rivoluzionaria delle forze armate e il sistema di un esercito di quadri tecnicamente formati, alimentato massicciamente dal servizio militare obbligatorio, rendono possibile un esercito sgombro della zavorra burocratica.

Il pericolo della burocrazia come strato particolare

Abbiamo preso in esame i tratti più clamorosi e immediati del burocratismo nel nostro paese. Abbiamo lottato e continueremo a lottare instancabilmente contro di essi; ma è altrettanto necessario che prendiamo in esame in maniera approfondita i problemi posti alla costruzione del socialismo e del comunismo dall'esistenza di uno strato burocratico. Si tratta di un fenomeno di validità universale; di un pericolo che dobbiamo scongiurare nel nostro paese perché in buona misura dalla sua eliminazione dipende il pieno successo della rivoluzione.

La burocrazia costituisce, senz'ombra di dubbio, *uno strato particolare con un preciso rapporto con i mezzi di produzione.* Possiamo sostenere che, con il trionfo della rivoluzione socialista, la burocrazia acquista una qualità nuova.

Perché lo diciamo? Nel capitalismo la burocrazia ha la stessa collocazione e ha apparentemente gli stessi rapporti con i mezzi di produzione. In questo regime svolge dunque un ruolo subordinato al potere e all'autorità amministrativa e politica della classe dominante: la borghesia.

La burocrazia capitalistica è formata dagli impiegati, dagli statali e dagli impiegati e funzionari delle aziende private. Sia gli uni sia gli altri sono lontani dalle decisioni politiche e di governo e sono anzi abituati all'idea che la loro sia una funzione specifica e professionale, sganciata dalla politica, per cui dimostrano magari di disdegnare l'attività politica. La burocrazia capitalista ha funzione di tramite, è totalmente subordinata al dominio della borghesia.

Che cosa accade invece con il trionfo della rivoluzione? In primo luogo tutta la burocrazia che prima era dispersa, frazionata, viene verticalmente strutturata dall'apparato statale e, in certo senso, organizzata e rafforzata. Se si aggiungono a questo i problemi di incompetenza dei rivoluzionari, la tendenza all'accentramento o *l'applicazione di schemi burocratici di altri paesi* [corsivo mio, *n.d.a.*] ci renderemo facilmente conto che la burocrazia cresce, si sviluppa e si rafforza nei primi anni del potere rivoluzionario. Ma c'è qualcosa di più. Oltre alla sua organizzazione e al suo accrescimento numerico la burocrazia assume una qualità nuova nei suoi rapporti con i mezzi di produzione e, quindi, con l'attività politica.

Con il trionfo della rivoluzione e con il passaggio della direzione dell'economia nelle mani dello Stato, la burocrazia interviene nella direzione della produzione, nel controllo e nel governo delle risorse materiali e umane del paese. Quelli che prima erano funzionari subalterni, senza possibilità di determinare le decisioni politiche e amministrative, passano ora ad occupare posizioni decisive rispetto ai mezzi di produzione e alla politica. Questo vuol dire che si è prodotta una trasformazione nei rapporti con la vicenda complessiva del paese.

Il fatto che molti lavoratori passino ad occupare le funzioni amministrative non imprime alla direzione dello Stato un contenuto di classe. Al contrario quando un operaio o un contadino passa alla funzione amministrativa c'è il pericolo che il lavoro di direzione lo influenzi politicamente, lo assimili ideologicamente e lo trasformi di conseguenza in un funzionario burocratico in più. Perché un lavoratore trasformato in dirigente della produzione non sta di per sé dirigendo la classe operaia.

Finché permarrà lo Stato in quanto istituzione e finché l'organizzazione amministrativa e politica non sarà pienamente di tipo comunista, ci sarà il pericolo che si vada formando uno strato particolare di cittadini in seno all'apparato burocratico, amministrativo e di direzione. Questo apparato ha un determinato rapporto con i mezzi di produzione, differente dal resto della popolazione, che può trasformare le posizioni burocratiche in posti di convenienza, in pratica di routine, in privilegio.

È questo il problema di fondo e il più importante nella lotta al burocratismo!

Si può marciare verso il comunismo e non arrivarci

Il socialismo e il comunismo non sono un fatto spontaneo. Si perviene a queste fasi superiori di sviluppo sociale seguendo una politica e un indirizzo corretti. Che in un paese trionfi la rivoluzione e si proclami l'intenzione di costruire la nuova società non potrà di per sé garantire che questo riesca a diventare realtà. Per giungere al socialismo e al comunismo è necessario combinare due fattori essenziali: lo sviluppo di un *uomo nuovo*, con una coscienza e un atteggiamento nuovi di fronte alla vita; e il *progresso tecnico*, in grado di moltiplicare la produttività e di produrre abbondanza di beni. Per raggiungere un obiettivo così elevato per la società umana è necessario portare avanti una politica coerente con i principi del marxismo-leninismo, con i principi elaborati da Marx, Engels, Lenin e altri grandi dirigenti della classe operaia. È necessario portare avanti una politica tale da pervenire a eliminare le concezioni e l'ideologia delle classi sfruttatrici e la mentalità piccolo borghese. Questo richiede la presenza di un partito sempre giovane, sempre pieno di slancio, mai spento. Un partito sempre creativo e unito alle masse, mai un partito che si rassegni a ripetere quello che altri hanno fatto, senza prima valutarlo criticamente e confrontarlo alla luce delle concrete condizioni in cui deve svolgere la propria funzione di direzione e di orientamento.

Ci si può muovere in direzione del socialismo e del comunismo e non riuscire ad arrivarci. Può perlomeno accadere che il movimento d'ascesa della rivoluzione rimanga frustrato e si determinino il ristagno e la decomposizione del processo stesso fin dalle sue prime tappe.

Ciò può essere determinato da parecchi fattori che nel complesso dipendono dalla concezione generale che si ha sul modo di costruire il socialismo e il comunismo.

215

Se siamo d'accordo sul fatto che permangono nella organizzazione e nello sviluppo della nostra economia categorie proprie del sistema capitalista, *se imbocchiamo la strada più facile e sfruttiamo l'interesse materiale come leva della costruzione socialista, se la cellula economica rimane la merce, se resta onnipotente la presenza del denaro nella nuova società, allora egoismo e individualismo continueranno a dominare la coscienza degli uomini e non arriveremo a formare un uomo nuovo* [corsivo mio, *n.d.a.*].

E se prevalgono queste concezioni nella società, se sopravvive l'ideologia individualista e piccolo borghese, sopravviveranno anche la mentalità burocratica e l'impostazione burocratica nell'amministrazione e nella politica. Con l'aggravante che adesso tale impostazione avrà vigore entro uno strato particolare di persone che, grazie ai rapporti che hanno con i mezzi di produzione e le scelte politiche, si collocano in una posizione dirigente. È allora naturale, a questo punto, che aumenti l'interesse a sistemarsi all'interno di questo strato sociale burocratico e che questo si trasformi in un obiettivo materiale, di adattamento e di privilegio. Se il partito non vince questa battaglia contro la burocrazia, se un simile pericolo non è sventato grazie alla formazione di un uomo nuovo e all'applicazione di una politica rigorosa e coerente con i principi del marxismo-leninismo, anche il partito alla fine si burocratizzerà. E un partito che ristagna è un partito che marcisce.

E che cosa succede allora? Che cosa succede se l'organismo del partito piomba in un simile torpore burocratico? Succede che si rafforza alla guida e nell'amministrazione dello Stato e nella direzione politica uno *strato particolare che ambisce a perpetuare se stesso* [corsivo mio, *n.d.a.*], uno strato che si allontana sempre più dalle masse, si taglia fuori dal lavoro fecondo e produttivo e da quelli che lo realizzano, si trasforma in un corpo privilegiato incapace di far progredire il popolo, incapace di sviluppare la coscienza popolare ai livelli più alti. E quando questo accade si è ormai rinunciato alla costruzione dei socialismo e del comunismo.

Evitare questo rischio

Finché permangono una serie di funzioni amministrative, indispensabili nella fase di transizione, alcune misure possono contribuire a evitare questo pericolo. Una di queste è la *mobilità* dei funzionari amministrativi e degli impiegati pubblici nelle loro funzioni, perché non si fossilizzino e non si vada formando uno strato sociale particolare.

L'apparato di direzione dello Stato deve essere semplice e al tempo stesso dinamico, deve conoscere i processi tecnici della produzione, essere in grado di coordinare gli sforzi, di promuovere l'attività, deve ispirare la voglia di lavorare di quelli che operano sotto la sua direzione. C'è anche il pericolo che in seno alle organizzazioni politiche e allo stesso partito si vada costituendo, attraverso i quadri professionali, una particolare categoria di cittadino diverso dal resto della popolazione. È un pericolo da non sottovalutare e di cui tenere conto, perché il processo sociale e storico si svolge secondo certe leggi e certi principi, che dobbiamo aver chiari per non cadere in gravi errori. Il modo di evitare che i funzionari o i quadri professionali del Partito si trasformino in uno strato particolare consiste nel collegarli direttamente ai problemi affrontati nella produzione. Se i quadri dirigenti affrontano i compiti concreti dell'agricoltura e dell'industria, il più vicino possibile alla produzione stessa, ci staremo battendo contro questo pericolo. E questo vale anche per i funzionari e gli impiegati amministrativi.

Nella nostra situazione concreta, poiché il partito è un prodotto della rivoluzione e nasce con essa, si è posta la necessità che i quadri si dedichino ai compiti di produzione e di direzione quanto prima e quanto più direttamente possibile. Devono stare a contatto con i problemi tecnici che si presentano negli appezzamenti agricoli, nelle fattorie e nelle unità industriali. Ci aiuta in questo il fatto di avere un partito giovane, con la maggior parte dei suoi quadri senza una tradizione professionale. Adottiamo queste misure per evitare che si sviluppi nel partito uno strato particolare di quadri professionali, che deve essere quanto più ristretto e limitato possibile e, al tempo stesso, il più vicino possibile alla produzione. A questo contribuisce sempre più lo sviluppo di una politica di promozione di quadri che potrà consentire una loro maggiore mobilità, dalla produzione al partito e dal partito alla produzione.

Un freno all'iniziativa rivoluzionaria

Nel gennaio del 1959 la rivoluzione si è trovata di fronte una società nella quale si intrecciavano sopravvivenze del sistema feudale in agricoltura, elementi capitalistici scarsamente sviluppati, un forte predominio dell'economia e del commercio da parte dell'imperialismo e una straordinaria concentrazione della popolazione e degli apparati amministrativi all'Avana, in contrasto con l'abbandono, lo spopolamento e la miseria dell'interno del paese. Accanto alle grandi imprese nordamericane era sorta tutta una gamma di piccole aziende, ad esempio compagnie di assicurazione, agenzie bancarie, negozi, cliniche private, collegi, ecc., con tutto un personale amministrativo che ne garantiva il funzionamento: commessi viaggiatori, esattori, agenti pubblicitari, impiegati d'ufficio, ecc.

Lo Stato borghese-latifondista e filoimperialista cubano era corrotto fino al midollo dalle manovre dei politicanti. Ogni giorno si creavano nuovi incarichi e si moltiplicavano gli impieghi pubblici per favorire i servi del regime. Quanti occupavano posizioni governative se ne servivano per prosperare ai danni delle risorse pubbliche. Nel paese la corruzione e il furto più sfrenato andavano dall'ultimo impiegato fino al magistrato di grado più alto. Questo pseudo-apparato amministrativo andava consolidando un enorme esercito burocratico. Riuscire a entrarvi era diventato per molti – soprattutto in un paese come il nostro, senza fonti di lavoro per centinaia di migliaia di uomini e di donne – un'aspirazione e un obiettivo da raggiungere; per questo in tutto il paese si moltiplicavano in lungo e in largo i centri destinati alla preparazione a funzioni improduttive: scuole commerciali, accademie per dattilografe, segreterie commerciali, eccetera. Negli strati piccolo borghesi questa mentalità era penetrata profondamente.

La rivoluzione ha stroncato il furto delle risorse dello Stato, ha liquidato gli impieghi fittizi, soppresso la corruzione amministrativa e moralizzato da cima a fondo la pubblica amministrazione. È stata questa un'importante conquista dei primi momenti della vittoria rivoluzionaria. È chiaro però che il giovane potere rivoluzionario non è riuscito nello stesso modo a sradicare la concezione burocratica e la mentalità piccolo borghese nella direzione e nell'amministrazione del nuovo Stato al servizio degli operai e dei contadini. Abbiamo dovuto in seguito affrontare il fenomeno costituito dal burocratismo nel processo di costruzione del socialismo e del comunismo. Le esperienze ormai acquisite da questa lotta e i pericoli che ci fanno intravedere sono straordinariamente importanti e devono far riflettere tutti i rivoluzionari del nostro paese, in special modo i militanti del nostro partito.

La burocrazia ci ha costretti a riflettere molto

Con la nazionalizzazione delle principali società straniere e nazionali tutto questo immenso esercito burocratico, fino ad allora disperso, si è trasformato in impiegati e funzionari statali. Molti di essi, per la maggior parte legati alla borghesia e all'imperialismo yankee, hanno scelto di lasciare il paese. In loro sostituzione la rivoluzione ha offerto a uomini e donne del popolo la possibilità di occupare i loro posti, in molti casi come un modo sbagliato per attenuare il problema della disoccupazione e la mancanza di fonti di lavoro. Al tempo stesso l'esigenza di controllare le varie imprese e i vari organismi – molti dei quali nuovi, sorti nel corso del processo rivoluzionario – ha indotto a sviluppare una politica accentratrice che ha comportato lo smisurato incremento degli organismi amministrativi centrali (ad esempio, i Ministeri). Ha svolto un ruolo importante in questo l'*ignoranza* di molti dirigenti rivoluzionari investiti di notevoli responsabilità, i quali semplicemente non sapevano come organizzare e rendere efficiente il lavoro amministrativo e cercavano di risolvere il problema dell'incapacità operativa, della costante arretratezza, dell'assenza di controlli e degli intralci burocratici senza riuscire a trovare di meglio che creare nuovi dipartimenti, aumentare il personale degli uffici, nominare sempre più funzionari e inventare ogni giorno un modello nuovo. Con questo non facevano in realtà che gettare altra legna sul fuoco, e il popolo ne subiva le conseguenze.

Un altro fattore che ha contribuito allo sviluppo del burocratismo nei primi anni della rivoluzione è stato *l'introduzione di certi metodi amministrativi e di formule organizzative provenienti da paesi del campo socialista, imbevuti di burocratismo* [corsivo mio, *n.d.a.*].

D'altra parte, non avevamo abbastanza *esperienza e spirito critico* e questo ha fatto sì che prendessimo per buone strutture di paesi economicamente sviluppati che non corrispondevano alle nostre esigenze, alla situazione di un paese agli inizi del suo sviluppo.

Fidel ha messo in rilievo come, probabilmente, il maggior merito di questa generazione di rivoluzionari sia stata la realizzazione di tanti obiettivi in campo produttivo, nell'educazione e nella difesa, nonostante la nostra ignoranza.

Lo stesso Lenin ha sottolineato che se i rivoluzionari, quando assumono i compiti di direzione, non possiedono una cultura e concezioni da contrapporre alla burocrazia, questa continua a dominare, in forza della sua superiorità culturale e delle sue maggiori capacità di "fare le cose", naturalmente a vantaggio del padrone capitalista.

Da noi è successo qualcosa di simile. La burocrazia, in una certa misura, ci ha imposto la sua "cultura", le sue concezioni sul modo di organizzare il nuovo Stato e le istituzioni con cui farlo. Come ha detto il compagno Fidel Castro nel discorso conclusivo della riunione di Santa Clara sul "Piano previsionale saccarifero": «[...] la prima cosa che abbiamo fatto è stata imitare tutto quello che facevano i borghesi, i capitalisti, il vecchio Stato, ecc. È la verità. Inconsapevolmente, subivamo l'influenza dell'idea che un Ministero fosse un Ministero, un ministro fosse un ministro, che un ufficio fosse un ufficio e un organigramma fosse un organigramma, e che il mondo andasse avanti così. Il mondo andava avanti, e tutti ci siamo lasciati travolgere da questa concezione, da queste idee».

Molti nessi con la concezione dello Stato

Come si desume dal passo del comandante in capo, il burocratismo nello Stato socialista ha parecchio a che vedere con la concezione che abbiamo dello Stato stesso. Ha parecchio a che vedere con le categorie economiche vigenti in questa società, nonché con le strutture che in questo Stato si creano.

La burocrazia nasce con il capitalismo. La sua origine la lega intimamente all'esistenza di una società mercantile, alle operazioni commerciali e al sistema di imposte specifico del sistema fiscale borghese. Per liquidare progressivamente la burocrazia dobbiamo trasformare l'apparato statale ereditato dal capitalismo in uno strumento pienamente socialista. Questo implica la progressiva eliminazione della presenza di queste categorie ereditate all'interno della nostra società.

A tale scopo stiamo procedendo alla massima semplificazione delle operazioni tra i vari organi dello Stato. Stiamo procedendo verso la soppressione delle operazioni di tipo mercantile tra gli organi dell'economia socialista. Solo se la nostra concezione economica si discosterà dalle norme e dai metodi che regolano l'economia capitalistica e adotteremo metodi realmente rivoluzionari nel nostro percorso verso il comunismo, saremo in grado di infliggere colpi decisivi ai fini della soppressione del burocratismo.

Che cosa succederebbe nel nostro paese se lasciassimo ognuna delle imprese libera di comprare e di vendere ai diversi organismi, di tenere i suoi conti privati, di dividere gli utili e di pagare tasse allo Stato socialista? O se incoraggiassimo ulteriormente l'economia di mercato? Non ci libereremmo mai della burocrazia! Anzi la incrementeremmo a mano a mano che si moltiplica e sviluppa la nostra economia.

Potremmo ricavare un orientamento molto valido circa molti problemi di fondo relativi all'organizzazione del nuovo Stato rivoluzionario dallo studio approfondito delle lezioni ricavate da Marx dall'esperienza della Comune di Parigi e dagli originali contributi di Lenin rispetto ai soviet degli operai, dei contadini e dei soldati.

In sostanza *queste concezioni ci indicano che non solo è necessario un Stato di tipo nuovo, ma come questo debba anche essere agile, snello, pratico, senza un gigantesco apparato accentratore, senza burocrazia e con la partecipazione diretta e permanente dei lavoratori* [corsivo mio, *n.d.a.*]. Su questo erano tutti straordinariamente d'accordo i grandi fondatori del marxismo-leninismo.

È questo il pensiero di Lenin allorché sostiene: «La questione essenziale è sapere se la vecchia macchina statale (legata con mille fili alla borghesia e impregnata di spirito burocratico e conservatore) sarà mantenuta oppure distrutta e sostituita con una nuova. La rivoluzione non deve consistere nel fatto che la nuova classe comandi o governi per mezzo della vecchia macchina statale, ma che, dopo averla spezzata, comandi e governi per mezzo di una macchina nuova». «Insegnare al popolo, fin nei suoi strati più bassi, l'arte di governare e amministrare lo Stato, non solo letterariamente, ma attraverso l'immediata applicazione pratica e in ogni campo di esperienza delle masse».

Nello stesso Lenin incontriamo inoltre idee di grande importanza come il rifiuto di qualsiasi venerazione per i Ministeri e la necessità di sostituirli con commissioni di lavoro, con squadre di specialisti e di tecnici.

La burocrazia genera burocrazia

La burocrazia genera burocrazia. Ipertrofici apparati centrali che richiedono in continuazione dati e notizie, molti dei quali privi di qualsiasi utilità per il controllo pratico e la decisione di misure concrete da parte del governo, rendono necessario collocare ai gradini inferiori della struttura gerarchica una quantità spaventosa di impiegati e di funzionari. Un aspetto decisivo della lotta al burocratismo, diretta e immediata, consiste quindi nell'analisi delle strutture, dal momento che in molti casi il problema non consiste semplicemente nell'analizzare il contenuto del lavoro di ogni singolo impiegato o funzionario, ma nel dovere di esaminare al tempo stesso se tutto l'ufficio, tutto il dipartimento, la branca o l'impresa abbiano motivo di esistere. Dobbiamo rivedere tutto, ogni pezzo di carta, ogni modulo, ogni formulario: che problema risolve e se ha un senso. Dobbiamo rivedere il lavoro di ciascun impiegato o funzionario, che cosa fa, perché lo fa, a quale scopo; e, insieme a tutto questo, dobbiamo esaminare l'intera struttura del nostro Stato, a partire dall'organizzazione e dal funzionamento di ogni dipartimento fino ad arrivare a interi settori e Ministeri.

Un freno all'iniziativa rivoluzionaria

La burocrazia costituisce un freno all'iniziativa rivoluzionaria. A volte anzi ne rappresenta una delle conseguenze immediate più gravi [corsivo mio, *n.d.a.*].

Quando ci si struttura secondo una gerarchia rigida e inoperante, nessuno si azzarda a decidere, a muoversi, a risolvere i problemi. "Devo sentire il tale" è una risposta eloquente, ben nota. La mentalità burocratica accusa una malattia generalizzata: la mancanza di fiducia nelle masse, nei livelli di base, quelli impegnati direttamente nei settori produttivi in cui si decidono i grandi obiettivi della rivoluzione. Per questo le decisioni esecutive di ordine pratico sono in molti casi riservate alle istanze intermedie o centrali, e qui in genere si trascinano e ristagnano.

La nostra politica deve puntare a collocare i livelli di direzione il più vicino possibile alle unità produttive. Questo è molto importante, soprattutto per la produzione agricola, che in molti casi dipende da decisioni rapide, dal momento che si effettua in condizioni che possono variare (piogge, ecc.). Giustamente il nostro comandante in capo ha sostenuto: «[...] non si può dirigere l'agricoltura con idee astratte, in modo astratto. L'agricoltura si può dirigere solo in loco, in provincia, nel raggruppamento, nella fattoria, nell'appezzamento. Perché è li che sorgono tutte le difficoltà, tutti i problemi». D'altro canto *il burocrate è un individuo alienato* [corsivo mio, *n.d.a.*]. Si perde fra le carte, i promemoria, le direttive e i piani; sostituisce all'"azione" la "discussione", i problemi si trascinano "andando su e giù", con le discussioni a tutti i livelli. Così tante volte il problema reale e pratico che interessa la gente viene relegato in secondo piano, lo si dimentica, e tutta l'attenzione si concentra sui pezzi di carta, sui piani, i dibattiti e i "livelli" ai quali si pensa lo si dovrebbero risolvere.

Il burocrate scambia per fini, considera obiettivi del proprio lavoro, gli strumenti per risolvere i problemi, con la conseguenza che la sua funzione si spersonalizza e si discosta dalle reali esigenze del paese, ed egli perde completamente di vista il significato politico del suo lavoro e si separa dalle masse.

Il lavoro burocratico manca di sensibilità umana, è incapace di esaminare una situazione secondo un criterio politico. La sua stessa mentalità lo rende dogmatico e meccanico fino al midollo.

Il burocratismo snatura i metodi di lavoro rivoluzionari: considera la direzione collettiva un paravento per dimenticare la responsabilità individuale; usa la critica e l'autocritica non per superare difetti ma come superficiale confessione e auto-assoluzione per gli errori commessi. Dove permanga una simile mentalità piccolo borghese non potranno affermarsi criteri di lavoro nuovi e rivoluzionari.

Uno dei guasti maggiori provocati dal burocratismo sono le ripercussioni che ha sui lavoratori: sia su quelli che lavorano in produzione sia su molti degli stessi impiegati amministrativi, vittime se vogliamo del sistema burocratico. Per quanto riguarda i primi, gli operai e i contadini, le ripercussioni che subiscono interessano la produzione e molte volte anche la distribuzione dei generi di consumo o i servizi necessari ai lavoratori e alle loro famiglie.

Cosa può esservi di peggiore del fatto che un operaio o un contadino vedano che una serie di problemi che hanno davanti agli occhi, che capiscono e sanno come si potrebbero risolvere – perlopiù cose molto semplici – in realtà non si risolvano o si risolvano male a causa dei funzionari e delle trafile burocratiche? Cosa ci può essere di più scoraggiante per chi è costretto a fare sforzi durissimi per produrre le risorse di cui il paese ha bisogno? Cos'altro può minare di più la fede e la fiducia dei lavoratori nella rivoluzione?

Spesso un organismo superiore impartisce direttive "da applicare obbligatoriamente" e anche se nella vita e nella pratica reale non corrispondono ad alcuna necessità, entra in campo, si dà da fare e si impone la mentalità della struttura burocratica. Risultato: insuccessi, malcontento, inadempienze, sconcerto... e "riunioni analitiche" con tanta "autocritica". Il burocratismo ci danneggia molto più dell'imperialismo. L'imperialismo è un nemico dichiarato ed esterno; la burocrazia ci corrode dall'interno e aggredisce i settori più sani e più saldi delle masse popolari, che sono quelle che lo subiscono maggiormente. È chiaro che il nostro popolo ha una straordinaria sensibilità nell'individuare questi problemi e una piena fiducia nella direzione della rivoluzione. Il nostro popolo non crede nei superpoteri di qualsiasi funzionario-burocrate. La sua reazione segnala immediatamente quando qualcosa va male, quando bisogna localizzare e combattere gli errori di ipertrofia amministrativa. Spetta quindi alle masse e al nostro partito, come avanguardia di queste, intraprendere una lotta costante e tenace contro il burocratismo.

Una sorta di acido corrosivo

Il burocratismo permea della propria influenza numerosi settori sociali il cui lavoro non è essenzialmente burocratico. Il fenomeno della burocrazia non si limita all'ambito amministrativo ma va oltre e corrompe altre sfere lavorative.

Facciamo un esempio: il lavoro di un maestro non è in sé un lavoro burocratico, si potrebbe considerare anche come una forma indiretta di lavoro produttivo, dal momento che prepara le persone che dovranno produrre facendo ricorso alla tecnica. L'educazione sviluppa in loro una coscienza sociale diversa e le prepara alla vita. Il lavoro di un maestro ha insomma un valore eccezionale per la società: è un lavoro creativo e di formazione. Ma che cosa succede quando inondiamo questo lavoratore di un diluvio di circolari, di moduli e altre espressioni della mentalità burocratica? In molti casi riusciamo semplicemente a trasformarlo in un burocrate. Finirà per convincersi che la sua principale missione sia quella di osservare le forme compilando correttamente una caterva di scartafacci, per perdere di vista il suo vero compito, quello cioè di studiare, perfezionare, programmare la formazione degli alunni, cadendo nel formalismo, nel burocratismo.

In questo momento i massimi dirigenti del settore educativo nel nostro paese stanno intraprendendo un'offensiva su tutta la linea contro il burocratismo. Questa lotta è parte decisiva della battaglia per la qualità dell'insegnamento, frenata, intralciata e sviata dalla mentalità piccolo borghese e burocratica di taluni funzionari del settore educativo.

Lo stesso può capitare a un impiegato di un caffè, al conduttore di un treno, o a un tecnico agricolo, insomma a qualsiasi lavoratore. La mentalità e la concezione burocratica della gerarchia superiore può azzerarne la capacità di pensare, creare, ragionare, la sua voglia di risolvere i problemi, trasformandolo in un automa che obbedisce agli ordini, alle circolari, alle direttive; può annullarlo come uomo, farne un burocrate.

La mentalità burocratica in pratica è quindi un acido corrosivo che penetra nelle principali attività della vita di un paese e le snatura: l'economia, l'educazione, la cultura e i servizi pubblici. Coscienti di tale pericolo i massimi dirigenti dell'educazione, della produzione e dei fronti principali della rivoluzione, con alla testa lo stesso Fidel, stanno battendosi contro queste tendenze.

Necessità dell'amministrazione

Come segnala Fidel, «Quando diciamo burocrazia – sia chiaro – non diciamo amministrazione, ma ipertrofia dei compiti amministrativi, concentrazione massiccia e inutile, parassitaria e improduttiva [...]».

Non dobbiamo dunque sottovalutare l'importanza dei compiti amministrativi. Un'amministrazione agile, dinamica, legata alla tecnica e ai problemi concreti della produzione di base ha uno straordinario valore politico.

La nostra amministrazione ha bisogno, naturalmente, di contabili o di impiegati d'ufficio qualificati, ma la cosa principale, l'essenziale, è che l'amministrazione rivoluzionaria sia in mano a tecnici e a economisti con la coscienza di veri produttori. La rilegittimazione del lavoro amministrativo sarà infatti possibile solo quando sarà intimamente legato ai processi tecnici dalla direzione della produzione alla base. Stiamo procedendo in questo senso.

La lotta alla mentalità burocratica, piccolo borghese, non deve trasformarsi in incomprensione o disprezzo della necessità e dell'importanza dell'organizzazione e del controllo delle attività produttive e dei servizi sociali. La nostra lotta immediata consiste nel ridurre al minimo il personale indispensabile per questi compiti, nello sviluppare in esso una chiara coscienza che lo tenga legato alla tecnica, ai problemi reali che investono le masse, nell'orientarlo verso l'iniziativa rivoluzionaria, verso l'agile soluzione dei problemi, nel promuovere infine un nuovo stile di lavoro dinamico e aggressivo: e accanto a questo nel semplificare al massimo le strutture dell'apparato statale ed ottenere la massima efficienza possibile da questo personale ridotto al minimo.

Uno dei problemi essenziali della lotta al burocratismo sta nel trovare gli uomini capaci di intraprendere con entusiasmo, passione e costanza la realizzazione dei piani della rivoluzione. E dicendo "trovare" non intendiamo parlare di un problema di caso o di fortuna, ma di una politica molto concreta, in grado di formare uomini di tal fatta, con uno stile di lavoro *aggressivo e immediato.* Questo significa affidarsi meno agli schemi, alle teorie organizzative, e riporre la nostra fiducia nella capacità pratica e operativa delle persone che stimolano le attività necessarie e la controllano in modo efficiente senza bisogno di apparato burocratico.

L'esperienza ci insegna che non esiste un controllo migliore di quello garantito da una persona competente messa di fronte alla cosa da fare, piena di slancio rivoluzionario e desiderosa di far avanzare la costruzione della nuova società. Quel che non ottengono tutti gli organigrammi, tutti i modelli e tutti i "luminari" della burocrazia messi insieme, può ottenerlo un quadro rivoluzionario legato alle masse che deve dirigere, appassionato ai problemi della produzione e della tecnica.

Una persona attiva, non conformista, non incline a debolezze, messa di fronte a un piano, vale più di qualsiasi controllo introdotto secondo le procedure tradizionali.

Si potrebbero prendere in esame tante esperienze al riguardo. Tutte ci insegnano che i quadri più preparati, tranne quelli destinati ad alcune funzioni centrali, debbono stare il più vicino possibile alla produzione o al servizio di cui si occupano.

Abbiamo in proposito l'esempio delle figure principali della rivoluzione, in particolare quello dello stesso Fidel. Dobbiamo trarre un insegnamento da questo nuovo stile. È lo stile di chi lavora sul campo, di fattoria in fattoria, esaminando ogni problema fin nei minimi particolari, dando indicazioni, discutendo, chiacchierando direttamente con i lavoratori, vivendo i loro problemi e le loro difficoltà.

Per muoversi in questo modo, naturalmente, bisogna conoscere molto concretamente i problemi tecnici dell'agricoltura e dell'industria. È la strada più ardua, ma è senza dubbio la più efficace, dal punto di vista economico e politico.

Una lotta lunga, tenace e senza quartiere

Nessuno deve illudersi o pensare che la battaglia della rivoluzione contro il burocratismo si potrà vincere in pochi mesi. È una lotta complicata e difficile, con aspetti pratici e di funzionamento – che sono i più immediati e diretti – ma anche ideologici, che non è così facile sconfiggere rapidamente. C'è inoltre bisogno della preparazione di tutte le forze rivoluzionarie del nostro movimento operaio, delle donne e dei giovani, sotto la direzione del partito, per colpire il burocratismo su tutti i fronti e in tutte le sue manifestazioni. Che si tratti di una lotta ideologica non significa che il problema si risolva a suon di propaganda, avanzando parole d'ordine o "slogan". Oltre all'indispensabile divulgazione e propaganda è necessario un lavoro serio, in grado di sviluppare in seno alle masse la chiara consapevolezza di quel che rappresentano l'ipertrofia burocratica e la mentalità piccolo borghese in seno al nostro Stato rivoluzionario.

Dobbiamo contrapporre alla burocrazia le forze della classe lavoratrice. Le esperienze della lotta contro questo male mettono in luce come la burocrazia tenda a muoversi come una nuova classe. *Tra i burocrati si stabiliscono legami, connessioni e relazioni analoghe a quelle che possono esservi in qualsiasi altra classe sociale. Essi si alleano e difendono tra loro contro le misure o le leggi rivoluzionarie* [corsivo mio, *n.d.a.*]. Se il partito e i rivoluzionari si addormentano, se abbassano la guardia anche per un attimo solo, il burocratismo risorge, si violano le disposizioni, i burocrati tornano di nuovo al loro posto, e questo succede perché i funzionari burocratici non hanno altro da difendere se non la loro stessa posizione, e la difendono come una classe.

Contro tutto ciò dobbiamo stabilire un programma di iniziativa rivoluzionaria e prepararci alla lotta giorno per giorno, mese per mese, per tutto il tempo indispensabile finché non sia stata eliminata questa incrostazione che frena e intorpidisce l'avanzare della rivoluzione. Innanzitutto la considerazione sociale maggiore, il ruolo più alto, va assegnato ai lavoratori in produzione, ai tecnici, agli operai e ai contadini, che sono quelli che effettuano il lavoro più utile e faticoso, che risolvono veramente i problemi essenziali della costruzione socialista.

Bisogna individuare e sradicare a uno a uno i responsabili di questa ideologia ostile ed estranea al socialismo, vigilare che la "solidarietà" burocratica non li recuperi né in alto né ai margini. Occorre stroncare l'incremento delle nomine amministrative, scoprire e punire chi trasgredisce la disciplina rivoluzionaria. Dobbiamo seguire la trafila di ogni pratica, vedere di che cosa si tratta, che cosa risolve, a che cosa serve; semplificare al massimo i controlli e, ove possibile, stimolare la partecipazione delle masse alla designazione dei funzionari amministrativi. Deve crescere sempre di più il rapporto con le masse e non con la sola gerarchia burocratica.

Dobbiamo sviluppare la nostra politica di promozione di quadri secondo criteri politici e mentre questa procede effettuare cambiamenti e rotazioni negli incarichi amministrativi. Occorre portare avanti il principio della mobilità per impedire l'anchilosi e la tendenza al ristagno o a considerarsi "insostituibile".

Regolamentare le assunzioni e punire le violazioni

Il comitato provinciale del partito dell'Avana ha condotto, in collaborazione con gli allievi della Scuola di istruzione rivoluzionaria, un'indagine sulle violazioni perpetrate nell'applicare la politica statale del lavoro. Tali indagini portano alla luce svariate irregolarità, che il Ministero del lavoro sta studiando per applicare le previste sanzioni. Punire chi infrange le norme stabilite o le direttive è una delle misure che dobbiamo adottare nella battaglia al burocratismo.

Al tempo stesso, la direzione del partito, attraverso il comitato provinciale dell'Avana e il Ministero del lavoro, ha allo studio la regolamentazione della politica dell'impiego nel suo complesso e l'adozione di misure adeguate, per garantire il più rigoroso controllo della nomina del personale amministrativo, degli addetti ai servizi e alla produzione in generale.

È indispensabile che il Ministero del lavoro elabori regole precise e che queste siano rigorosamente applicate nella politica del lavoro, perché – come abbiamo detto – l'eccedenza di personale amministrativo è una delle manifestazioni più clamorose del burocratismo. È indispensabile che tutti i centri lavorativi del paese e tutte le unità amministrative abbiano il numero di impiegati e di lavoratori strettamente indispensabile allo sviluppo delle loro attività. In questo senso si è disposto che la decisione circa il reclutamento o le nomine riguardi soltanto un numero il più ristretto possibile di persone, determinato peraltro in base alle esigenze di un buon funzionamento della produzione e dei servizi.

Quel minimo di funzionari cui spetta il reclutamento di personale deve essere chiaramente cosciente di che cosa significa il burocratismo. Tutti coloro che sono autorizzati a nominare personale debbono essere compagni con elevata coscienza antiburocratica. Spetta agli organismi del partito sviluppare tale coscienza. Ma le sanzioni non basteranno: occorrerà elevare la coscienza e il senso di responsabilità dei compagni cui spetta nominare il personale. Per altro verso, nei centri di lavoro del paese i lavoratori debbono discutere a fondo che cosa significhi la lotta al burocratismo, quale sia la radice del male, e va instaurata una guerra senza quartiere contro chi viola le norme amministrative decretate. Perciò è importante la partecipazione dei lavoratori, con il contributo di orientamento della sezione sindacale e dei comunisti. I nuclei del partito hanno tra l'altro i seguenti obblighi: studiare a fondo la radice ideologica del burocratismo allo scopo di elevare la coscienza antiburocratica delle masse, vigilando in tutti i centri perché si segua la politica del partito in questo senso. La vigilanza dei comunisti e dei lavoratori sull'applicazione della politica di assunzione è molto importante nella battaglia contro l'eccedenza di personale e contro le relative violazioni.

Battersi contro il burocratismo significa battersi per migliorare, per sviluppare la tecnica e l'agricoltura

La concentrazione burocratica più elevata e quindi il maggior baluardo della mentalità piccolo borghese sta nell'area metropolitana dell'Avana. Le ricerche effettuate indicano approssimativamente la cifra di circa settantaquattromila impiegati e funzionari amministrativi, con un monte salario annuale di centoquaranta milioni di dollari. Ecco perché, in base a una politica rivoluzionaria e senza che alcuno si spaventi o si senta incerto per il proprio futuro, è qui che dobbiamo sferrare la battaglia principale contro questa malattia interna al nostro apparato statale. Per questo la lotta al burocratismo diventa il compito principale del partito nella capitale.

La lotta al burocratismo, sia per la sua importanza sia per la forza che ha in questo momento, rappresenta una vera e propria rivoluzione nella rivoluzione, forse la rivoluzione che ancora non c'è mai stata altrove [corsivo mio, *n.d.a.*]. È il compito che abbiamo di fronte, e potremo condurlo in porto se sappiamo combinare la lotta contro il burocratismo con la lotta per il miglioramento, la preparazione tecnica, la coerenza con i compiti della produzione e, soprattutto, con lo sviluppo dell'agricoltura.

Lo sviluppo dei piani relativi all'agricoltura e all'allevamento nelle varie province, insieme alle esigenze tecniche poste da tutto questo, provocano una continua carenza di tecnici e manodopera in ogni fattoria o unità territoriale agricola [*agrupación*] del nostro paese. D'altro canto, l'incremento dei piani per l'istruzione e l'espansione dei principali servizi pubblici apre ampi spazi al perfezionamento e all'inserimento in lavori più utili, suscettibili di dare soddisfazione e stimolo morale di gran lunga superiori a chi li realizzi.

Fornire tecnici, maestri, economisti e forza lavoro è il miglior servizio che l'Avana e altre grandi città possano offrire alla campagna. Dobbiamo inserire attivamente e in modo militante in questa battaglia i funzionari amministrativi e di direzione. Nulla può esprimere meglio né più chiaramente la capacità di rivestire simili responsabilità se non l'avere una coscienza e un atteggiamento lineari di fronte a tali problemi. Questi compagni sono stati in molti casi vittime di una situazione che li ha costretti alla ripetitività e all'inerzia. Il solo modo che hanno di imprimere al proprio lavoro un contenuto nuovo e nuovi sbocchi è quello di inserirsi in primo luogo nella battaglia contro il burocratismo. In testa ad essa a dare l'esempio avremo i militanti del nostro partito. Gli organismi del partito nella provincia dell'Avana hanno avviato un movimento cominciando a inserire nel lavoro agricolo centinaia di comunisti che lavorano nelle unità amministrative della capitale. Seicento comunisti della capitale hanno chiesto di lasciare il loro attuale lavoro. Tra di essi ve ne sono alcuni con una certa formazione tecnica e una buona preparazione politica. Si tratta di un passo molto importante nella lotta al burocratismo e di un notevole contributo ai problemi dell'agricoltura. Bisogna che i comunisti e i lavoratori che si sono iscritti per inserirsi nel lavoro agricolo, nel momento in cui vengono designati a queste funzioni, prendano in esame se c'è bisogno di assumere nuovo personale per sostituirli nei centri industriali o nelle unità amministrative da cui escono.

I militanti comunisti che passano ad attività agricole e i lavoratori dei centri di lavoro debbono imporre che non si assuma altro personale nei centri che lasciano se non ce ne è assoluto bisogno. Dobbiamo inserire questi militanti di partito alla base della produzione, negli appezzamenti agricoli, nei pascoli, là dove si vince o si perde la lotta per l'aumento della produzione. La partenza di militanti, lavoratori della città, con un livello culturale e ideologico più elevato, può rappresentare un elemento di straordinaria importanza per il rafforzamento del partito in ogni lotto, dipartimento o fattoria. Ecco il compito degno e rivoluzionario che hanno di fronte i militanti del partito della capitale. Il partito deve infatti rafforzarsi nelle fattorie, dove è ancora debole.

Ci dovrebbe essere una cellula in ogni lotto, e finché non sarà così non potremo parlare di partito organizzato nel settore agricolo. Un forte contributo può venire dall'inserimento di centinaia di militanti del partito provenienti da settori improduttivi della capitale.

In questo modo rafforzeremo intimamente i nostri militanti e riusciremo a inserire migliaia e migliaia di lavoratori in un lavoro più degno e più utile, spingendoli a perfezionarsi e a conseguire conoscenze tecniche, a imprimere contenuti nuovi alla loro iniziativa; e tutto questo sarà fonte di soddisfazione e di gioia per chi è stato vittima di un sistema che condanna le migliori energie a un lavoro sterile e privo di stimoli.

I giovani nella produzione, nello studio e nella difesa

Vi sono alcune manifestazioni del fenomeno burocratico che assumono un carattere davvero negativo. Una di queste ad esempio è l'assunzione di giovani in compiti burocratici o improduttivi. È un vero e proprio attentato al futuro di questi giovani e un crimine contro gli interessi della rivoluzione.

I giovani devono essere impegnati a studiare o a inserirsi nella produzione, soprattutto in attività agricole, oppure a prestare servizio nelle Forze armate rivoluzionarie. È davvero difficile concepire un giovane dei nostri tempi che non sia inserito in una di queste attività, o in più di esse.

Il nostro dovere e la nostra linea debbono essere di non assumere personale giovane per compiti improduttivi. Si tratta di una politica molto concreta, per la quale dobbiamo batterci con passione e farne una questione di principio. È quindi compito degli organismi del Partito e della Gioventù, in ogni provincia, regione o comune, verificare e vedere che cosa fa, dove lavora e dove studia ogni giovane, battendosi sistematicamente e permanentemente perché ognuno dei giovani stia studiando, oppure militando nelle Forze armate rivoluzionarie o lavorando in produzione, possibilmente in quella agricola.

In questa battaglia, il lavoro della Gioventù comunista svolge un ruolo straordinariamente importante nell'orientare e portare i giovani nel settore agricolo. Nelle pianure di Camagüey e dell'Isola dei Pini, in posti come Juraguá, in tutte le nostre campagne, questa corretta politica costituisce un fattore di grandissima importanza per sradicare la mentalità burocratica e per la formazione dell'uomo nuovo; significa la realizzazione materiale del principio enunciato dal nostro comandante in capo: quello di raggiungere più "ruralizzazione" che "urbanizzazione".

È indispensabile che in ogni unità produttiva si analizzi se è indispensabile sostituire i giovani che passano all'agricoltura. È un compito che spetta a ciascuno degli organismi amministrativi interessati. Tuttavia, le masse lavoratrici, incoraggiate dall'esempio dei comunisti e dei giovani, debbono imporre che non si assuma personale se non è indispensabile per la produzione o per il servizio coinvolto.

Siamo all'offensiva

Non stiamo soltanto avanzando contro il burocratismo nel nostro Stato, ma stiamo anche prendendo tutte le misure perché le nuove generazioni siano educate secondo principi molto diversi, che impediscano alla mentalità piccolo borghese di conquistarli.

Lo dimostra il piano della scuola in campagna: centinaia di migliaia di giovani combinano ogni anno lo studio e la partecipazione ad attività agricole, produttive. Come ci dice il compagno Fidel, dobbiamo applicare questo principio nella formazione dei nostri figli, fin dai loro primi passi nella scuola. Solo così potremo liquidare definitivamente la zavorra burocratica come ideologia e come mentalità insita nella nuova società. D'altro canto, la lotta immediata e diretta contro un simile male è entrata in una nuova fase. Le commissioni di lotta al burocratismo sono passate all'offensiva con nuovo slancio e nuove forze. Abbiamo di fronte un lavoro molto serio e delicato: semplificare al massimo tutte le strutture, gli scartafacci e i regolamenti in seno allo Stato rivoluzionario. Occorrerà rivedere uno per uno gli strumenti del potere amministrativo perché alcuni corrispondono per essenza a una società che non c'è più nel nostro paese. Sarà questa analisi a indicare se siano o no necessari dipartimenti, branche o ministeri e organismi del nostro apparato centrale.

Dobbiamo rendere più concreto e diretto il lavoro dei funzionari, collegarlo ai vari livelli della produzione, dandogli sempre più un contenuto tecnico e una funzione di controllo. Un passo importante in questa direzione può essere la creazione di squadre di controllo, squadre tecniche e di orientamento diretto che lavorino a prescindere da gerarchie e scale burocratiche. Possiamo trarre dalla guerra di liberazione insegnamenti quali quelli cui abbiamo in precedenza accennato.

Ci sono forme superiori di organizzazione, basate su differenti principi, che hanno prodotto metodi più efficaci di quelli prodotti dalle strutture burocratiche tipiche delle istituzioni militari della borghesia, sempre additate ad esempio dagli ideologi del capitalismo.

La rivoluzione è all'offensiva nella lotta al burocratismo. Procediamo contro questa malattia sorretti dalle masse e dal partito. Sarà una lotta lunga, che non ci consentirà di mollare la guardia neanche per un minuto; ma scongiureremo il pericolo di uno strato sociale separato in seno alla nostra società rivoluzionaria, opporremo ad esso la formazione di un uomo nuovo e la vittoria sarà nostra.

Per ottenere ciò occorrerà elevare la coscienza dell'intero nostro popolo. Solo con un'estesa e profonda coscienza fra i quadri giovani e gli operai in generale potremo vincere questa battaglia decisiva, potremo cioè fare la rivoluzione che ancora non si è fatta: *la rivoluzione antiburocratica*!

Finito di stampare
nel mese di settembre 2017
da Arti grafiche La Moderna - Roma